W0347851

SV

INHALT

© Suhrkamp Verlag Frankfurt am Main 2001
© für die Briefe von Gisèle Celan-Lestrange Eric Celan 2001.
Alle Rechte vorbehalten, insbesondere das der Übersetzung,
des öffentlichen Vortrags sowie der Übertragung
durch Rundfunk und Fernsehen, auch einzelner Teile.
Kein Teil des Werks darf in irgendeiner Form
(durch Fotografie, Mikrofilm oder andere Verfahren)
ohne schriftliche Genehmigung des Verlages reproduziert
oder unter Verwendung elektronischer Systeme
verarbeitet, vervielfältigt oder verbreitet werden.
Druck: Freiburger Graphische Betriebe, Freiburg
Printed in Germany
Erste Auflage 2001

1 2 3 4 5 6 – 06 05 04 03 02 01

Paul Celan
Hanne und Hermann Lenz
Briefwechsel

Mit drei Briefen von Gisèle Celan-Lestrange

Herausgegeben von Barbara Wiedemann
in Verbindung mit Hanne Lenz

Suhrkamp Verlag

HERMANN LENZ
ERINNERUNGEN AN PAUL CELAN[1]

Er las 1953[2] im Vestibül einer Stuttgarter Villa aus seinem Gedichtband Mohn und Gedächtnis *vor. Der getragene Ton seines Vortrags überraschte mich. Und obwohl ich die Assoziationen der Celanschen Verse beim Hören nicht so intensiv wahrnehmen konnte, wie ich mir dies wünschte, war ich mit dem Gehörten einig. Es berührte mich. Und der Mensch, der die Gedichte vortrug, erschien mir als einer, der sich fremd fühlt; weshalb ich dachte, Gedichte und Person seien bei ihm eins.*

Der schreibt, wie er ist, sagte ich zu mir und wunderte mich, weil mir aus seinen Versen etwas nahekam, das ich zwar nicht benennen konnte, das mir aber als etwas Besonderes erschien. Der schaut hinters Klotzige, Irdische, Simple, Banale und Triviale, sagte ich zu mir selbst.

Er bewegte sich wie einer, der dem Boden nicht traut.

Ein Jahr später rief mich der alte Lektor[3] des Verlages an, in dem Celans Gedichte erschienen waren, und sagte: »Celan kommt zu Ihnen ins Büro«; denn ich war damals so etwas wie Bürogehilfe bei einem Kulturverein[4], und Celan kam zu mir, um zu fragen, ob er bei uns wohnen könne.[5]

Im Einfamilienhäuschen, wo ich bei meinen Eltern wohnte[6], ging's zwar ein bißchen eng her, doch schien dies Celan nicht zu stören. Er, der immer korrekt gekleidet war, erzählte, wie er mit Klaus Demus[7] in Wien vom Portier des Hotels Sacher abgewiesen worden war, weil sie beide keine Krawatten trugen. Und er brachte mehrere Exemplare meines Buchs Das doppelte Gesicht[8] *von der Deutschen Verlags-Anstalt mit nach Hause. Das Buch war ihm gemäß, und er schlug mir vor, ich solle für Klaus Demus »zur Erinnerung an mein schwäbisches Wien« ins Buch schreiben. Dabei ließ er mich wissen, die Wiener Straßenbahnen seien dunkelrot, während sie bei mir gelb waren wie die Stuttgarter. Doch dabei handelte es sich ja um ein Wien der Phantasie[9].*

»Ich werde für das Buch eintreten«, sagte er und fügte hinzu: »Mit meinen Vorlieben habe ich wenig Glück.«

Er bewegte die Hand und lächelte. Dann erzählte er, wie's bei der Gruppe 47 gewesen war[10]. *– »Na ja«, sagte er, »diese Fußballspieler . . . Da hat einer zu mir gesagt: Die Gedichte, die Sie vorgelesen haben, waren mir sehr unsympathisch. Und dann haben Sie sie auch noch im Tonfall von Goebbels vorgetragen.« Oder er beschrieb, wie Hans Werner Richter zu einem Kollegen von der Zeitung gesagt hatte: »Und das ist Herr Celan, der macht Gedichte wie . . . Nun, sagen Sie schon, wie Sie dichten.« Celan machte Richters Geste nach und fuhr fort: »Ich habe geantwortet: Nun, doch hoffentlich wie ich.«*

Er erzählte auch von Böll und sagte: »Der ist rund. Er hat mir das Schema seines neuen Romans gezeigt, eine graphische Darstellung mit mehreren Farben. ›Jetzt muß ich wieder mal Blau nehmen‹, hat Böll zu mir gesagt.«

Wir gingen zu dritt ins Feuerbacher Tal[11] *hinab, das sanfte Hügel hat. Er kannte sich in Blumen und Gräsern aus und gab meiner Frau die Blume Augentrost*[12]*, die klein ist und weiße Lippenblüten hat. Es war ein wolkenschleieriger Tag im Frühling.*

Als wir wieder zu Haus waren, sagte er: »Ich möchte du zu Ihnen sagen« und las uns das Gedicht Nächtlich geschürzt[13] *vor. Er sagte, das passe zu uns, er möchte es uns widmen. Dann las er andere Gedichte aus dem Manuskript des Bandes* Von Schwelle zu Schwelle *vor. Er las bei Kerzenlicht; denn so hatte er es sich gewünscht.*

Er erzählte von seiner Arbeit als Lehrer[14] *und sagte, die sei für ihn wichtig; sie lenke ihn ab.*

Später las er in der Technischen Hochschule[15] *und wollte, daß sich meine Frau und ich in die erste Reihe setzten. Hinten hatten die Studenten aus Max Benses Seminar*[16] *Platz genommen. Max Bense selbst war dabei, und ich erinnere mich, auch einen Autor unter ihnen gesehen zu haben, der konkrete Texte schrieb.*

Diese Leute redeten, während Celan las und die Finger auf

der Tischplatte spreizte. Einer stand auf, ging hinaus und ließ die Tür laut ins Schloß schnappen. Dann wurde draußen ein Motorrad angeworfen, knatterte und zischte auf der Stelle, bis es endlich wegfuhr.

Celan unterbrach seine Lesung und sagte: »Haben Sie doch Verständnis.«

Auf einem Spaziergang blieb er im Pragfriedhof[17] *stehen und schaute einem Kleiber-Paar zu, das um einen Baumstamm kletterte und Milben aus der Rinde pickte. Er erwähnte diese Vögel, als ich ihn hernach fragte, was ihm von unserem Spaziergang am eindringlichsten in Erinnerung geblieben sei.*

Solche Augenblicke sind mir mehrere gegenwärtig, und ich sehe Paul Celan vor der Türe meines elterlichen Hauses stehen. Er hat einen dunklen und hochgeschlossenen Mantel an, den auch ein Pfarrer tragen könnte. Oder ich zeige ihm einige Verse, die ich gemacht habe[18]*, und er sagt zu mir: »Du mußt die Menschen verblüffen.«*

Wir redeten so gut wie nie über Literatur. Einmal sagte er zu einer Dame, die rötlich gefärbtes Haar hatte: »Für Sie sollte ich ein Gedicht auf ein rotes Ahornblatt schreiben.« Das war nach seiner Lesung im Eßlinger Rathaus.[19] *Und ein anderes Mal wohnte er mit seiner Frau Gisèle und seinem Sohn Eric bei uns*[20]*, und Eric schlief auf einem Sofa aus dem Jahr 1911, das wir mit der Rückenlehne nach außen an die Wand geschoben hatten, damit Eric im Schlaf nicht herausfallen konnte. Eric fragte: »Ist dies ein deutsches Bett?«*

Ein Jahr später besuchten wir Paul in Paris[21]*, wo er nicht weit vom Triumphbogen wohnte und die Fenster aufs Dach hinausgingen. Dort redete ich mit Eric in einer erfundenen Sprache, und Paul erzählte seinem Sohn Geschichten, in denen ein Männlein vorkam, das in der Dachrinne spazierengeht.*

Alles allzu harmonisch, wie? Ich weiß, daß man heutzutage Dissonanzen einer Freundschaft ausplaudern soll. Und sie werden lachen, aber zwischen mir und Celan gab es wenig Widriges.

1960 waren wir in Darmstadt, als er den Büchner-Preis erhielt[22]. *Dort saß er abends allein abseits und starrte durch ein Fenster in den Hof.*

Um diese Zeit wurde er von Claire Goll des Plagiats an den Gedichten Ivan Golls bezichtigt[23]. *Ich sagte zu ihm: »Laß doch das blöde Weib schreiben was es will«, aber es quälte ihn trotzdem und steigerte sein Gefühl, verfolgt zu werden. Hermann Kasack ließ als Präsident der Darmstädter Akademie von Reinhard Döhl eine Analyse der Celanschen Gedichte*[24] *erstellen, und Döhl widmete sich dieser Aufgabe zwar mit wissenschaftlicher Akribie und Beflissenheit, blieb aber trotzdem parteiisch gesinnt; denn Döhl war damals ein Parteigänger der Konkreten Poesie*[25]*, die Max Bense als Oberhaupt der »Stuttgarter Schule« befehligte, wenn ich so sagen darf. Seine Anhänger pflegte Bense als »gute Truppe« zu bezeichnen.*

Döhls Untersuchung verletzte Celan, und er glaubte, meine Frau und ich hätten ihr Zustandekommen verhindern können. Ihm klarzumachen, daß wir keinen Einfluß auf Kasacks[26] *Entschlüsse hatten, war unmöglich, und so trat zwischen uns das ein, was man gemeinhin eine Entfremdung nennt. Celan wurde von schweren Depressionen heimgesucht. Ich hörte, daß er geäußert hatte: »Ich gehe nicht mehr gerne nach Stuttgart, weil ich dort Freunde verloren habe.« Doch trotz unserer vorübergehenden inneren Entferntheit blieb unsere Freundschaft unverletzt. Schließlich hat er in den sechziger Jahren auch mit anderen Freunden kritische Zeiten überwinden müssen.*

1970, kurz vor seinem Tod, war er in Stuttgart und las aus seinem neuen Gedichtband, der auch klinische Erfahrungen in sich aufgenommen hat[27]. *Wenigstens scheint mir dies so, wenn ich seine Verse aus dieser Zeit wiederlese. Und er besuchte uns, und wir redeten zusammen, als hätte sich nichts verändert. Es war auch so und wird immer so sein.*

BRIEFWECHSEL
PAUL CELAN – HANNE UND HERMANN LENZ

1 *Nächtlich geschürzt*

Für Hannah[1] und Hermann Lenz
4. 4. 1954.[2]

Nächtlich geschürzt
die Lippen der Blumen,
gekreuzt und verschränkt
die Schäfte der Fichten,
ergraut das Moos, erschüttert der Stein,
erwacht zum unendlichen Fluge
die Dohlen über dem Gletscher:

Dies ist die Gegend, wo
rasten, die wir ereilt:

Sie werden die Stunde nicht nennen,
die Flocken nicht zählen,
den Wassern nicht folgen ans Wehr.

Sie stehen getrennt in der Welt,
ein jeglicher bei seiner Nacht,
ein jeglicher bei seinem Tode,
unwirsch, barhaupt, bereift
von Nahem und Fernem.

Sie tragen die Schuld ab, die ihren Ursprung beseelte,
sie tragen sie ab an ein Wort,
das zu Unrecht besteht, wie der Sommer.

Ein Wort – du weißt:
eine Leiche.

Laß uns sie waschen,
laß uns sie kämmen,
laß uns ihr Aug
himmelwärts wenden.

Paul Celan[3]

2 Paul Celan an Hanne und Hermann Lenz

Sonntag *[Paris, 11. 4. 1954*[1]*]*

Meine Lieben, meine Freunde!

Ich bin also wieder daheim – nein, nicht daheim, vielmehr hier, in Paris, hier schlechthin, hier, wo ich nun zu leben gewohnt bin. Wohlbehalten bin ich also wieder hier: das Wort von der Henkersmahlzeit hat sein Werk, sein gutes Werk getan, nichts Böses hat sich zugetragen: Dunkles, Dunkelstes (und dazu gehört ja so oft das Gedachte) kann eben nur durch Dunkles, durch superlativisch Dunkles aufgehoben werden.[2] Aber genug davon: Ihr versteht mich ja, lassen wir es also beim Halbgesagten bewenden.

Ich habe Gisèle, meiner Frau, viel von Euch erzählt, ich denke an Euch und Euer Haus, das sich mir auftat, gastlich, wie nie ein Haus zuvor[3]. Nur einmal noch, nur dieses eine Mal noch will ich's wiederholen, einmal für allemal, für allezeit: nur selten habe ich es erleben dürfen, daß Erhofftes sich so bestätigte wie bei Euch. Ich bleibe Euch dankbar, mein Leben lang. –

In der Eile, in der Aufregung vergaß ich, Euch die unveröffentlichten Gedichte zu geben: nun sollen sie diesen Zeilen folgen, nein: sie begleiten.[4]

Noch bin ich ein wenig trunken, berauscht, benebelt von all den Begegnungen und Gesprächen; von den Worten auch, die der Augenblick mir eingab; noch ist der Übermut nicht ganz verklungen, an dem diese Worte sich entzündeten – um Euch zu danken für das Stille[5] und Stumme, das Ihr mich teilen ließet mit Euch. Aber bald ist die Trunkenheit gewichen, ich fühls, – laßt mich das Stille und Stumme mit Euch teilen und an Euch denken, wenn die Stunden sich entvölkern!

Paul

3 Hermann Lenz mit Hanne Lenz an Paul Celan

[Stuttgart] 21. April 54

Lieber Paul,

wir danken Dir herzlich für Deinen Brief und denken an die Zeit zurück, da Du hier gewesen bist. Dabei fällt mir ein, daß Du mein altmodisches, nach fin de siècle duftendes Büchlein »Das stille Haus« mitgenommen hast, das ich im Krieg, oft in den unbehaglichsten Situationen, geschrieben habe. Das allzu Süße darin beschämt mich heute – aber Du hast geschrieben, daß das Stille für mich charakteristisch sei, und drum stellte sich bei mir die Gedankenverbindung zu dieser Erzählung her, die viele Literatur-Kollegen sicher mit höhnischem Lächeln abtun[1]. Für mich war's notwendig, diese Geschichte zu schreiben, und wenn ich – beispielsweise – vor Leningrad auf der Rollbahn hinter meinen Kameraden dahinstapfte[2], ein totes Pferd in einer gefrorenen Blutpfütze lag und der Hauch der beginnenden Schlacht mir den Atem benahm, habe ich an das fin de siècle und an Wien gedacht.

Inzwischen hat auch mich der überstandene Krieg verändert – man spürt so etwas ja immer erst viele Jahre später – und heut denke ich oft, es sei eine zwar notwendige aber doch unstatthafte und unliebsame Veränderung mit mir vorgegangen; denn jetzt glaube ich nicht mehr so unbedingt an die Macht der »sanften Gewalt« wie damals, sondern bin versucht, alles was geschieht, zumindest für unübersichtlich zu halten. Es will mir auch scheinen, als dürfe man heute nicht mehr so kindhaft träumerisch leben wie ich es immer noch tue. Aber wozu soll ich mich ändern, mich vordrängen, mich anstrengen für eine Sache, die fragwürdig geworden ist?

Natürlich werde ich mich weiterhin darum bemühen, weil ich es muß. Und unsere Begegnung wischt alle nihilistischen Spintisierereien hinweg, denn für Hanne und mich bedeutet es eine wichtige Bestätigung, daß Du Dich bei uns wohlgefühlt hast, und drum freuen wir uns sehr darauf, wenn Du wieder einmal hierherkommst. Der Lehnstuhl wartet auf Dich, und wenn ich darin sitze habe ich das Gefühl, als seist Du immer noch da. Würde man mich darin photographieren, so käme sicherlich ein Bild von uns beiden zustande, als sei der Film zwei Mal belichtet worden. Und ich höre Deine Gedichte[3], die von innen her wirken, aus mir selbst, als sei ein Stück Phosphor in mich hineingefallen und durchleuchte mich.

Grüße Gisèle, Deine Frau, bitte herzlich von uns und nimm alle guten Wünsche von

Hermann und Hanne[4], wie schön, dass Deine Angst umsonst gewesen ist[5] – ich hab' mirs gleich gedacht, dass nichts passieren würde – ich weiss sowas meistens. Grüss' Paris! Sei froh, dass Du nicht in Stuttgart sein musst. Hier ist's scheusslich, es hat geschneit und Deine Veilchen[6] sind leider erfroren.–

4 *Hermann Lenz mit Hanne Lenz an Paul Celan*

[Stuttgart] 29. 5. 54.

Lieber Paul,

Alfred Günther von der guten Mutter Deva[1] – oder ist sie ein ältliches Fräulein? – hat mir erzählt, Du hättest Dich darum bemüht, die Übersetzung meiner Erzählungen ins Französische durchzusetzen[2]. Dafür möchte ich Dir heute danken und Dir alle guten Wünsche schicken, weil kein Tag vergeht, ohne daß wir beide Deiner nicht herzlich gedenken und uns auf Deine neuen Gedichte freuen, die Du uns schikken wolltest.[3]

Ich hatte in den letzten Wochen eine etwas turbulente

Zeit, weil der Schriftstellerverband, dessen Sekretär ich bin, eine Jahresversammlung abgehalten hat.[4] Dabei war ich als Festordner tätig, mußte daran denken, daß die betagten Geburtstagskinder unseres Verbandes mit je einer Flasche Wein bedacht wurden, mußte telefonieren, und den ganzen Charme meiner Persönlichkeit zusammenraffen, um ihn gleichmäßig auf alle Kollegen verteilen zu können. Aber die Sache hat mich nicht nur enerviert, sondern auch amüsiert.

Mit Braems[5], von denen ich Dich herzlich grüßen soll, wollen wir Anfang August nach Kolmar fahren, um Deine Frau und Dich dort zu treffen. Wäre das möglich? Von Kolmar würden wir dann nach Burgund weiter fahren.
Geht es Euch gut? Wir würden uns sehr freuen, einmal wieder etwas von Dir zu hören.

Mit herzlichen Grüßen, auch an Deine Frau
Hermann und
Hanne.

Papier und Couvert dieses Briefes habe ich im vergangenen Jahr in Paris gekauft.

5 *Hanne Lenz mit Hermann Lenz an Paul Celan*

Stuttgart, den 16. 6. 54.

Lieber Paul!

Der Hermann mahnt mich nun schon seit vierzehn Tagen, dass ich Euch schreiben müsste und Euch sagen, wie sehr wir uns gefreut haben über den Kupferstich Deiner Frau[1]. Er behauptet, es sei an mir, einige passende Worte darüber zu finden, denn die Abteilung »bildende Kunst« sei schliesslich mein Ressort.[2] Aber natürlich ist das nur eine Ausrede von ihm, weil er so ungern Briefe schreibt. Er beruft sich dann immer auf Herrn Thomas Mann, der einmal gesagt hat: der Schriftsteller ist ein Mann, dem das Schreiben besonders schwer fällt. – Nun, das wird ja wohl so sein, er muss es ja wissen.

Dieser Brief gilt also eigentlich Deiner Frau, aber weil ich sie ja nicht kenne und Du ihn ihr ja doch wohl übersetzen musst, so schreibe ich lieber gleich an Dich.

Wir finden das Blatt ganz erstaunlich gut, erstaunlich vor allem, weil es in Deutschland meines Wissens nichts ähnliches gibt, jedenfalls nichts von den bekannteren Dingen, das sich damit vergleichen liesse – erstaunlich aber auch darin, dass es auf eine merkwürdige Weise Deinen Gedichten zu entsprechen scheint, weil es diesselbe Nebeneinander von streng konstruktiven, rationalen Elementen und dem unwägbar Traumhaften enthält. – Vielleicht ist das aber auch ganz falsch gesehen und andere Leute würden etwas ganz anderes darüber sagen, es sieht ja immer jeder, was er gerne sehen möchte. Wir haben es – ganz privat für uns – »der Harlekin mit dem Mond« getauft und als solcher wird er nun in unserem Zimmer hängen, neben dem Eckschrank, dort, wo bis jetzt das Bild von Hofmannsthal[3] hing. Ich hoffe, Ihr werdet beide einmal kommen und Euer Urteil darüber abgeben, ob es dort hinpasst.

Gestern haben wir im Radio Deine Sendung gehört. Sie

kam nachts, kurz nach 1/2 11 Uhr.[4] Wir fanden sie ausgezeichnet, sowohl in der Dialogführung, als auch in der akustischen Wiedergabe. –

Von uns gibt es nichts Nennenswertes zu berichten. Wir leben so unser gewohntes Dasein und harren im übrigen mehr oder weniger geduldig Deiner versprochenen Gedichte.[5]

Habt vielen Dank für das Blatt
und seid beide herzlich gegrüßt
Hanne und
Hermann

6 Paul Celan an Hanne und Hermann Lenz

Paris, am 16. November 1954.

Meine Lieben!

Glaubt mir, ich bin wirklich untröstlich, Euch so lange nicht geschrieben zu haben – und doch, ich hab's oft getan, oft und immer an Euch gedacht, zur Feder gegriffen und sie wieder sinken lassen, aus Verzweiflung darüber, daß ich nicht schreiben kann, daß sich immer wieder diese unüberbrückbaren Abgründe auftun zwischen Gedanke und Wort.[1] –

Liebe Hannah[2], lieber Hermann, wie sollte ich nicht an Euch denken – glaubt mir, die Tage bei Euch gehören zu den erfülltesten! Verzeiht, daß ich so wortlos bin, ach ich bin's wirklich – und dabei wünsche ich mir, Ihr wäret da oder ich wäre bei Euch und wir könnten reden und reden!

Paul

7 Hermann Lenz an Paul Celan / Hanne Lenz an Paul Celan

[Stuttgart] 12. Dezember 54

Lieber Paul,

über Deinen Brief und Deine Gedichte haben wir uns beide sehr gefreut und danken Dir herzlich dafür. Deine Übertragung der Apollinaire-Gedichte[1] habe ich schon vor einigen Monaten in der Neuen Rundschau gelesen und Deine Fähigkeit bewundert, das Deutsche dem Französischen so sehr anzugleichen, daß man die deutschen Fassungen der Gedichte für originale Schöpfungen hält. Wie hölzern und plump wirken dagegen die professoralen Eindeutschungs-Versuche von Fritz Usinger in dem Band des Limes-Verlages.[2] Das Gedicht »Der Abschied« erscheint mir als das vollendetste der drei, obwohl »Salome tanzt«[3] verführerisch wirkt durch seine Spiegelung von äußerem und innerem Geschehen; es ist, als tanze Salome vor einem magischen Spiegel und man sähe darin ihre Empfindungen. Mich befriedigen in diesem Gedicht nur die letzten Verse (von Apollinaire) nicht ganz, weil sie mich ein wenig an die »Fêtes galantes«[4] erinnern; es ist darin eine andere Lebensstimmung lebendig als in den vorhergehenden Strophen, die mit einer fließenden Traum-Empfindung getränkt sind. »Schinderhannes« ist grausam deutsch und könnte den Konzentrationslager-Lemuren der jüngsten Vergangenheit gewidmet sein[5].

Deine eigenen Verse, die Du geschickt hast, sind gegenüber den früheren noch konkreter geworden. Ich weiß nicht, ob ich mich verständlich ausdrücke, aber mir scheint, als hättest Du jetzt noch mehr als früher eine gewisse chiffrenhafte Gültigkeit in Deinen Versen erreicht, die mich an chinesische Bilder erinnert und das *Wesen* der Dinge und Empfindungen mit sicherer Hand bloßlegt. Aber Du weißt, daß ich ein schlechter Kritiker bin und Dir eigentlich nur sagen kann, daß Deine Gedichte sehr viel für mich bedeuten und daß ich sie für die Wesentlichsten unserer Zeit halte.

Ich grüße Dich und Gisèle in herzlicher Verbundenheit und wünsche Euch alles Gute

Hermann.

Es war schön, zu hören, dass Du uns nicht ganz vergessen hast und es ist schön, Deine Gedichte zu haben. – Beim Überlegen, was wir Dir als kleinen Weihnachtsgruss schikken könnten, fällt mir ein, dass Du bei Deinem Hiersein einen weissen Krug für Blumen kaufen wolltest und Dir die neuen, modernen dann doch nicht gefielen. Wir besitzen einen kleinen, alten Fayencekrug, in dem auch nur ein paar Blumen ganz hübsch aussehen. Vielleicht macht er Dir Freude und kann Dich ein wenig an uns erinnern. Leider ist er oben ein bisschen abgestossen – so war er schon, als wir ihn kauften – hoffentlich stört Euch das nicht allzu sehr. Es ist schwer, einen anderen aufzutreiben, denn bei alten Krügen ist es selten, dass sie ganz weiss sind und das soll er doch wohl sein. -

Mit allen guten Wünschen für
Euch beide
Hannah.[6]

8 Paul Celan mit Gisèle Celan-Lestrange an Hanne und Hermann Lenz

[Paris, 30. 12. 1954[1]]

Euer Krug ist da, Euer weißer, weißweißer Krug! Ihr Lieben, wie soll ich, wie sollen wir Euch danken? Ich bin so froh, so froh, so froh, daß es Euch gibt!

Immer
Euer Paul

Je vous remercie de tout cœur
Bonne Année!
Gisèle.[2]

9 Hanne Lenz mit Hermann Lenz an Paul Celan

Stuttgart, den 3. Januar 1955.

Liebe Gisèle, lieber Paul!

Weil es doch vielleicht bis zum nächsten Neujahrsfest dauern könnte, bis der Hermann sich endlich entschliesst, zu schreiben, will ich Euch nur geschwind sagen, welch' grosse Freude Ihr uns mit Eurem Geschenk[1] gemacht habt und wie schön es für uns war, Weihnachten etwas zu haben, was uns der Ausdruck von Euer beider Wesen zu sein schien – so, wie wir hoffen, dass auch von uns ein wenig an Eurem Krug haften geblieben ist. –

Für das neue Jahr wünschen wir Euch alles Gute und wünschen uns, dass wir uns vielleicht wiedersehen – sei es in Paris oder sei es im Stuttgarter Refugium[2].

Mit herzlichem Dank und Gedenken
Hannah[3] und Hermann

Paris, den 13. I. 1955.

Meine Lieben,

ursprünglich hatte ich die Absicht, im Februar nach Deutschland zu fahren, aber nun zeigt es sich, daß ich immer ungeduldiger werde, und so habe ich heute den Entschluß gefaßt, schon früher, das heißt in etwa zehn Tagen, aufzubrechen.[1] Darf ich mich wieder bei Euch einquartieren? Sagt mir bitte aufrichtig, ob ich Euch damit keine Ungelegenheiten bereite! Ich kann's dann unschwer auch anders einrichten, der Gedanke, in Eurer Nähe zu sein, genügt! Ich bin von Herzen froh, Euch wiederzusehn.

Übrigens komme ich mit einem neuen Gedicht-Manuskript daher, das ich Frau Deva[2] (die darauf nicht sonderlich erpicht zu sein scheint) vorlegen möchte, ehe ich damit hausieren geh. Meine Anfrage, ob nicht wieder eine Lesung veranstaltet werden könnte, hat die Deutsche Verlags-Anstalt unbeantwortet gelassen.. Wie dem auch sei, ich komme gern nach Stuttgart – ich komme zu Euch.

Den Lenz-Krug hatte weißer Flieder[3] erwartet; nun stehn drei weiße Tulpen darin und nicken schon ein wenig zu Euch hinüber. Wenn ich nicht noch das Manuskript zu tippen hätte, käme ich am liebsten schon morgen.

Sagt mir bitte, ob es in Paris nicht etwas gibt, das Ihr gern bei Euch hättet – *bitte*, sagt es mir! Am 23. oder 24. bin ich also in Stuttgart.

Ich freue mich sehr!
Euer
Paul

11 *Hermann Lenz mit Hanne Lenz an Paul Celan*

[Stuttgart] 15. 1. 55

Lieber Paul,

hab herzlichen Dank für Deinen Brief, der heute gekommen ist. Wir freuen uns sehr, wenn Du kommst, und erwarten Dich also am 23. oder 24.

Das Picasso-Buch[1] hat mir große Freude gemacht und macht mir immer noch große Freude. Hab herzlichen Dank dafür.

Wenn Du uns in Paris eine Biographie von Marcel Proust auftreiben könntest, wären wir Dir sehr dankbar. Ich glaube, es ist eine von Maurois[2] erschienen. Besonderen Wert würde ich darauf legen, einmal die Handschrift von Proust[3] kennenzulernen; aber vielleicht ist in der Biographie ein Faksimile drin.

Herzliche Grüße Dir und Gisèle
Hermann u. Hannah[4]

12 *Paul Celan an Hanne und Hermann Lenz*

[Paris, 22. 1. 1955]

ARRIVE DEMAIN DIMANCHE MATIN HUIT VINGT TROIS PAUL +[1]

13 *Hanne Lenz an Paul Celan*

Stuttgart, den 5. II. 1955.

Lieber Paul!

Dies ist die Liste der Gedichte[1], die wir haben. Bitte schreibe auch das frühe Gedicht »Drüben«[2] auf, es ist mir wichtig, weil es mich an etwas erinnert, an einen besonderen Moment in meinem Leben, vor langer Zeit, – ich bin damals etwa 20 Jahre alt gewesen – als ich die Welt auf eine ähnliche Weise sah.

Lass mich nur noch dies eine sagen: Du bist in Wirklichkeit garnicht fortgegangen. Etwas von Dir bleibt hier zurück – einer Deiner Schatten – das war schon das letzte Mal so, als Du noch garnichts davon wusstest – und wird wohl immer so sein.

Leb' wohl
Hanne.

14 *Hermann Lenz mit Hanne Lenz an Paul Celan*

[Stuttgart] 13. März 55.

Lieber Paul,

ich weiß, daß ich ein unzuverlässiger und undankbarer Geselle bin, weil ich über eine Woche – es sind ja schon zweieinhalb Wochen wie ich eben feststelle – verstreichen ließ, um Dir für Dein Geburtstagsgeschenk zu danken, mit dem Du mir einen alten Wunsch erfüllt hast. Die »Deutschen Gedichte in Handschriften«[1] liegen seit meinem Geburtstag immer auf meinem Schreibtisch, damit ich in den Pausen meiner abendlichen Arbeit hineinschauen und mich durch den Zuspruch der Toten ermuntern lassen kann.

Wenn ich diese Seiten betrachte, spüre ich den Lebensatem bewunderter Menschen, und wenn ich Hofmannsthals

»Reiselied« in der Handschrift vor mir sehe, glaube ich einen Hauch der Urbanität der Jahrhundertwende zu spüren. Neben Georges Antiqua-Lettern, von denen für mich der Machtanspruch des Gesetzgebers ausgeht, der seine Handschrift dem Marmor eingräbt, wird der Eindruck von Hofmannsthals vertrauten Zügen in ihrer weltmännischen Konzilianz noch verstärkt. Oder die Handschrift C. F. Meyers, die dem Graphologen eine schwere Gemütskrankheit verrät, wirkt durch den Text des Gedichts »Schwüle« noch bedrükkender. C. F. Meyers Mutter hat sich ja im Züricher See ertränkt[2]. Gottfried Kellers Schrift erfreut daneben durch spielerische Heiterkeit.

Ach ja, ich könnte viel über diese Handschriften erzählen, weil ich immer stärker von einer oft quälenden Sehnsucht bedrängt werde, mich in die anderen Menschen zu verflüchtigen, mich ihnen hinzugeben und mein eigenes Ich im anderen aufzulösen. Früher war ich völlig in mir abgeschlossen, verkapselt kann man auch sagen, aber damals fühlte ich mich wohler. Mein Wunsch, mich abzuschließen, ist immer noch stark genug, um zu verhindern, daß ich mich in der Welt verliere, aber die Spannungen, die in mir durch diese zwiespältigen Empfindungen ausgelöst werden, lassen mich immer wieder den Schmerz des Existieren-Müssens spüren.

Aber genug der Bekenntnisse! –

Wir denken beide immer wieder an Deinen Besuch zurück und wissen, daß wir niemand kennen, der uns so nahesteht wie Du und Deine Frau. – Und von mir wäre zu berichten, daß ich kurz vor meinem Geburtstag in der Mörike-Bücherei[3] aus »eigenen Werken« lesen mußte und diese Veranstaltung mit Hilfe einer halben Flasche Sekt in verhältnismäßig untadeliger Haltung überstanden habe. Auch die Worte der Kritiker, die kurz danach in den Gazetten sichtbar wurden, habe ich gut verdaut und festgestellt, daß in mir »eine sehr bemühte Fähigkeit epischer Disziplin tätig ist« von der der Kritiker behauptete, daß diese Fähigkeit bei meiner

Lesung »eindeutig offenbar geworden«[4] sei. Ein anderer war der Meinung, in meinen Erzählungen erzeuge »der herbe, kühle Realismus, der gelegentlich in der Wahl der Worte und Bilder an die gewollte Dürftigkeit Kafkas erinnert, eine Atmosphäre, deren lebendige Zeitnähe dem Zuhörer nicht entgangen sein dürfte.«[5] Ein dritter sagte: »Die gestaltende Phantasie des jungen Schriftstellers steigert sich mitunter zu gewagten Sinnbildern, ohne den Rahmen einer kultivierten Erzählkunst zu sprengen.«[6] Kurzum: man zeigt sich von der gnädig wohlwollenden Seite, nur die Kommunisten waren der Meinung: »Selten hat man solche quälende Erzählungen gehört. Da war auch nicht ein Funken jugendliche Kraft und Freude drin zu verspüren ... Wir empfehlen dem jungen Autor, einmal seine Alterskollegen in der Deutschen Demokratischen Republik zu besuchen und sich mit ihnen über die Probleme moderner Literatur zu unterhalten.«[7] (sic!) Ich werde mir die wohlgemeinte Ermahnung zu Herzen gehen lassen, besonders deshalb, weil mir die Genossen ihre Zeitung mit der Besprechung ins Haus geschickt haben. Vielleicht wollen sie eine dekadente, westlich verseuchte Seele retten, wer weiß ...

Mit Professor Martini[8] und Hermann Kasack[9] sprach ich am Telefon über unser Zusammensein, und beide dankten mir, daß sie Dich wiedersehen und kennenlernen durften. Martini, der Dir ja zum ersten Mal begegnet ist, sagte: »das ist auch menschlich eine großartige Erscheinung.« Ja, das sagte er, Du mußt es Dir schon gefallen lassen!

Ich wünsche Dir alles Gute und grüße
Dich und Gisèle herzlich.
Dein Hermann

Herzliche Grüsse
Hanne.

Kafka – »ein Realist«, wie neuartig![10]

Paris, der 1. April 1955.[1]

Mein lieber Hermann!

Diesmal hat mein Nichtschreiben leider einen sehr deutlichen Grund: ich habe seit langen Wochen furchtbaren Ärger mit der Deutschen Verlagsanstalt.

Du erinnerst Dich sicherlich, daß Müller[2] mir versprochen hatte, mir den Vertrag sofort[3] nachzuschicken: bis zum 2. März, also einen Monat, ließ er mich warten. Und dieser Vertrag – er entsprach in keiner Weise unserer Vereinbarung – keine Nennung der Auflageziffer, eine inakzeptable Remittenden- und »Sonderpreise«-Klausel, eine ebenso inakzeptable (und widerspruchsvolle) Klausel über Rezensions- und »beschädigte« Exemplare, eine Anzahlung von nur 300 Mark etc.

Ich war außer mir, schrieb an Schroers[4], der meine Befürchtungen bestätigte und den von mir abgeänderten Entwurf dieses »Vertrages« billigte. Diesen Entwurf[5] schickte ich nun an Müller, begleitet von einem leider viel zu freundlichen Brief. Als Antwort darauf erhielt ich einen saugroben Brief, in dem Herr Müller, nachdem er eine von ihm selbst stammende Vertragsklausel als unannehmbar bezeichnete (!), mich darüber belehrte, was unter »noblesse oblige«[6] zu verstehen sei. Ich lege Dir auch dieses »Schreiben« von Herrn M. bei, Du darfst dann sogar einen Augenblick lachen. Ich schluckte den Bissen und schrieb zurück, sachlich, richtigstellend, nüchtern. (Im Grunde hätte ich meiner Wut lieber freien Lauf lassen sollen)

Ja, ich vergesse etwas: am Tage, an dem ich Müller meinen Gegenentwurf schickte, erhielt ich ... die Fahnen![7] Die Herrschaften hatten, ohne meine Unterschrift abzuwarten, das Buch schon verkauft und gedruckt! Meinen Brief schickte ich am 17. März[8] eingeschrieben und per Eilboten nach Stuttgart. Bis heute ist noch keine Antwort[9] gekommen, obwohl ich vorgestern telegraphisch noch einmal um Antwort bat.

Vor zwei Tagen sah ich hier Herrn Bechtle[10], sprach mit ihm über diese ganze Affäre: er fand das Verhalten der DVA einfach skandalös.

Was soll ich jetzt tun? Die Niederträchtigkeit dieser Kerle läßt mir keinen ruhigen Augenblick, ich kann nicht arbeiten, nicht schreiben, muß immer nur daran denken.

Lieber Hermann, ich habe eine Bitte an Dich: zeige bitte das ganze Material, das ich diesem Brief beilege, Herrn Hermann Kasack, der mir ja damals bei Euch an die Hand zu gehen versprach. Bisher zögerte ich, ihn damit zu belästigen, aber nun muß ich's wohl. Ich schicke diesen Brief morgen früh ab, Du hast ihn vermutlich Montag früh[11]. Bitte sprich womöglich noch Montag vormittag mit Kasack* und sage mir dann telegraphisch, ob Du glaubst, daß ich nach Stuttgart kommen *soll*[12]. Mir geht's um das Buch.

Meinen Gegenentwurf habe ich (unsinnigerweise vermutlich) unterschrieben, wer weiß ob die Kerle insgeheim sich nicht sagen, daß sie den Vertrag ja noch jederzeit unterschreiben können und ihm damit Gültigkeit verleihen; inzwischen treiben sie seelenruhig ihren Spott mit mir. Erkundige Dich bitte auch, ob das Direktionspack zur Zeit in Stuttgart weilt (ohne jedoch meinen vielleicht bevorstehenden Besuch anzukündigen!)

Ach, nur mir passieren solche Dinge! Mit ein paar Gedichten! Ich weiß wahrhaftig nicht, was ich tun soll. Aber wenn ich nach Stuttgart komme, so wird so oder so ein Schlußpunkt gesetzt und ich kann wieder an andere Dinge denken. *So* kann ich's nämlich überhaupt nicht. Bitte antworte sofort!

Alles Herzliche an Dich und Hanne!

Paul

Telegraphiere an: Celan Poste restante Paris 78

* sollte Herr Kasack verreist sein, so frage doch bitte Herrn Prof. Martini, was er davon hält![13]

Bitte zeige diesen Brief *niemandem* außer Hanne![14]

16 Hermann Lenz mit Hanne Lenz an Paul Celan

[Stuttgart] 6. 7. 55

Lieber Paul,

vor ein paar Tagen hat ein Bekannter unsere Zimmer photographiert, und ich hoffe, wir können Dir die Bildchen in acht oder vierzehn Tagen schicken. Sie sollen ein kleines Zeichen des Dankes für Deine Gedichte[1] und die Proust-Briefe an Montesquiou und Madame C.[2] sein. Hab' herzlichen Dank dafür.

Geht es Gisèle und Dir gut? Wir denken oft an Euch, und besonders Dein Gedichtband, dem ich durch die Schaufenster der Buchhandlungen des öfteren zugeblinzelt habe, hat die Erinnerungen an unsere Begegnungen immer wieder neu lebendig werden lassen. Der Band erscheint mir geschlossener als »Mohn und Gedächtnis«, obwohl ich – und das ist mir bei Gedichten immer besonders wichtig – dort die Stationen Deines Weges zu erkennen glaube. Die neuen Gedichte zeigen eine Konzentration auf das Wesentliche, und ich beneide Dich um die Sicherheit, mit der Du Deinen Weg fortgesetzt hast. Ich habe zur Zeit des »Doppelten Gesichts« den meinen klarer gesehen als jetzt. Aber vielleicht muß ich einen neuen gehen und, um ihn zu finden, mich durch wild wucherndes Gestrüpp schlagen. In »Von Schwelle zu Schwelle« ist eine große Einsamkeit zu spüren; das Buch ist ein Brevier für alle »Nachtgewiegten«[3], die durch weiße Fäden miteinander verbunden sind. Einen besseren Titel konntest Du für dieses Buch nicht finden. –

Wir haben erfahren, daß ein Professor der Musikakademie in Detmold – er heißt Keller[4], seine Mutter ist Jüdin – die »Todesfuge« vertont hat. Leider konnten wir das Opus nicht hören. –

Anfang Mai waren wir auf einer »Party«[5] mit Thomas Mann zusammen. Als ich mit ihm sprach, verwandelte sich sein Gesicht beständig, ein andächtiges Staunen war in den großen, mir als »goldschimmernd« in Erinnerung gebliebenen Augen lebendig, dann wieder zuckte ein scharfer schwarzer Pfeil durch sie hin. Oder er lachte mit hochgezogenen Augenbrauen und glich einem Spaßmacher, der alles durchschaut. Sehr wohlgetan hat mir, daß er und Frau Katja sich an mein Buch[6] erinnerten, und als ich sagte, sein Freund Reisiger habe mir seinen Brief über mein Buch geschenkt, lachte er, als hätte ich einen guten Witz gemacht. Er sagte auch, ich sehe »nach alter Kultur« aus – und das war mir peinlich, weil ich's ihm nicht glaubte und auch ein bißchen komisch fand. Wollte er mich auf die Probe stellen, wollte er sehen, ob es mir schmeichelte? Ich erwähnte, daß ich nach 45 geglaubt habe, die Deutschen hätten sich geändert, aber von einem derart verstiegenen Idealismus sei ich inzwischen geheilt worden. Er antwortete: »Jedes Volk bleibt wie es ist, im Guten und im Schlechten. Aber ich denke immer an ein Wort von Goethe: ›Wenn ich niedergedrückt bin, gibt es nichts Erhebenderes für mich, als in ein Menschenantlitz zu schauen.‹«
Mit Hanne hat er sich länger als mit mir unterhalten, und sie ist auch mit ihm geknipst worden; aber von den Bildern haben wir leider noch nichts zu sehen bekommen. Die Party war von Dr. Pechel arrangiert worden, in den Räumen seiner großbürgerlichen Wohnung.

Aber nun noch eine prosaische Bitte. Anno 53 bin ich mit einem Stipendium des Schriftstellerverbandes in Paris gewesen.[7] Das Geld (500. – DM) wurde mir geliehen bis das Auswärtige Amt die Reise genehmigt hat. Dies ist jetzt geschehen. Die Herren von Bonn verlangen jedoch, daß ich alle Ausgaben durch »Belege« nachweise. Ich kann das nicht, weil ich vor zwei Jahren in Paris keine gesammelt habe. Darum muß ich Dich bitten, mir alle bezahlten Rechnungen für Essen, Kaffee, Milch, Brot, Fleisch, Eintrittskarten für Kinovorstellungen, U-Bahn-Fahrscheine und andere Quittungen, die Du in den nächsten Monaten zusammenraffen kannst, mir zu schicken. Bis 31. Dezember muß ich alles in Bonn vorlegen und den »Nachweis erbringen«, daß ich das Geld ausgegeben habe.

Es würde uns sehr freuen, wenn wir Gisèle und Dich im August sehen könnten, wo wir für acht bis vierzehn Tage mit Bekannten (einem Architekten-Ehepaar) im Auto durch Frankreich fahren wollen; aber im August wird es für Euch schwierig sein, weil Gisèle ihr Kind erwartet.[8]

Wir schicken Euch von Herzen alle guten Wünsche
Hermann
und Hanne.

17 Paul Celan an Hermann Lenz

Paris, den 12. Juli 1955.

Mein lieber Hermann,

dies zunächst, mit dem Dank für Deine guten Zeilen: wir haben einen Sohn, Eric, ein Siebenmonatskind, geboren am sechsten Juni. Wir waren gerade aufs Land hinausgefahren, – Gisèle hatte, nach all den wechselvollen, aufregenden Frühlingswochen, eine mehrwöchige Erholung nötig –, waren eben darangegangen, unsere Pariser Existenz im Ländlich-Ereignislosen unterzubringen, als unser Sohn, gut zwei Monate früher als vorausgesehen, sich bei uns anmeldete, undeutlich zuerst, aber alsbald schon recht ungestüm und ohne zu berücksichtigen, daß der Arzt aus dem Nachbarort volle drei Stunden brauchen würde, um zu seiner Mutter zu kommen. Als er sich dann endlich einfand, war es allerhöchste Zeit, nach Paris hineinzufahren, was allerdings nicht leicht zu bewerkstelligen war, da zuerst ein Auto gefunden werden mußte. Endlich war auch ein Auto da, und dann gings mit der vom Jahrhundert geforderten Geschwindigkeit nach Paris, wo wir glücklicherweise noch rechtzeitig eintrafen: eine Viertelstunde später brach ein Gewitter los.

Zehn Minuten vor elf kam dann unser Sohn, unter recht beängstigenden Umständen, nicht eben als Schwergewichtler, aber durchaus entschlossen, es mit dieser Welt aufzunehmen. Laß mich jetzt über das anfängliche Bangen hinwegschreiten und Dir sagen, daß Eric inzwischen ausgezeichnete Fortschritte gemacht hat und daß wir ihn Freitag, in drei Tagen also, bei uns haben werden. Bei uns: in der Wohnung von Gisèle's Mutter, vielmehr in zwei Zimmern dieser Wohnung: 29 bis Rue de Montevideo, Paris 16e.[1] Und nun kommt Ihr beide nach Paris! Wir werden voraussichtlich bis zum 7. August in Paris sein und dann wieder aufs Land gehn, nach Rochefort-en-Yvelines, etwa 60 Kilometer von Paris, auf dem halben Wege zwischen Paris und Chartres. Ich komme natürlich nach Paris herein, sobald ich weiß, daß Ihr da seid, aber es wäre auch schön für Euch, wenn Ihr zu uns herauskommen könntet: das Haus, in dem wir wohnen – es gehört Gisèle's Mutter – war früher mal eine Mühle – der Mühlbach, das Fluder, ist noch vorhanden, das Klipp-Klapp muß man sich allerdings hinzudenken –, liegt an der durch den Wald von Ramboillet führenden Landstraße, das Dorf hat eine sehr schöne romanische Kirche: Just the right thing for sightseeing people. Und last not least hausen da ja auch Eure immer wieder an Euch denkenden (und dies durch ihre Schreibfaulheit beweisenden) Freunde.

Lieber Hermann, dem Erscheinen, dem verspäteten Erscheinen meines Buches ging ein recht unliebsamer Briefwechsel mit der D.V.A. voraus, aus dem Endesgefertigter ziemlich »fertig« hervorging. (Ein Brief, den ich Dir damals schrieb, liegt noch heute in meiner Schublade[2]; daß ich ihn nicht abschickte, lag einzig daran, daß ich Dich nicht mit Sorgen behelligen wollte, mit denen ich nur auf diese eine Weise fertig werden konnte: indem ich schluckte, was mir verabreicht wurde.)

Sehr gefreut hat mich die Schilderung Deiner Unterhaltung mit Thomas Mann: in solchen Situationen tut man immer gut daran, sich zu erinnern, daß man seinen eigenen Umgang mit Rumpelstilzchen hat, und dies nicht erst seit heute.

Und nun fange ich, im Hinblick auf Euren Anblick, an, Metrokarten und Ähnliches zu hamstern, damit Du den hohen Herren in Bonn den Beweis erbringen kannst, in wie großzügiger Weise sie dazu beizutragen verstehn, daß Bleibendes gestiftet wird[3]..

Kommt also recht bald und seid inzwischen herzlich gegrüßt

von

Eurem Paul

18 Hermann Lenz mit Hanne Lenz an Paul und Gisèle Celan

[Stuttgart, Mitte Juli 1955][1]

Wir gratulieren herzlich!

Hanne und Hermann

19 *Paul Celan an Hanne und Hermann Lenz*

29 bis rue de Montevideo

Paris, den 25. Juli 1955.

Liebe Hanne, lieber Hermann!

Vorgestern, Samstag, bei unserer ersten »Ausfahrt« mit Eric, kam Euer Geschenk, silbern und rund, mit Erics Namen in diesem Silberrund, dorthin weisend, wohin wir ihm selber mit unseren Gedanken vorauseilen, unbescheiden wie wir nun einmal sind: zu dem Schimmer, in dem Verborgenes sich kundtut, weil es weiß, daß Geistiges unterwegs ist, es zu suchen. Ja, um dieser und ähnlicher Dinge willen wissen wir Eric so gern in der Welt, und nun kommt Ihr, die Freunde vom Weißen Krüglein[1], hinzu, um auch mit Silbernem vorauszuleuchten – Seid von Herzen bedankt!

Und nun wüßte ich noch gerne, wann Ihr hier vorbeigezogen kommt: sagt es mir bitte recht bald!

Inzwischen von Herzen alles Gute!
Euer
Paul

20 *Hermann Lenz mit Hanne Lenz an Paul Celan*

[Stuttgart] 2. 8. 55

Lieber Paul,

Eric ist also am selben Monatstag wie Thomas Mann zur Welt gekommen, und wenn er nicht gerade als Schwergewichtler auf ihr erschien, so wirst Du Dich daran erinnern, daß auch das später recht widerstandsfähige und viel von sich reden machende Kind des Kaiserlichen Rates in Frankfurt bei seiner Geburt keinen lebensstrotzenden Eindruck auf die Mutter machte.[1] Wir wollen also annehmen, Eric werde –

allerdings in einem gröberen Zeitalter – alle Chancen haben. Er war neugierig auf das Licht der Welt und beeilte sich, es zu sehen: das darf als gutes Vorzeichen gelten. Wir haben uns sehr gefreut und freuen uns mit Euch.

Meine Bitte, »Rechnungsbelege« für mich zu sammeln, hast Du freundlich aufgenommen; ich bin sehr froh darüber, denn mir erschien sie als arge Zumutung, nur wußte ich mir nicht anders zu helfen. Jetzt ist diese Sache für mich noch wichtiger geworden, weil wir in diesem Jahr leider nicht nach Frankreich fahren können. Unsere Bekannten, die uns im Auto mitnehmen wollten, müssen zu Hause bleiben, und uns ist's drum nur vergönnt, nach München zu meinem Schwiegervater[2] zu reisen. Wir hatten uns sehr darauf gefreut, Euch zu sehen, aber die unsichtbaren Mächte meinten es anders mit uns.

Darum müssen wir hoffen, daß Ihr einmal zu uns kommt, und wenn Gisèle sich in den nächsten Monaten ins gegenwartsfreudige, von wirtschaftlichen und anderen Wundern strotzende Deutschland wagt, so wird sie hoffentlich bei uns ebenfalls jenes »Refugium«[3] finden, in dem Du Dich wohlgefühlt hast. Die Aufnahmen von unserer Behausung haben allerdings immer noch nicht das rote Licht der Dunkelkammer erblickt und sich in Schwarz-Weiß-Bildchen verwandelt, doch wird diese Metamorphose wohl bis zu meinem nächsten Brief abgeschlossen sein.

Dir und Gisèle wünschen wir erholsame Tage und bleiben Eure »Freunde vom weißen Krüglein«

Hermann und Hanne.

(wenden)[4]

Es würde mich sehr interessieren, zu erfahren, was für ein Brief-Duell Du mit der Deva, Deiner Gedichte wegen, ausfechten musstest. Willst Du mir den Brief, der in Deiner Schublade ruht,[5] nicht doch noch schicken?

21 *Paul Celan an Hermann Lenz*

Düsseldorf, den 26. IX. 55.

Mein lieber Hermann,

Wie Du siehst, weile ich, befinde ich mich und halte ich mich auf in der

Stadt der Persil-Werke,

wo ich in wenigen Tagen aus meinen

Versil-Werken

vorlesen soll.[1]

Dann, d. h. am 31., will ich, vermutlich nicht »aus Liebe zur Wäsche«[2], sondern aus dazu im Widerspruch stehenden Gefühlen, für einen oder zwei Tage nach Stuttgart, um Dich ein wenig mit meinem ungewaschenen Wesen zu behelligen. Ich komme wohl am Vormittag und poche an die Schriftstellerverbandstür[3].

Mit herzlichen Grüßen an Euch beide

Paul

22 *Hanne Lenz an Paul Celan / Hermann Lenz an Paul Celan*

Stuttgart, den 17. November 1955.

Lieber Paul!

Vor einigen Tagen hat der Christoph Schwerin[1] uns die Platte[2] gebracht, es ist schön, dass Du es nicht vergessen hast und wir danken Dir herzlich. Wie wir es verabredet hatten, schicken wir Dir eine »Gegenplatte«[3]; es war nicht ganz einfach, eine zu finden, die man gefahrlos der Post anvertrauen kann und die doch einigermassen Eurem Geschmack entspricht, hoffentlich seid Ihr nicht zu sehr enttäuscht. –

Der Hermann wälzt seit Wochen einen Brief an Dich mit

sich oder wohl besser, in sich herum, da ich aber fürchte, dass er noch einige Wochen weiter wälzen wird, so schreibe ich heute, damit Du wenigstens weisst, dass wir die Platte bekommen und uns sehr gefreut haben. Du hast nun die Mühe damit gehabt und deshalb wohl ein Anrecht darauf, zu wissen, warum wir sie eigentlich wollten. bezw. warum *ich* sie wollte, denn es ist, wie Du gleich sehen wirst, sozusagen »meine Platte«.

Ich weiss nicht, ob Du sie Dir hast vorspielen lassen, vielleicht hast Du sie auch ein bisschen merkwürdig gefunden, so wie der Christoph Schwerin, der, glaube ich, garnichts damit anfangen konnte. –

Nun – ein Freund vom Hermann hat sie während des Krieges aus Frankreich mitgebracht, er hatte sie irgendwo in Reims in einer Boutique gefunden und war sehr stolz darauf, denn niemand von uns hatte bisher etwas von diesem Johann Rosenmüller gehört, der, wie wir dann feststellten, in der Mitte des 17. Jahrhunderts, lange vor Bach, an der Leipziger Thomasschule gelehrt hat und ein merkwürdiger Mensch gewesen sein muss, den dunkle Verdächtigungen und wohl auch eigene Schuld ins Gefängnis brachten, aus dem er aber schliesslich entflohen und nach Venedig gegangen ist. Dort unten hat er lange gelebt und seine Kompositionen, von denen heute kaum noch jemand etwas weiss, wurden in Italien und Deutschland berühmt. Gegen Ende seines Lebens ist er wieder zurück gekommen und Hofkapellmeister geworden bei jenem Herzog Anton Ulrich von Braunschweig, der selbst einer der besten deutschen Poeten seiner Zeit war und dessen Gedichte auf eine ähnliche Weise die Lebensstimmung des frühen 17. Jahrhunderts zu enthalten scheinen, wie Rosenmüllers Musik, jene Mischung von Pomp und Trauer, jene Welt- und Lebensfeindlichkeit, die wohl zuweilen etwas Selbstgeniesserisches hat, im Grunde aber wohl ganz der inneren und äusseren Erschütterung jener Zeit kurz nach dem 30jährigen Kriege entsprach. –

Ich habe damals ziemlich viel über derlei Dinge nachgedacht, d.h. über diese Zeit, denn ich war gerade mit meiner Doktorarbeit beschäftigt, die einen verhältnismässig unbekannten oder vielmehr vergessenen Architekten des Frühbarocks[4] behandelte, auf den ich zufällig gestossen war. »Zufällig« deshalb, ich meine seltsam zufällig, weil seine Persönlichkeit, je mehr ich über sie in Erfahrung brachte und es war wenig genug, irgendwie meiner Situation in jener Zeit entsprach, nein, das ist falsch ausgedrückt, weil sie so war, mir so erschien, dass ich sie irgendwie besonders gut verstehen konnte. Er stand, – als Mensch sowohl wie als Architekt, – zwischen den Zeiten, das Alte, die Art zu bauen, wie sie vor dem 30jährigen Kriege, vor der grossen Zerstörung Mode gewesen war, war vergangen, das Neue noch nicht reif genug, bezw. er wohl nicht stark genug, um es gegen seine Zeit durchzusetzen. Er stammte aus einem gottverlassenen Bauerndorf im Allgäu[5] und ist früh nach Italien gegangen – *auch* nach Venedig – und hat viele Jahre dort gelebt, dort und auf einem Schloss der »Terra ferma« am Fusse der Alpen – wir sind heuer auf unserer Reise daran vorbeigekommen. Irgendwie hat er die Welt dort unten, diese Mischung aus romanischer Klarheit und orientalisch Märchenhaftem, aus Geheimnis und Prunk, die der Architektur und wohl auch dem Lebensstil Venedigs eigen war, und dieses sein bayrisches Bauerndorf nie mehr richtig zusammengebracht. Er hat versucht, in seinen etwas exzentrischen Kirchenräumen, beides zu vereinigen, er hat einiges Merkwürdige dabei zustande gebracht, aber sicher hat er dauernd unter diesen Spannungen gelitten, denn er hat immer als Sonderling gelebt und sich auch zu Hause noch wie ein venezianischer Nobile getragen.

Damals bin ich mit dem Fahrrad seine ganze Gegend abgefahren und habe schliesslich in einem abgelegenen Moordorf[6], im Pfarrhof, sogar sein Tagebuch gefunden. Er, seine Welt, schien mir eine starke Ähnlichkeit zu haben mit der

Welt jenes Rosenmüller, dessen Musik wir immer wieder spielten und die in jenen Jahren des Krieges und der Zerstörung wieder etwas sehr zeitlos Gültiges bezw. der Zeit Entsprechendes bekam.

Die Platte lag damals in Ulm, bei der Frau unseres Freundes[7], und immer wenn ich hinkam – auch heute noch ist das so – wurde sie mir zu Ehren gespielt. Wir hatten nämlich damals ein Spiel, – eine Freundin und ich hatten es erfunden – das wir »Katalogisieren« nannten. Wir versuchten die langweiligen Nachmittage in einer Kunsthandlung[8], wo wir zusammen arbeiteten, dadurch totzuschlagen, dass wir allen Leuten, die wir kannten, bestimmte Edelsteine, Stoffe, Gemälde, Musikstücke, auch Tiere u. s. w. zuwiesen, um sie zu charakterisieren. Aber darüber kann man viel besser in Hermanns »Stillem Haus«[9] nachlesen. Manchmal war es ganz amüsant, d. h. manche Leute wurden einem in ihren mehr oder minder komischen Eigenheiten, dadurch klarer. Nun, an mir ist diese Sonate von Rosenmüller hängen geblieben und deshalb ist es also – wie schon gesagt – meine Platte.

Ich habe ziemlich lange nicht mehr daran gedacht, aber als wir heuer in Venedig[10] waren, ist mir das alles wieder eingefallen und wenn wir auf der Piazza unseren Café tranken, hab' ich mir vorgestellt, dass jener Rosenmüller und der deutsche Architekt, die beide zur gleichen Zeit in Venedig gewesen sind, sich vielleicht sogar gekannt und manchmal zusammen auf der Piazza ihren Café getrunken haben – wer weiss vielleicht tun sie es sogar noch heute. –

Das ist ein langer Brief geworden, hoffentlich hat er Dich nicht zu sehr gelangweilt. Er sollte Dir nur zeigen, dass Du mir, dass Du uns eine grosse Freude mit dieser Platte gemacht hast.

Herzliche Grüsse an Euch beide, vielmehr Euch drei

Hanne.

Hanne hat schon sehr viel geschrieben. Ich hätte mir nur unter großen Mühsalen einen so ausführlichen Brief abgerungen, und darum bin ich ihr sehr dankbar. Damit Du nicht noch mehr lesen mußt, grüße ich Dich heute nur herzlich und hoffe, daß wir uns bald wiedersehen.

Hermann

23 Paul Celan an Hanne und Hermann Lenz

Paris, den 23. November 1955.[1]

Liebe Hanne, lieber Hermann!

Es ist Nachmittag, stiller, von einem nicht allzu fern hängenden Novemberhimmel ebenmäßig übergrauter Nachmittag, von der Straße, die um diese Stunde in unserem Viertel[2] etwas ansprechend Unbelebtes hat, kommt hie und da das Geräusch von Schritten herauf, unaufdringlich, ein paar meiner locker geknüpften Gedanken lösen sich heraus und flattern hinter den Schritten her, verflattern, lassen mich für Augenblicke das etwas fester Gefügte in seinen Umrissen erkennen – es ist nicht viel, aber ich nenne es großzügigerweise, in Ansehung meines Geburtstages sozusagen, das Wesentliche –, kurzum, ich sitze da und komme mir ein wenig komisch und kauzig vor, ein Schwellenwesen[3], halb von gestern, halb von heute, »rosenmüllernd«[4] auch ich zwischen mehr oder minder geschichtslosen »Östlichkeiten«[5] und herbstendem Okzident, denke, andächtigen Sinnes, daß ich mir, mit morgen wohl schon Fragwürdigstem, die Gegenwart, das dauernde Heute zweier Freundschaften »erschrieben« habe, die Eure und die Demus'sche[6], denke an die beiden Briefe und Bücher[7], die einzigen, mit denen das nahe Ferne meinen Tisch bedacht hat, denke, daß sich all das nicht besser hätte fügen können, denke es viele Male und bin

dankbar Paul

Gisèle und Eric grüßen Euch, wie ich, von Herzen –[8]

24 Widmung von Paul Celan an Hanne und Hermann Lenz

[Paris, Weihnachten 1955]

Für Hanne und Hermann,
mit unseren herzlichsten Wünschen

Gisèle[1] und Paul
Paris, Weihnachten 1955

25 Hermann Lenz an Paul Celan / Hanne Lenz an Paul Celan

Stuttgart, 4. 1. 56

Lieber Paul,

Hanne sagt, ich sei ein unmöglicher Mensch, weil ich Dir immer noch nicht geschrieben, mich auch für Dein Weihnachtsgeschenk und die Karte mit den Neujahrswünschen noch nicht bedankt habe. Trotzdem hoffe ich, daß Du mein Zögern verstehst, weil ein Mann, der sich beruflich mit den Worten herumschlägt, die oft zu drohenden, übermächtigen Gestalten werden, vor einem schriftlichen Getändel mit ihnen Angst hat, weil eine heillose Rauferei daraus entstehen kann, bei der er Haare lassen muß. Ich weiß leider ein wenig darüber Bescheid, wie rasch solch ein Wörtchen zur höhni-

1/25 Gisèle Celan-Lestrange.

Auch wir wollen sein,
wo die Zeit das Schollenwort spricht,
das Tausendjahr jung aus dem Schnee steigt,
das wandernde Aug
ausruht in eigenen Erlahmen
und Hülle und Stern
nachbarlich stehn in der Bläue,
als wäre der Weg schon durchmessen.

Paul Celan

[Faksimile zu Brief Nr. 24]

schen Fratze werden oder sich in eine Maske verwandeln kann, hinter der nur Luft lebendig ist; und dies alles oft just in dem Augenblick, da man glaubt, besonders ehrlich und aufrichtig zu sein und von einer reinen Empfindung beflügelt zu werden.

Aber ich will dieses Blatt nicht mit der Beschreibung von Schriftsteller-Komplexen füllen und Dir statt dessen von dem altertümlichen Herrn erzählen, der auf der Barockmusikplatte[1] abgebildet ist und mit allen Gliedmaßen, aber auch mit Kopf und Bauch Musik machen kann. Er ist, seit die Platte zu uns kam, oft aus seiner druckerschwärzenen Stummheit herausgetreten und hat uns aufgespielt, Rosenmüllers vieldeutige Musik in verwandelter Gestalt hervorgezaubert sowie Frescobaldis irdische und Couperins Himmels-Festlichkeit uns nahegebracht. Die »Apotheose Corellis« hat mich vergleichsweise angemutet, weil die gesprochenen Worte, die die einzelnen Stadien der Apotheose ankündigen, die Musik in einen anderen Bereich emporheben, wie die Rhythmen Deiner Verse die Sprache läutern und in einen ähnlichen anderen Bereich hinüberführen. Die Neujahrskarte mit Gisèles Radierung erweckt in mir dieselbe Empfindung, nur kommt hier noch die Wassertiefe des sichtbaren Bildes hinzu, die alles in sich aufnimmt. Dazu die Bilder, die Deine Verse hervorzaubern, all dies schafft eine Atmosphäre des andeutenden Einverständnisses, die mein beschreibendes Geschwätz nur zerreden kann.

Darum höre ich auf zu kritzeln und schicke Dir und Gisèle alle guten Wünsche für dieses sphinxhafte 1956. Bei Euch hat die Sphinx wohl in Gestalt der französischen Wahlen[2] schon ihre Tatzen gesträubt, und drum darf man dieses Vieh nicht noch mehr reizen. Mir scheint, wir haben uns kein besonders friedliches Jahrhundert für unsere abseitige Betätigung ausgesucht.

Dein

Hermann

Vielleicht bist Du nun ein bisschen enttäuscht, dass es »derselbe« Rosenmüller ist, immer noch und wieder derselbe. – Sie spielen ihn aber ganz anders (auch in anderer Instrumentierung, was man bei Werken jener Zeit ohne weiteres kann), und so ist es trotzdem ein anderer, »neuer«, der einen immer wieder zwingt, darüber nachzudenken, welches nun der »wirkliche« ist, hinter der zwiefachen Spiegelung, welches Herrn Rosenmüllers Urform sozusagen – wie gut, das im Grunde nie zu erfahren. –

Herzlichen Dank! Alles Gute im Neuen Jahr für Euch drei!

Hanne.

26 Paul Celan an Hermann Lenz

36 Chemin de la Petite Boissière

Genf[1], den 25. Januar 1956.

Lieber Hermann,

ich befinde mich, wie Du siehst, im Eidgenössischen, und zwar als Übersetzer beim Internationalen Arbeitsamt. Weder Aufenthalt noch Beruf regen zu geistigen Ruhmestaten an, aber meine schwindsüchtigen Finanzen hatten dringend eine entsprechende Aufpäppelung nötig. Eine Art Winterschlaf inmitten des Ansichtskartenschönen. Eingeschlafen auch der Gedanke, daß mich diese Existenz nicht eben glücklich macht.

Wir wohnen am Rande der Stadt, auf dem Lande gleichsam, in der Nachbarschaft uns offenbar wohlwollender Eichhörnchen und Buntspechte. Drei Monate soll das dauern, vielleicht sogar mehr. Und irgendwo bedeutet's auch den Abschied von Paris und den »einschlägigen« Bitterkeiten.

(So, jetzt hast Du auch eine Kostprobe der von mir erwarteten arbeitsamtlichen Sprachschöpfungen). –[2]

Aber nein, so schlimm ist's ja denn doch nicht. Und im Grunde bin ich ja nur hier, um morgen anderswo sein zu können. Und inzwischen erneuert sich vielleicht das Grundwasser. Und dann darf ich Euch ja wohl wieder besuchen kommen? Ich hab's nämlich nötig.

Alles Liebe!
Paul

27 *Hermann Lenz mit Hanne Lenz an Paul Celan*

Stuttgart, 5. 2. 56

Lieber Paul,

Für Deine Nachricht aus der Winterschlaf-Epoche danke ich Dir herzlich. Aber ist es denn in Genf so trist, wenn man dort wohnen und Geld verdienen muß? Mir hat es in dieser Stadt sehr gut gefallen, ich fühlte mich berührt von etwas Weltstädtischem, Freiem, und die von allen Schrecknissen der letzten Jahre unberührte Neunzehnte-Jahrhundert-Luft, die dort herrscht, hat mir wohlgetan. Ich habe es gern, wenn das Leben um mich den Eindruck von wohlgefälliger Üppigkeit erweckt, bin aber froh, daß ich zu Hause meine Dachstube habe, die ich niemals gegen eine Villa oder ein üppiges Appartement eintauschen möchte. Die Spannung zwischen dort und hier reizt mich wie eine Vibrationsmassage, und ich bin froh, kein Hausherr sein und keine »Position« einnehmen zu müssen. Ich schaue mir alles an und denke: wie angenehm, daß ich keine so umfangreiche Einkommensteuer-Erklärung abgeben muß wie dieser Herr, der dort drüben im Rolls Royce durchs vergoldete Gittertor in seinen Park hineinfährt.

1954, als wir am Genfer See waren, wohnten wir in Ouchy, einem Vorort von Lausanne. Im »Hotel de l'Angleterre« hatten wir ein für unsere Bedürfnisse sehr komfortables Hotelzimmer mit altmodisch behäbigen Möbeln, weißem Telefon und weißem Radioapparat auf dem Nachttischchen. Man konnte dort von einem Sitzmöbel aus, das halb Lehnstuhl, halb Kanappée war, die Aussicht auf den See genießen, die mir damals in meiner losgelöst-harmonischen und entspannten Ferienstimmung wie ein großes, in sommerlich dünnen Abendfarben schimmerndes Luftbild, eine Fata Morgana, erschien, deren schillerndem Farbenzauber etwas äußerst Vergängliches anhaftete, als bestünde alles nur aus Haut und Hauch. Ich hatte die Empfindung: wenn ich wegschaue, verschwindet alles, die Haut zerreisst und – so etwas wie gestaltlose Leere ist an seine Stelle getreten; allerdings kann ich mir eine »gestaltlose Leere« nicht vorstellen.

Abends mischten wir uns unter die Strandpromenierenden. Vor den Cafés – auch vor unserem Hotel, in dem übrigens Byron gewohnt hat, wie eine Erztafel überm Eingang verkündet – spielten Musikkapellen Potpourris aus Puccini-Opern oder ähnlicher wie stark gesüßter Punsch wirkender Musik. Überall üppige Blumen – Bosketts, warme Sommerluft, die sich mit faulig frischen Brisen vom Wasser her mischte – und als wir auf einem schmalen Pfad dicht neben einer hohen Parkmauer am See entlanggingen, huschte vor uns eine Ratte dahin; es dauerte eine geraume Zeit bis sie in der glatten Mauer ein Schlupfloch gefunden hatte[1].

Auf dem See habe ich am Nachmittag im Wellengang ein Boot zu rudern versucht und mich vor meiner seetüchtigen und alle Raffinessen des Schiffs- und Marine-Wesens aus dem ff kennenden Gattin[2] peinlich blamiert. Immer wieder klatschten die Wellen an die Bootswände, ich brachte es trotz mühseligster Anstrengungen nicht fertig, die Wogen kühn mit dem Bug zu schneiden, und sah uns schon mit triefenden Kleidern als bejammernswürdige Schiffbrüchige an Land kriechen. Aber es ging noch einmal alles gut.

Das sind meine Genfer-See-Erinnerungen, und vielleicht erheitern sie Dir ein wenig Deine grauen Tage. Übrigens sah ich in Ouchy eine zwar etwas beleibte aber doch recht appetissante Conditorei-Inhaberin, die sich mit einem um einige Jahre jüngeren Mann sehr witzig unterhielt. Darum könnte ich mir denken, daß neben Eichhörnchen und Buntspechten auch die Menschen zumindest als liebenswerte Staffage in der ansichtskartenschönen Landschaft zu würdigen wären. Oder hast Du andere Erfahrungen gemacht? –

Hanne ist seit einigen Wochen krank. Es geht ihr aber jetzt wieder etwas besser, und ich bin sehr froh darüber, weil mich ihr Zustand sehr bekümmert hat.

Wir wünschen Dir erträgliche und – trotz aller beamtengrauen Schemenhaftigkeit – vergnügliche Tage und freuen uns auf Deinen Besuch.

Mit herzlichen Grüßen Dir und Gisèle
Hermann und Hanne.

Hast Du unsere Schallplatten[3] und die Photographien[4] bekommen, die wir vor Weihnachten geschickt haben?

28 Hermann Lenz mit Hanne Lenz an Paul Celan

Stuttgart, 18. 4. 56

Lieber Paul,

vor einigen Tagen war Herr Merlin[1] bei uns (Schriftsteller, Du kennst seinen Namen vielleicht aus dem »Merkur«[2]), der aus Israel kam, wo er ein Jahr in Kiriath Anavim bei Jerusalem lebte und dort Hannes Vetter[3] kennenlernte. Merlin war Sekretär von Martin Buber.

Hanne fragte ihn, ob Buber Deine Gedichte erhalten habe[4], und Merlin bejahte es. Er habe das Buch, über das er begeisterte Worte fand, selbst Buber empfohlen, aber dieser antworte grundsätzlich nur dann auf Buchsendungen, wenn ein Brief beiliege. Er würde Dir raten, Buber doch ja bald »Von Schwelle zu Schwelle« zu schicken und ein paar Zeilen dazu zu schreiben. Buber komme in diesem Sommer nach Europa, und er, Merlin, wolle ihn treffen und über Deine Gedichte mit ihm reden. Übrigens hatte Merlin das Buch bereits bei sich, als er zu uns kam; er hatte es sich von der Deva, wo er zu tun hatte, geben lassen, weil er es für die wichtigste deutsche Neuerscheinung hält.

Wir hoffen, daß es Dir, Gisèle und Eric gut geht, und freuen uns, Dich wiederzusehen.

Mit herzlichen Grüßen
Hermann und Hanne.

29 *Paul Celan an Hermann Lenz*

›Le Moulin‹[1]
Rochefort-en-Yvelines
(Seine-et-Oise)

24. Juni 1956.

Mein lieber Hermann,

ich schäme mich sehr. Aber glaub mir, ich hätte längst geschrieben, wenn – ich noch schreiben könnte. Denn ich habe ein so wortloses Jahr[2] hinter mir – *hinter* mir? –, daß ich daran zweifeln muß, ob dieser Zustand je ein Ende findet. Du mußt mir verzeihen, Hermann.

Die Zelte in Genf sind abgebrochen, seit Ende April, ich fuhr dann, kaum nach Paris zurückgekehrt, zu einer Schriftstellertagung nach Vézelay[3] – ein Gruß von dort hat Dich ja wohl erreicht[4] –, fuhr dorthin, ohne recht zu wissen, wozu, in der naiven Vorstellung wohl, auf diese Weise wieder Kontakt mit der ›Literatur‹ zu bekommen[5], wurde natürlich eines Besseren belehrt, sah mir ein wenig dabei zu, wie ich hilflos an allen zentralen Problemen vorbeistolperte und erlebte obendrein auch noch, daß »am Rande« eine antisemitische Äußerung fiel – die Gattin eines der Organisatoren[6] der Begegnung ließ es sich nicht nehmen, ihre Unfähigkeit, »Juden zu riechen« kundzutun, übrigens passenderweise im Hause von Romain Rolland[7] –, eine »private« Äußerung nebenbei, die erst knapp vor der Abreise bekannt wurde und, da es an Empörten nicht fehlte, in Deutschland Gegenstand einer »eingehenden Prüfung« wurde, die in zwei unerquicklichen Rundschreiben[8] einen nicht eben rühmlichen Abschluß fand und mich, wie Du Dir denken kannst, in meinem Dir wohlbekannten Vertrauen zu unseren kulturbeflissenen Zeitgenossen auf das nachhaltigste bestärkte . . .

Nun bin ich auf dem Lande, gucke in die Luft und, nach Monaten, endlich wieder in ein paar Bücher.

Die Pariser Vorträge von Martin Buber habe ich leider versäumt. Weißt Du vielleicht von Merlin, ob Buber wieder nach Paris kommt? Und Merlin selbst? Ich würde mich freuen, ihn kennen zu lernen.

Lieber Hermann, ich rede immerzu nur von mir – verzeih.

Wie geht es Euch beiden? Ich war sehr betrübt, von Dir zu hören, daß Hanne es im Winter schwer hatte – ich hoffe, Ihr seid beide wohlauf und richtig umsommert[9].

Seid von Herzen gegrüßt
von Eurem
Paul

Lieber Hermann, ich habe noch eine, für mich sehr beschämende Bitte: das Büchlein, in das ich Eure Geburtstage eingetragen hatte, ist, wie manches andere, nicht aufzufinden; sag mir bitte, wann Ihr Geburtstag habt.

30 Hermann Lenz mit Hanne Lenz an Paul Celan

Stuttgart, 28. 6. 56

Lieber Paul,

hab' herzlichen Dank für Deinen Brief, über den ich mich sehr gefreut habe. Weshalb soll ich Dir denn verzeihen, nachdem Du mir nichts Böses angetan hast? Im Gegenteil, *ich* fürchtete, Dich durch irgend eine ungeschickte Bemerkung in meinem letzten Brief verletzt zu haben, und entwarf in Gedanken ein reuiges Skriptum, das ich allerdings nie zu Papier brachte. Ganz hinten, wahrscheinlich im Kleinhirn, also etwa unterhalb meines hintersten Haarwirbels, war allerdings so etwas wie eine Ahnung lebendig, die mir zuflüsterte, Du habest es augenblicklich nicht ganz leicht, Schwierigkeiten und Skrupel, das Fragwürdige jeder schriftlichen Äußerung betreffend, suchten Dich heim und Du befändest Dich in einer mir vertrauten inneren Situation. Ich bin ja in litteris auch schon seit langem nicht mehr up to date, falls ich dies überhaupt jemals gewesen bin. Zuweilen komme ich mir unter Schriftsteller-Kollegen wie ein unmündiges Kind, ein lächerlicher Naivling vor, falls diese Wortbildung gestattet ist; sie reden ein Cliquen-Chinesisch, das ich nicht verstehe, und scheinen von der Natur mit anderen poetischen Freß- und Verdauungswerkzeugen ausgestattet zu sein. Äußerungen von der Art wie Du sie in Deinem Brief aus Vézelay berichtest, wundern mich deshalb nicht mehr. Ich registriere sie nur noch und denke: na also . . . was hab' ich schon immer gesagt? Die deutschen Landsleute sind – so wie sie sind. Wir werden sie nicht anders machen, lieber Paul.

Kürzlich war der gute Eisenreich[1] wieder einmal bei uns. Ein unvergeßlicher Abend! Er kam aus Wien, wo er österreichisches Selbstbewußtsein getankt hatte, und sagte mir, heutzutage gebe es nur zwei literarisch bedeutsame Völker: das österreichische und das amerikanische. Dabei saß er mit starrem Holzkasperl-Gesicht im Lehnstuhl – à la »hosenflikkende Schildwache«[2], Du erinnerst Dich – rauchte und reinigte seine Pfeifen, schluckte roten Wein und gebärdete sich wie jener Ritter Eisenreich aus seiner Heimatstadt[3], von dem er gerne abstammen möchte. Ritter Eisenreich verkündete unter anderem, daß Thomas Mann ein ungebildeter Mensch sei, weil er es nur bis zur mittleren Reife gebracht habe (im übrigen sei er im Sprachlichen mit achtzig Jahren so weit gekommen wie er, Eisenreich, mit dreißig), daß Hofmannsthal prononciert durch die Nase gesprochen habe, um zu beweisen, daß er ein richtiger Österreicher sei (was er natürlich gar nicht war), und daß ich mich hüten solle, mir in Wien meine Verehrung für ein Individuum gleichen Namens anmerken zu lassen[4].

Meint er das wirklich ernst? Habe ich mich immerzu gefragt und alles lachend zur Kenntnis genommen.

Übrigens wollen wir im August nach einer Erholungs-Woche am Walchsee für ein paar Tage nach Wien und dabei dem inzwischen dort seßhaft gewordenen Ritter Eisenreich in der Ballgasse einen Besuch abstatten, nachdem wir uns still und allein im vertrauten Bereich umgeschaut haben; denn von früh bis spät eisenreichisch hören müssen, das möchte ich mir nicht zumuten, weil dieser Akzent allzu penetrant ist. Aber ich denke, wenn wir ein paar Tage lang das wirkliche Wien mit dem unwirklichen, das ich im Kopf mitbringe, habe verschmelzen lassen, mir das eisenreichische nicht mehr viel wird anhaben können. –

Aber nun zu ernsthaften Dingen! Merlin heißt eigentlich Philippsborn, der Name ist ein Pseudonym, und der Mann selbst ist zwar ein bißchen verrückt und »g'schaftelhuberisch« aber im Grunde wohl ganz nett; übrigens ein großer Verehrer von George. Seine Adresse ist: Winfried Merlin, Pension Ebner, Diessen/Ammersee. Auf einer Karte, die gerade heute kam, fragt er, ob wir Paul Celan »in Sachen Buber« unterrichtet hätten. Ich werde Merlin fragen, ob Buber noch einmal nach Paris kommt[5].

Und dann: warum quält sich ein Mann, der Gedichte wie jenes »Unter ein Bild von Vincent van Gogh«[6] schreibt? Diese Verse, die einen neuen Weg anzeigen, widerlegen seine Worte über das »wortlose Jahr« auf das Erfreulichste.

Uns geht's gut und wir hoffen dasselbe von Euch.

Nimm alles Herzliche von
Deinem
Hermann und Hanne[7].

Unsere Geburtstage: Hanne 24. Juli
Hermann 26. Februar

31 Paul Celan an Hermann Lenz

Le Moulin[1]
Rochefort-en-Yvelines
(Seine-et-Oise)

17. 7. 56.

Mein lieber Hermann,

ich war sehr froh, als Dein Brief kam, ich bin immer froh, wenn Du mir schreibst.

Du mußt verzeihn, daß diese Zeilen keine eigentliche Antwort auf die Deinen sind: in mir haben sich in den letzten Monaten viele Bitterkeiten angesammelt, ich muß, wenn ich mir Raum für eigene Gedanken schaffen will, versuchen, von diesen Bitterkeiten loszukommen – ich bitte Dich mir dabei zu helfen.

Du erinnerst Dich gewiß noch an das Rundschreiben von Claire Goll, das mir vor Jahren im Fischer Verlag gezeigt wurde.[2] Außer Hohoff ist damals, soviel ich weiß, niemand auf diese Infamie eingegangen.[3] Nein, richtig, es gab noch einen zweiten Verbündeten dieser Infamie: einen Herrn Richard Exner, Dozent an einer kalifornischen Universität.

Dieser Herr Dozent hat einen Essay über Iwan Goll geschrieben (und mittlerweile, wie mir gesagt wurde, auch veröffentlicht), in dem er mich als Plagiator der Gedichte Golls bezeichnet[4]. – Vor ein paar Monaten, ich war damals noch in Genf, erhielt ich einen in Stuttgart aufgegebenen anonymen Brief folgenden Inhalts:

»Georg Maurer (Leipzig) auf dem ostdeutschen Schriftstellerkongreß in Berlin, Januar 1956:

›Ich verweise auf den Meisterplagiator Paul Celan,
der das, was Iwan Goll zur Meisterschaft
brachte, mittelmäßig plagiiert hat!‹«[5]

Schön, nicht?

Im März erschienen nun in einer französischen Zeitschrift (Les Cahiers du Sud) ein paar Gedichte von mir in französischer Übersetzung[6]. Und prompt erhält der Herausgeber der Zeitschrift einen Brief von einem gewissen Herrn Bluense[7] (oder so ähnlich), wohnhaft übrigens im Hotel de l'Europe (dem Hotel, in dem Rilke den Malte zu schreiben begann: es gibt ja eine geistige Tradition, und Frau Goll war nicht umsonst Rilkes »Liliane« ...[8]), in dem der Zeitschrift zur Kenntnis gebracht wird, wer dieser P.C. eigentlich sei. Ich soll die Gedichtbände »Traumkraut« und »Abendgesang«[9] plagiiert haben. Beweis dafür (unter anderem![10]) die Äußerung des verdienten D.D.R.-Poeten Georg Maurer.

Und vor wenigen Wochen erschien eine französische Auswahl der Gedichte von Goll, *die*[11] einen »Essay« von Herrn Exner enthält, in dem mehrfach darauf hingewiesen wird, daß einer der jüngeren deutschen Lyriker (der Name wird diesmal nicht genannt) Goll plagiiert habe ...

Du kennst ja die Vorgeschichte: Ich lernte Goll wenige Monate vor seinem Tode kennen[12] (und schenkte ihm damals übrigens ein Exemplar meines in Wien herausgegebenen und später eingestampften Gedichtbands »Der Sand aus den Urnen«, der zwei Zyklen von »Mohn und Gedächtnis«[13] enthielt). Ich besuchte Goll auch oft im amerikanischen

Hospital in Neuilly (wo er starb), und zwar nicht etwa aus Bewunderung für den Dichter, sondern weil er ein Sterbender war, der vor dem Tod Angst hatte, kaum einen Menschen um sich hatte und sich verzweifelt an alles klammerte, was zum Leben gehörte. Mit mir besuchte ihn damals auch Klaus Demus, und es ist gewiß nicht übertrieben, wenn ich sage, daß es diesem Umstand zu verdanken ist, daß Goll zuletzt *deutsche* Gedichte schrieb[14]. Ich hatte damals auch mehrere französische Gedichte von Goll ins Deutsche übersetzt, um Goll das Gefühl der geistigen Vereinsamung zu nehmen, er hatte nur lobende Worte für diese Übersetzungen, ich mußte versprechen, mehr zu übersetzen. Ich tat es, obwohl mich das Bestreben Golls – und besonders Claire Golls –, alles zu Literatur zu machen, befremdete. Über Claire G. war ich, wie auch Klaus Demus, längst im Bilde. Ich habe Dir ja wohl erzählt, daß sie in ihrer Sorge um den Nachruhm, die Bildhauerin Chanah Orloff[15] kommen ließ, um dem noch Lebenden – die »Totenmaske« abnehmen zu lassen . . .

Nach Golls Tode lag Claire Goll mir dauernd in den Ohren, die französischen Gedichtbände zu übersetzen. Ich übersetzte drei davon (Les Chansons Malaises[16], Élégie d'Iphétonga[17], Les Géorgiques Parisiennes[18]). Mit der ersten dieser Übersetzungen, die sie, wie die anderen, ausgezeichnet fand, fuhr Claire G. zu einem Verleger nach St. Gallen und ließ mir von diesem einen Brief schreiben, in dem es hieß, die Übersetzung sei nicht kongenial, Frau Goll werde den Band selbst übersetzen[19]. Ich verlangte das Manuskript zurück: es kam nicht. Das Buch erschien dann in der »Übersetzung« von Frau Goll . . .[20] Ich hatte nun genug, ging, als Frau Goll, nach Paris zurückgekehrt, mich endlich zu empfangen geruhte, hin und sagte ihr meine Meinung. Bei dieser Gelegenheit verlangte ich meine Manuskripte zurück, aber ich bin überzeugt, daß C. G. Abschriften[21] davon behalten hat. Meine einzige »Rache« war diese: ich holte mir vom Regal meinen Gedichtband herunter: der Gedanke, meine

Gedichte in *diesen* Händen zu wissen, war mir unerträglich[22]. (Im übrigen hat Frau Goll vor diesem »Besuch« in einer Sendung im Stuttgarter Rundfunk zumindest eine Übersetzung von mir (Le Chien de la Mort) gelesen[23] – ohne sie jemals zu honorieren; ebenso habe ich auch für die anderen Übersetzungen nie einen Groschen erhalten).

Dann kam, aus Amerika, das Rundschreiben[24] usw. Daß ich Goll nie plagiiert habe, kann ich ohne weiteres beweisen. Ebenso daß Goll *meine* Gedichte gekannt hat. »Abendgesang«, das 1954 erschienen ist, habe ich nie gelesen: alles, was mit dem Namen Goll zusammenhing, ekelte mich damals schon seit langem an.

Ich besitze übrigens auch noch Briefe von Claire G.[25]

Daß ich jetzt auch noch Beweise für meine »Unschuld« anführen muß!

Was sagst Du dazu, lieber Hermann?

Das niederträchtige Weib setzt ihre Infamien ungestört fort – Du siehst, sie findet auch Verbündete ... Im Herbst soll bei Luchterhand das »Gesamtwerk« von Goll erscheinen[26]: eine weitere gute Gelegenheit für Niederträchtigkeiten aller Art.

Bitte sprich bei Gelegenheit mit Hermann Kasack und Prof. Martini über diese Sache. Einmal muß diesem Luder und ihren Verbündeten ja das Handwerk gelegt werden. Aber wie? Bitte sag mir, was Du denkst!

Und verzeih, daß ich Dich damit behellige.

Sei herzlich gegrüßt
von Deinem
Paul

Von Merlin kam neulich ein Brief[27]. Ich will ihn in den nächsten Tagen beantworten.

32 Paul und Gisèle Celan an Hanne Lenz

[Paris, 24. 7. 1956]

DIE HERZLICHSTEN GLUECKWUENSCHE = PAUL GISÈLE +[1]

33 Hermann Lenz an Paul Celan

Stuttgart, 24. Juli 56

Lieber Paul,

scheußlich, dieser Ärger mit dem Malefiz-Weib, aber wir werden etwas unternehmen. Solche Infamien sind auf die Dauer sehr gefährlich, denn eine Lüge, die immer wieder ausgesprochen wird, kann zuletzt doch noch geglaubt werden. Ich bin sicher, daß alles getan werden wird, um dem Luder das Maul zu stopfen. Meiner Ansicht nach muß die Sache weithin sichtbar angeprangert und eine Skandalaffaire daraus gemacht werden, denn heutzutage wirkt nur grobes Geschütz.

Hanne hat Deinen Brief abgeschrieben,[1] und ich habe ihn gestern Kasack gegeben, der alles mit Martini besprechen wird. Am Telefon sagte er mir, wir müßten auch Andersch[2] informieren, damit er bei Luchterhand ein Wort für Dich spricht; hoffentlich wird es ein Macht-Wort sein. Dumm ist, daß Andersch im Urlaub ist und wir im August für drei Wochen wegfahren, wie ich Dir schon mitgeteilt habe.

Sehr beunruhigt hat uns die Sache mit dem anonymen Brief, der in Stuttgart aufgegeben worden ist. Ich weiß hier auch Dir gut bekannte Leute, die sich einmal aus einer anonymen Briefgeschichte »geschickt« herauswinden mußten. Ich sollte eine Photocopie auch des Umschlages dieses Briefes in der Hand haben um »sachdienliche Ermittlungen« anstellen zu können.[3]

Kasack bittet Dich, ihm die Ausführungen Hohoffs zuzuschicken.

Dies für heute als kurze Information.

Mit herzlichen Grüßen
Dein
Hermann.

34 Paul Celan an Hermann Lenz / Paul Celan an Hanne Lenz

Rochefort, den 28. Juli 1956.

Lieber Hermann,

Dein Brief hat mir Trost gebracht. Ja, es muß nun endlich wirklich etwas unternommen werden, um diesem Luder das Maul[1] zu stopfen.

Ich habe, Kasacks und Deinen Rat befolgend, an Andersch geschrieben, eine Abschrift* dieses Briefes liegt diesen Zeilen bei. Soll ich nicht auch an die D.V.A. schreiben?

Ich bin Dir von Herzen dankbar
Dein
Paul

*) Bitte bewahre sie auf, ich besitze nur noch eine.[2]

28. 7. 56.

Liebe Hanne,

laß Dir noch einmal von Herzen Glück wünschen[3].

Und verzeih, daß es zunächst nur ein Telegramm war, das auf Deinen Geburtstagstisch kam.

Und sei herzlich bedankt für alles.

Paul

35 Paul Celan an Hermann Lenz

29 bis rue de Montevideo, 16e

Paris, den 25. 8. 56.

Lieber Hermann,

ich denke, Ihr seid nun wieder in Stuttgart, und das imaginäre Wien[1] gewinnt jetzt seine vermutlich recht gefährdete Wirklichkeit zurück.

Ich nehme an, daß Dich die Abschrift meines Briefes an Andersch[2] erst jetzt erreicht; der Brief an A., vor einem Monat abgesendet, ist bisher unbeantwortet geblieben. Nun könnte es ja sein, daß A. ihn noch nicht erhalten hat – immerhin, mir ist dieses Schweigen nicht eben angenehm. (Wie ich zufällig aus der Zeitung erfahre, hat diese nichtswürdige C. G. am 27. d. M. eine Sendung in Stuttgart, was sie, wie ich annehme, entweder Andersch oder Schwedhelm[3] verdankt.) Ich bitte Dich also, Dich zu erkundigen, ob A. zurück ist. Außerdem wäre ich Dir dankbar, wenn Du bei der D. V. A. anfragen könntest, wann Dir. Müller aus den Ferien zurück kommt; ich könnte nämlich Anfang Sept. für zwei-drei Tage nach St. kommen, um mich mit Dir. Müller über diese Sache zu unterhalten.[4]

Seid beide herzlich gegrüßt!

Paul

36 Hermann Lenz mit Hanne Lenz an Paul Celan

[Stuttgart] 27. 8. 56

Lieber Paul,

hab' herzlichen Dank für Deinen Brief. Die Durchschrift des Andersch-Briefes habe ich vor meiner Abreise nach Tirol Kasack übergeben, der sich inzwischen mit Martini in Verbindung gesetzt hat. Martini schlägt vor, daß Dr. Höllerer einen seiner Studenten eine Seminararbeit machen läßt[1], die Deine und Iwan Golls Gedichte vergleichen soll. Damit hätte man dann eine wissenschaftliche Grundlage, von der aus weitere Angriffe der C. G. leicht abgewiesen werden können. Kasack würde sich dann mit einem Kritiker – er hat an Holthusen[2] gedacht – in Verbindung setzen, der die Angelegenheit öffentlich ins Reine bringt. Allerdings wird die Seminararbeit erst im kommenden Wintersemester geschrieben werden können.

Vor einer Woche sind wir an Anderschs Haus vorbeigegangen und haben den Wohnsitz in tiefem Urlaubs-Schlaf vorgefunden (die Rolläden sind heruntergelassen). Wie ich bereits vor einigen Monaten von Merlin erfuhr, schreibt Andersch an einem Buch und ist gen Süden geflüchtet.

Kasack hat Dich für den Preis der Internationalen Biennale für Dichtung in Knokke-Le Zoute vorgeschlagen, die Franzosen haben seinen Vorschlag begeistert aufgenommen, aber da aus allen Ländern Europas Vorschläge gemacht wurden, gelang es nicht, Dich bis zum letzten »Ausscheidungskampf« vordringen zu lassen, obwohl Dich Kasack auch bei der endgültigen Wahl nominiert hat. Ich soll übrigens mit ihm nach Knokke fahren[3], das Auswärtige Amt hat mir dafür sogar einen Reisekostenzuschuß zur Verfügung gestellt, und ich hoffte immer – und tue es noch – Dich dort zu treffen. Wir wollen am 4. September abfahren und werden am 11. September wieder zurück sein. Mir wäre es deshalb sehr lieb, wenn Du uns nach dem 11. September besuchen würdest, denn wir freuen uns sehr auf ein Wiedersehen.

Was die Äußerung von Herrn Maurer anlangt, die Dir anonym mitgeteilt wurde, so hat mir Kasack geschrieben, daß sie nach dem Protokoll des Deutschen Schriftstellerkongresses vom Januar 1956 folgendermaßen lautet:

> »Wenn unsere jungen Lyriker ihren begabten experimentierenden Kollegen Paul Celan, der jetzt in Paris lebt, oder Ingeborg Bachmann lesen, ist es gut, wenn

sie auch Iwan Goll und Else Lasker-Schüler etwas kennen.«[4]

Das Protokoll wurde mir auch zugeschickt – ich bin also auch schon in die östliche Kartei eingereiht.

Während ich Dir schreibe, sitzt ein geflügelter Nachtgeist auf meinem Federhalter und rührt seine Fühler. Ich nehme es als gutes Zeichen für uns alle! Meine Stube wartet auf Dich, sie wird Dich nach dem 11. September in frischem Gewande empfangen, denn Hanne wird sie während meiner Belgien-Reise tünchen lassen. Und wenn Du hier bist, wollen wir es uns schön machen, damit Du mit angenehmen, wohltuenden Erinnerungen ins Pariser Exil zurückfahren kannst.

Alles Liebe

Dein Hermann

Martini ist noch in Urlaub. Wenn ich erfahren habe, wann Müller zurückkommt, werde ich Dir eine Karte schreiben.

Herzliche Grüße

Hanne.[5]

28. 7. 56: Von der Deva habe ich soeben erfahren, daß Direktor Müller Mitte September aus seinem Urlaub zurückkommt.

37 *Hermann Lenz mit Hanne Lenz an Paul Celan*

Mittwoch *[12. 9. 1956[1]]*

Lieber Paul,

von Knokke zurück (es war amüsant, aber die rothaarige C. G.[2] mit dem Geierprofil habe ich auch gesehen) finde ich eine Karte von Merlin, auf der er seinen Besuch für Freitag abend ankündigt. Da Du einmal geschrieben hast, es würde Dich freuen, Merlin kennenzulernen, will ich Dich davon in »Kenntnis setzen«, damit Du Deinen Besuch in Stuttgart danach einrichten kannst. Merlin fährt am Samstag nach Essen[3].

Wir freuen uns, Dich wiederzusehen.

Herzliche Grüße
Hermann und
Hanne.

38 Paul Celan an Hanne und Hermann Lenz

Donnerstag *[13. 9. 1956[1]]*

Liebe Hanne, lieber Hermann,

darf ich Euch für ein paar Tage mit meiner Anwesenheit belästigen?

Ich werde übermorgen, Samstag, in den Nachtzug steigen, Sonntag früh in Stuttgart eintreffen und vermutlich bis zum 19. bleiben können.

Alles Herzliche
Euer
Paul

39 Paul Celan für Hanne und Hermann Lenz

[September 1956(?)[1]]

Schneefall, dichter und dichter,
taubenfarben, wie gestern,
Schneefall, als schliefst du auch jetzt noch.

Weithin gelagertes Weiß,
drüberhin, endlos,
die Schlittenspur des Verlornen.

Darunter, geborgen[2],
stülpt sich empor,
was den Augen so wehtat,
Hügel um Hügel,
unsichtbar.

Auf jedem,
heimgekehrt in sein Heute
ein ins Stumme entglittenes Ich:
hölzern, ein Pflock,
an den ein herüber-
gewehtes Gefühl

sein tauben- und schnee-
farbenes Fahnentuch nagelt.

40 Hanne Lenz an Paul Celan

Stuttgart, den 21. 9. 56.

Lieber Paul!

Wir denken so viel an Dich, seit Du fort bist, und reden von Dir. – Vermutlich gehst Du nun mit bitteren Gedanken in Paris umher, mit bitteren und enttäuschten Gedanken an alles in Deutschland.

Wenn ich so in meinem (und zeitweilig Deinem) Ohrenbackenstuhl sitze und auf die Gerbera[1] hinüberschaue, – die noch immer wunderschön sind und für die ich mich in der Aufregung der letzten Stunden garnicht so richtig bedankt habe, was mich sehr quält – wenn ich da so sitze und nachdenke und ein Résumé Deines Aufenthaltes zu ziehen versuche, so finde ich schliesslich, dass alles garnicht so verfahren und hoffnungslos war, wie Du es Dir nun wahrscheinlich einbildest. Man kann es ja immer erst hinterher, mit ein bisschen Abstand, richtig überblicken:

Es sind nun genau diejenigen über den wahren Sachverhalt[2] orientiert, auf die es ankommt: die Deva, als Dein Verlag, und Andersch und Kasack[3] als die wichtigsten Leute der deutschen »Literatur-Strategie«. Alle übrigen darüber aufklären zu wollen, wäre sinnlos. Die meisten würden sich im Grunde nur freuen über Deine Schwierigkeiten, weil sie letztlich neidisch sind auf Deine Erfolge, und weil sie Dich niemals ganz zu den ihren zählen, weil Du, als Jude, immer der andere, der Fremde für sie bist, glaub' mir das, so ist es nun einmal. Deswegen wollte ich ja auch nicht, dass Du zur Messe[4] fährst. Du hättest nämlich dort genau das getan, was Du an dieser Idee einer germanistischen Arbeit[5] so blöde und so gefährlich fandest, Du hättest in einem fort Deinen Namen und den Golls in einem Atemzug genannt, und da Du nun einmal an die magische Kraft des Wortes glaubst: auch eine Beziehung allzu oft zu verneinen stellt eben letzten Endes eine Beziehung her. –

Im übrigen, was Andersch und Kasack betrifft, so glaube ich, dass Du Dich auf sie verlassen kannst. Den Andersch halte ich im Grunde für einen anständigen Menschen und ich kann mich im allgemeinen auf mein Gefühl verlassen. Kasack ist Dir sehr wohlgesonnen und absolut zuverlässig und ausserdem können wir bei ihm ja auch immer wieder daran erinnern. Wenn er zurück ist, er ist am Mittwoch nach Darmstadt gefahren, wird Hermann ihm die drei übrigen Briefabschriften[6] schicken.

Nächste Woche werde ich mit dem Rechtsanwalt, den ich kenne, darüber sprechen, ob und wie es zivilrechtlich einen Weg gibt, solche Verleumdungen abzustellen. Ich schreibe Dir dann gleich darüber.

Sowohl Kasack als wir sehen das Schlimme an der ganzen Sache nicht in den Fakten als solchen (das sind Dinge, die, wie Kasack sagte, er in mehr oder weniger variierter Form unzählige Male gesehen hat und die immer vorgekommen sind), sondern einzig und allein darin, wie Du selbst Dich dazu verhältst. Was er an dem Abend bei uns über Loerke[7] sagte, galt doch letzten Endes Dir: »wie erstaunlich, dass dieser Mensch so garnicht wusste, wer er war, und sich so berühren liess von den kleinen, niedrigen und hässlichen Dingen einer Welt, die ihm im Grunde doch nichts anhaben konnte.«

Sieh Paul, Du *musst* damit fertig werden, in Dir selbst, dann wird auch äusserlich alles wieder in Ordnung kommen, das ist immer so. Solche Schwierigkeiten sind immer irgendwie Projektionen eines inneren Zustandes auf die Welt, sie nur von aussen, vom Schattenbild her, vernichten zu wollen, ist sinnlos.

Vielleicht hältst Du dies alles, was ich da schreibe, für dummes Zeug, dann verzeih, dass ich Dich damit behellige. Verzeih auch, dass ich am Schluss ein bisschen die Nerven verloren habe, letzten Endes hat mich dies alles eben mehr gequält, als ich mir anmerken lassen wollte. –

Deine Bücher habe ich bei Weise[8] bestellt; zwei davon waren nicht vorrätig und mussten erst bestellt werden, deshalb geht die Sendung erst nächste Woche an Dich ab. Das Wörterbuch der Volkskunde[9] kann ich erst Ende nächster Woche bekommen, weil alle Leute vom Kröner Verlag, die ich kenne, auf der Messe sind.

Deinen Rasierapparat schicke ich mit gleicher Post, er war hinter die Heizung gerutscht und wir fanden ihn erst heute (was meinen Hausfrauentugenden nicht das beste Zeugnis ausstellt).

Der Hermann wird Dir auch noch schreiben. Ich will diesen Brief nur jetzt gleich fortbringen, damit Du vor dem Sonntag noch etwas hörst.

Wir denken an Dich und werden versuchen Dir zu helfen, soweit wir es vermögen.

Alles Herzliche Euch dreien

Hanne.

41 Hanne Lenz an Paul Celan / Hermann Lenz an Paul Celan

Stuttgart, den 24. 9. 56.

Lieber Paul!

Eben komme ich vom Rechtsanwalt, mit dem ich Deine Geschichte besprochen habe. Er war ehrlich entsetzt über die ganze Sache und riet *unbedingt*, eine »einstweilige Verfügung« gegen Cl. G. wegen Verleumdung zu veranlassen.[1] Es habe gar keinen Sinn und führe nur sehr unsicher und mangelhaft zu einem Erfolg, bei Verlagen, Rundfunk etc., d.h. bei den Leuten, an die sie sich mit ihren Verleumdungen gegen Dich wende, Deine Sache richtig zu stellen, man müsse solche Dinge »radikal an ihrer Wurzel ausrotten«. Dass Dein Verlag keine Klage für Dich führen wolle, brauche Dich nicht zu wundern oder zu enttäuschen, Verlage täten so etwas *grundsätzlich* nicht für ihre Autoren. Er selbst würde gerne die Klage vertreten, da Du jedoch Franzose seist und Cl. G. ihren Wohnsitz ebenfalls in Paris habe, unterstände das Ganze dem französischen Recht (selbst wenn die Auswirkungen in Deutschland sich vollzögen); sie von Deutschland aus bearbeiten zu lassen, würde alles sehr verkomplizieren und verzögern, da für jeden amtlichen Briefwechsel der diplomatische Weg beschritten werden müsse.

Es wäre also am besten, Du nähmest Dir in Paris einen Rechtsanwalt. Er hat mir auch einen empfohlen (da Du ja dort keinen kennst):

Mathieu *Müller*, advocat
B. Avenue de l'Opéra, Paris

Das sei ein sehr ordentlicher Mann, vermutlich Jude, der auch fliessend deutsch könne (was für das Verständnis der Schriftstücke und Briefe wohl ganz wichtig ist), und bei dem Du Dich gerne auf ihn, Dr. Julius Goeser, Stuttgart, Königstrasse, berufen könntest. Er hat schon öfters mit ihm zusammengearbeitet.

Solltest Du aus irgend welchen Gründen mit ihm nicht einig werden, so ist hier auch noch eine zweite Adresse:

André Page, advocat
10 Rue Etienne Marcel Prolongée
Paris IIIe.

Dr. Goeser kennt ihn aber persönlich nicht, er hat nur durch seinen Compagnon von ihm gehört.

Am besten wäre es gewesen, wenn Du gleich damals, als das Rundschreiben der Cl. G. an die Verlage ging, sie verklagt hättest, weil das ein juristisch einwandfreier und klarer Tatbestand war. Da aber die Auswirkungen noch bestehen und auch andere Verleumdungen und »Schädigungen des Ansehens« dazugekommen sind, die bis zum jetzigen Zeitpunkt andauern (entschuldige das schauderhafte Deutsch, aber man drückt sich so juristisch eben nun einmal aus), so kann diese alte Geschichte (die nach deutschem Recht an und für sich verjährt ist, nach französischem aber unter Umständen nicht) auch jetzt noch zur Grundlage des Verfahrens gemacht werden, d. h. die Verjährung wird hinfällig, wenn andere ähnliche »Delikte« sich an eine Sache anknüpfen.

Der juristische Weg ist nun folgender:

1) Du kannst sofort ein *ordentliches Klageverfahren* einleiten, dabei kommt es zu einer richtigen Gerichtsverhandlung, bei der beide Parteien vorgeladen werden und beide Parteien vorher von der Sache offiziell Kenntnis erhalten. – Goeser hält dieses Verfahren nicht für sehr ratsam, weil es sehr lange dauert, bis die Verhandlung abgeschlossen und ein Urteil gefällt wird und weil dabei die »Beklagte« (also Cl. G.) die

Möglichkeit hat, die lange Dauer zu neuerlichen Infamien zu benutzen.

2.) Du kannst eine *einstweilige Verfügung* erwirken. Dieses Verfahren wird dann vor allem angewandt, wenn zu erwarten ist, dass die Beleidigungen, Verleumdungen u. s. w. fortlaufend weitergehen und immer neu zu befürchten sind (was Du nachweisen musst). In diesem Falle kommt es zu einem abgekürzten Gerichtsverfahren, wobei auf Grund Deiner Belege (Rundschreiben etc., auch eidesstattliche Erklärungen genügen unter Umständen) die Tatsache der böswilligen Verleumdung und »Beabsichtigung einer Schädigung« festgestellt wird und die Beklagte (Cl. G.) *ohne* dass sie vorher etwas davon erfährt, eine gerichtliche Verfügung zugestellt bekommt, dass sie in Zukunft bei Androhung einer Strafe von Haft bis zu 6 Monaten und Geldsstrafe in unbegrenzter Höhe, alle derartigen Machenschaften (auch durch Mittelsmänner) zu unterlassen habe.

Ich habe vergessen zu fragen, ob sie auch zu einem Widerruf gezwungen werden kann, wahrscheinlich ist es so, aber das ist ja vielleicht garnicht nötig, da alle ordentlichen Leute sowieso wissen, was sie von der Sache zu halten haben und die »unordentlichen« ja schlecht bekehrt werden können.

Goeser meinte auch, Du müssest so bald als möglich das in die Wege leiten, weil bei Anhäufung solcher Infamien sich am Ende die Wahrheit immer schwerer beweisen lässt.

Mir scheint, nach diesem Gespräch, nun noch mehr als neulich, da Hermann und ich Dir schon dazu rieten, dies der beste Weg zu sein, Dir Recht zu verschaffen. Erstens ist es nun einmal so, dass Gerichtsurteile den Leuten imponieren, zweitens hat diese Methode den grossen Vorzug für Dich, dass sie sozusagen völlig »abstrakt« ist, dass alles einer unpersönlichen Macht unterstellt wird. Dadurch bleibst Du davor bewahrt, dauernd aufs Neue menschlichen Enttäuschungen ausgesetzt zu werden, alles wird mehr von Dir abgerückt und

Du kannst leichter mit Dir selbst in der Sache fertig werden. Wenn dann trotzdem die Leute, auf die Du gehofft hast, sich anständig verhalten und Dir auf ihre Weise helfen, so kannst Du das als eine erfreuliche Zugabe betrachten. –

Bei Weise, wo ich noch einmal wegen Deines Buches nachfragte, höre ich, dass das Buch von Bühler[2] »Die geistige Entwicklung des Kindes« (ersch. 1949) vom Verlag als vergriffen gemeldet worden ist. Eine Neuauflage ist für den Herbst geplant. Sowie sie erschienen ist, geht sie Dir zu.

Deine Gerbera sind noch immer sehr schön. Die Deva hat Dein Buch[3] geschickt, vielen Dank!

Alles Herzliche

Hanne.

Lieber Paul,

ich werde noch einmal mit Andersch über Deinen »Fall« sprechen und ihn fragen, ob er in »Texte und Zeichen« eine Erklärung gegen die Verleumdungen der C. G. veröffentlichen kann[4]. Das Beste aber wird sein, wenn man sie juristisch in die Zange nimmt.

Herzliche Grüße

Dein Hermann

42 Hermann Lenz an Paul Celan / Hanne Lenz an Paul Celan

Stuttgart, 9. 11. 56

Lieber Paul,

das Proust-Buch[1] habe ich bekommen; ich danke Dir herzlich dafür. Mich interessiert das Biographische immer sehr, weil ich durch die Kenntnis der Lebensumstände und des Lebens-Fluidums eines Menschen seine Persönlichkeit ergreifen möchte, obwohl dies bei einem Manne wie Proust sehr schwierig ist, weil für ihn wohl wie für Hofmannsthal und Thomas Mann das Ambivalente und Labile bezeichnend gewesen sind. Die vielen Faksimiles erhöhen den Reiz des Intimen, den dieses Buch vermittelt. Besonders bei gewissen Landschaftsaufnahmen wurde ich mir der völligen Hilflosigkeit solcher Bemühungen bewußt, die das »Urbild« neben das »Innenbild« stellen wollen.

Wie geht es Dir? ich soll in den nächsten Tagen zu Herrn Deva-Müller gehen. Unserem Rendez-vous stellten sich bis heute mehrfache Hindernisse, einmal in Gestalt eines Müllerschen Schnupfens, dann eines Müllerschen Furunkels in den Weg, also jetzt – so versicherte er mir am Telefon – soll's doch zum Klappen kommen. Wenn's geklappt hat, werde ich Dir »Einschlägiges« berichten.

Andersch war so freundlich, mir eine Durchschrift seines Briefes an Dich[2] zu schicken, und Schwedhelm bat mich, Dir zu sagen, Du möchtest doch bitte den Ur-Brief der C. G.[3] an Schwedhelm einfach in ein Couvert stecken und ihm zusenden. Du mußt kein Skriptum verfassen, bloß das Original möchte er wieder haben. Bitte, tu' ihm den Gefallen.

Ich war nun zum zweiten Mal in diesem Jahr auf einer Schriftstellertagung, diesmal in Überlingen. »II. Internationaler deutschsprachiger Schriftstellerkongreß«[4] nannte sich dieses Ereignis, auf dem Hermann Kesten[5] erfrischend offene Worte gegen einen windelweichen Nazi-Barden[6] fand, der Kestens Referat durch den Zwischenruf: »Das ist ja unerträglich!« unterbrach. In einer rasch einberufenen Diskussion sagte Kesten zum Schluß: »Ich frage Sie wie bei einem amerikanischen Gericht: Sind Sie ein Nazi-Lyriker oder sind Sie es nicht? Antworten Sie mit ja oder nein!« Der so Apostrophierte antwortete zunächst mit ja, dann mit nein.

Schade, daß Du nicht dabei gewesen bist, denn ich nehme an, daß Dich Kestens Unerbittlichkeit ebenso gekräftigt hätte wie mich.

Dies für heut. Ich hoffe, daß es Dir, Gisèle und Eric gut geht, und grüße Dich herzlich

Dein

Hermann

Lieber Paul!

Hermann hat ganz vergessen, zu sagen, dass der Deva-Müller ihn schon vor längerer Zeit, gleich nach der Frankfurter Messe, angerufen hatte, um mit ihm über Deine Sache zu reden. Er hat sich anscheinend wirklich ernstlich Gedanken darüber gemacht, wie man Dir helfen könnte. Nun, hoffentlich kommt es noch zu diesem Treffen.

Wir denken so viel an Dich und machen uns Sorgen; wir hoffen, dass Du allmählich einen Weg gefunden hast, mit diesen hässlichen Dingen fertig zu werden. Die Welt hat sich inzwischen so sehr zum Bösen hin verwandelt und alles ist wieder einmal ganz aufs Schwankende gestellt. Was, letzten Endes, kann einen da noch berühren. –

Das einzig Erfreuliche, Tröstliche dieser ganzen letzten Zeit war das Lesen des Hofmannsthal-Burckhardt-Briefwechsels, der eben erschienen ist. Hast Du ihn? Schreib' uns bitte, wenn Du ihn gerne möchtest[7].

Wir wären so froh, wenn wir wüssten, wie es Dir geht.
Alles Herzliche Euch dreien

Hanne.

43 *Paul Celan an Hanne und Hermann Lenz*

[Paris] am 12. November 1956.

Liebe Hanne, lieber Hermann,

Seid bitte nicht *all*zu böse, daß ich erst heute schreibe.

Die Zeiten sind düster[1] – wer weiß, wohin es mit uns will. (Für morgen habe ich mich mit einem Anwalt verabredet, den René Char[2] mir empfohlen hat. Obwohl ich, wie Ihr Euch denken könnt, mir nicht wenig lächerlich dabei vorkomme. Ich schreibe Euch übermorgen ausführlich.)[3]

Hoffentlich hellt es sich wieder ein wenig auf!

Seid von Herzen gegrüßt
Paul

44 *Hermann Lenz an Paul Celan / Hanne Lenz an Paul Celan*

Stuttgart, 28. 11. 56

Lieber Paul,

Gestern abend war ich beim Deva-Müller mit der fetten Visage, über der man jeden Nachttopf ausleeren kann, ohne daß er mit der Wimper zuckte. Ich habe nur kleine Giftpfeile geschossen, die aber wohl alle an seinem dicken Manager-Fell abgeprallt sind. Trotzdem ist mein Hinweis bei ihm angekommen, es sei schon ein bißchen merkwürdig, daß der Moras im »Jahresring« die Bemerkung Hohoffs über Dein Ebergedicht bringe[1]. Darauf Müller: »Moras ist bereit, im Merkur eine scharfe Erklärung von Celan gegen C. G. zu veröffentlichen. Celan muß eine schlagkräftige Notiz in die Presse lancieren, um die C. G. herauszufordern, damit *sie* gegen *ihn* Klage führt. Tut sie's nicht, so stellt sie sich bloß.«

Also schicke die Erklärung an Moras und an Andersch.[2]

Der Müller ist natürlich ein schlaffer Hund, aber gutmütig. Er muß seinen Bürostuhl verteidigen, weil der ihn ernährt. »Der Celan soll auf keinen Fall einen Zivilprozeß anstrengen«, hat er gesagt. »Der zieht sich über Jahre hin, die Gegenpartei wird Zeugen auf Zeugen aufmarschieren lassen und Celan wirtschaftlich ruinieren.« Das schien mir einleuchtend, denn weshalb willst Du prozessieren, wenn Du's mit der Pressenotiz billiger haben kannst? Das ist doch auch viel wirkungsvoller, ein bißchen Presse-Klamauk nützt der Publizität, und der C. G. wird die Pistole auf die Brust gesetzt.

Dann noch etwas: Schwedhelm will seinen Original-C.G.-Brief wiederhaben.[3] Schicke ihn ihm bitte *sofort*. Ich muß mit Dir schimpfen, wenn Du's nicht tust, denn Schwedhelm hat deutlich genug seinen Wunsch ausgesprochen, den Brief wiederzubekommen, und sagt mit Recht, Du dürftest keinen Gebrauch davon machen, ohne Dich ins Unrecht zu setzen.

Raffe Dich also auf und tue, was zu tun notwendig ist. Der Deva-Müller ist gutmütig aber ein Typ, der mir gar nicht behagt, eben ein froschlaichener Mittelmensch. Dem ist letzthin alles wurscht, was geht ihn Dichtung an, er muß seinen Büro-Sessel verteidigen. Der wagt doch nichts, der bekennt sich doch zu nichts, von dem darfst Du keine eindeutige Stellungnahme erwarten. Er ist halt ein Angestellter, ich bin hier im Büro auch nicht mehr, und den Müller interessiert sein Geschäft genau so wenig wie *mich* meines, wenn ich Adressen tippe.[4] Damit muß man rechnen.

Mit herzlichen Grüßen
Dein
Hermann

Lieber Paul!

Es fällt mir schwer, Dir etwas dazu zu sagen oder zu raten, vor allem deshalb, weil ich ja garnicht weiss, was Du in der

Zwischenzeit Dir überlegt und was Du veranlasst hast. Das eine Positive scheint mir jedenfalls festzustehen, dass sie alle sehr bereit sind, Dir zu helfen – es wäre gut, wenn Du es ihnen nicht zu schwer machen würdest, es auch durchzuführen.

Was den Schwedhelm anbelangt, so fürchte ich, dass er Dir ernstlich böse würde, wenn Du ihm den Brief nicht wiederschicken würdest. Er war, als er zuletzt mit Hermann darüber sprach, ziemlich verbittert. – Denk' ein bisschen daran, dass Du nicht nur für Dich alleine handelst – aber das habe ich Dir ja schon einmal gesagt.

Sei bitte nicht böse, dass wir so viele Entscheidungen von Dir fordern und dass wir Dir so ins Gewissen reden. Wir tun es nicht gerne.

(Die Zeitungen berichten, dass in Paris manche Dinge nicht mehr zu bekommen seien.[5] Wenn Ihr (mit dem Kind) in Schwierigkeiten kommen solltet, schreibe es bitte, es gibt hier alles.).

Hoffentlich seid Ihr wohlauf.
Alles Herzliche
Hanne.

Eben fällt mir noch ein: ich habe mich über Deinen »Algabal?«[6] erkundigt. Es gibt von der privaten Erstausgabe 100 Exemplare (in Pergamentumschlag, unbeschnitten). Eines wurde 1953 für 120 DM verkauft, zu dieser Zeit war aber der Buchmarkt sehr schlecht. 1929 brachte ein Exemplar 280 M. Wenn Du Dein Buch verkaufen willst, so bietest Du es am besten Hauswedell (Hamburg, Fontenay 4) an. Er macht Auktionen bibliophiler Werke.

45 Hermann Lenz an Paul Celan / Hanne Lenz an Paul Celan

Stuttgart, 23. 2. 57

Lieber Paul,

die Buchhandlung Gastl in Tübingen, Neuestraße 2, möchte Dich im Frühjahr, das überraschenderweise schon begonnen hat, zu einer Lesung einladen[1]. Kannst Du kommen? Sage doch ja! Wir würden Dich gerne wiedersehen.

Bei uns hat sich einiges verändert. Ich bin ab 1. April nicht mehr Kulturbund-, sondern nur noch Schriftstellerverbands-Sekretär (150.– DM). Hanne ist Verlags-Lektorin geworden und wird vom 1. März ab bei Ernst Klett ihre Tagesfron verrichten. So schlagen wir uns durch.

Wie geht es Euch? Schreibe bitte an das Fräulein Gastl in Tübingen, daß Du gerne kommst, wenn Dir die Fahrt von Paris nach Tübingen und von Tübingen nach Paris bezahlt wird. Du kannst selbstverständlich bei uns wohnen.

Mit herzlichen Grüßen
Hermann und Hanne[2],

welche zu verzeihen bittet, dass das von Dir gewünschte Buch von Bühler (die geistige Entwicklung des Kindes)[3] noch immer nicht bei Dir eingetroffen ist. Obwohl sie alsbald eine so hoch wichtige Verlagsfunktion ausüben wird (die der Hermann allerdings etwas zu pompös bezeichnet hat, es handelt sich dabei mehr um den Posten eines lektoralen »Mädchen für Alles«[4]), ist sie an der Tatsache, dass die Neuauflage noch nicht erschienen ist, nicht schuldig, wird aber bemüht sein, Dir aus der »einschlägigen« Literatur des Ernst Klett-Verlages alsbald Ersatz zuzusenden. –

Du siehst, ich bemühe mich bereits, mir die sprachlichen Gepflogenheiten eines alteingesessenen Stuttgarter Verlagsunternehmens anzueignen.

Wie geht es Dir? Wir haben etwas aufregende Wochen und Monate hinter uns. – Vielleicht kannst Du es so einrichten, dass Deine Lesung nicht vor dem 10. April stattfindet. Der Hermann muss nämlich voraussichtlich vorher für ein paar Wochen nach Berlin[5] fahren. Unter Umständen könnte man dann auch hier[6] noch eine Lesung arrangieren.

Alles Herzliche Euch dreien
Hanne.

46 Hanne Lenz an Paul Celan

Stuttgart, den 6. 3. 57.

Lieber Paul,

ich schreibe Dir heute sozusagen in amtlicher Funktion. Man hat mich gebeten, Dich zu fragen ob Du die Übersetzung des Buches von Edgar Morin »Le Cinéma et l'homme imaginaire«[1], erschienen bei Les Editions de Minuit, Paris, übernehmen würdest, dessen deutsche Rechte der Verlag E. Klett soeben erworben hat. Ich habe das Buch leider noch nicht gesehen, da unser einziges Exemplar im Moment verliehen ist, wir können es Dir deshalb auch nicht zur Ansicht zugehen lassen, Du müsstest es Dir in irgend einer Buchhandlung zeigen lassen, der Umschlag soll übrigens ungewöhnlich knallig sein und eine völlig falsche Vorstellung von dem Buche geben. Es handelt sich um eine Phänomenologie des Films auf Grund von Studien, die in Frankreich, vor allem am filmologischen Institut der Sorbonne, gemacht wurden. Untersucht wird die Entwicklung der Photographie, der Übergang vom starren zum bewegten Bild, und das Wesen des Films, seine künstlerischen Mittel, Schnitt u. s. w. sowie vor allem die Psychologie des Kinobesuchers. Es wird überlegt, ob für die deutsche Ausgabe nicht einige Kürzungen vorgenommen werden sollen und ob nicht der wissenschaftliche Apparat von Anmerkungen sehr eingeschränkt werden könne. Aber dergleichen würde sich in weiteren Unterhandlungen klären.

(Wie ich höre wird als Honorar hier üblicherweise 80 DM für den Bogen der deutschen Ausgabe bezahlt, vielleicht könntest Du unter Umständen und mit einiger Hartnäckigkeit etwas mehr erreichen).

Ferner bittet man mich, Dich inoffiziell zu fragen, was für Übersetzungen von Gedichten bezahlt wird. Es soll hier demnächst eine Anthologie[2] herauskommen, für die, wenn ich recht unterrichtet bin, auch noch ein Übersetzer wenigstens für einige der Gedichte gesucht wird. Aber diese Angelegenheit ist noch nicht ganz spruchreif. Immerhin könntest Du mich vielleicht gelegentlich wissen lassen, ob Du Interesse dafür hättest.

Mit gleicher Post geht Dir ein offizielles Schreiben unserer Redaktion zu, das ich Dich – ausnahmsweise – zu beantworten bitte, da die Sache eilt und wir uns sonst nach jemand anderem umsehen müssten.

Hoffentlich geht es Euch gut. – Hermann ist sehr stolz darauf, nun auch eine »Schrift« von Pirandello[3] zu besitzen, er wird Dir noch selber schreiben.

Alles Herzliche
Hanne.

47 *Hanne Lenz an Paul Celan*

[Stuttgart] 13. März 1957.

Lieber Paul!

Wie Du siehst, wirst Du noch nicht in Ruhe gelassen. Überlege Dir die Sache wirklich noch einmal – wenn Dich nicht irgendwelche ganz andere oder prinzipielle Gründe davon abhalten[1]. Wir finden niemand besseren.

Martini hat uns gebeten, Dir zu sagen, dass er gerne hier an der T. H. eine Lesung mit Dir veranstalten würde. Gib uns doch bitte gleich Nachricht, wenn Du das Datum Deiner Tübinger Lesung weisst, damit man das arrangieren kann.[2]

Alles Herzliche
Hanne.

48 Paul Celan an Hanne und Hermann Lenz

[Paris] 22. 3. 57.

Liebe Hanne, lieber Hermann!

Hieß es nicht in meinem letzten Brief, ich würde »morgen« einen zweiten, ausführlicheren schreiben[1]? Seit jenem Versprechen sind Monate verstrichen, es liegt viel Versäumtes zwischen jenem Gestern und diesem Heute – verzeiht.

Zu berichten ist nicht eben viel, jedenfalls hat sich in dieser langen Zwischenzeit kaum etwas von den Dingen melden wollen, die einen davon überzeugen, daß man zu Recht eine (Füll-)Feder besitzt.

Nun, in den letzten Wochen hat sich da und dort denn doch einiges Mehrsilbige artikulieren lassen[2] – ob das aber dahin ausgelegt werden darf, daß es wieder aufwärts geht? Hoffentlich kommt noch dies und das..

Gekommen, wirklich gekommen sind aber Tulpen, sehr weiß und sehr schön, zu Gisèles Geburtstag[3] – ich habe mich nicht weniger gefreut als Gisèle, die dieses Geschenk mit dem Herzen entgegengenommen hat. Sie möchte Euch wieder ein paar Radierungen geben dürfen, hätte sie Euch am liebsten noch am selben Tage geschickt, war aber nicht ganz sicher, ob die Abzüge, die sie bisher gemacht hat, schön genug sind – ich habe ihr nun vorgeschlagen, all diese Blätter mitzunehmen, wenn ich nach Stuttgart fahre, seid also bitte nicht böse, wenn sie nicht gleich jetzt kommen.

Wenn ich nach Stuttgart fahre: von der Tübinger Buchhandlung ist bisher keine Einladung gekommen – könnt Ihr bitte dort anfragen, ob sie mich da noch haben wollen? Ich käme gerne am 10. April, würde dazu auch gerne in Stuttgart lesen, allerdings hätte ich dabei den guten Stuttgartern kaum etwas Neues zu bieten – das Wenige, das ich seit dem zweiten Bändchen geschrieben habe, scheint mir zum Vorlesen nicht besonders geeignet[4] zu sein. Wenn Prof. Martini also damit einverstanden ist, daß ich hauptsächlich aus älteren Veröffentlichungen lese[5], so tu' ich's gern.

Liebe Hanne, ich danke Dir aufrichtig für Deine Bemühungen bei Klett[6]. Daß ich zunächst nein sagte, hat seinen Grund darin, daß ich kaum eine Beziehung zu Film habe – mittlerweile habe ich, auf die neuerliche Aufforderung von Dr. Schonauer[7] hin, ein wenig in dem Buch von Morin geblättert: nun, ich will noch einen vierundzwanzigstündigen Augenblick lang überlegen, ob ich die Übersetzung nicht doch noch annehme, verzeih also bitte, wenn ich erst übermorgen antworte.

Wie geht es Euch denn? Bist Du, Hermann, wieder aus Berlin[8] zurück? Und wie war's denn da? Ich selbst war in der Zwischenzeit einmal in Bremen, zu einer Lesung, es ist mir, um es in aller Kürze zu sagen, noch nie so schlecht ergangen[9] wie in dieser vornehmen Hansestadt . . .

Hoffentlich läßt sich die Lesung in Tübingen noch arrangieren – in Stuttgart speichere ich immer ein wenig Kräfte.

Seid von Herzen gegrüßt von uns beiden
Euer
Paul

49 Hanne Lenz an Paul Celan

Stuttgart, den 2. April 1957.

Lieber Paul,

Der Hermann ist in Berlin und so schreibe ich Dir, denn es dauert noch eine Weile, bis er zurück kommt[1]. Er hat ein Stipendium bekommen, das irgend so ein Ministerium verteilt, um westdeutschen Schriftstellern ein paar Wochen Aufenthalt zu ermöglichen, damit sie »Einblick in die Verhältnisse dort erhalten«, wie es so schön in dem Amtsdeutsch solcher Schreiben heisst, einem Amtsdeutsch, mit dem ich leider jetzt täglich, mehr als mir lieb ist, mich herumzuschlagen habe.

Nun, bis jetzt scheinen erfreulich für ihn vor allem ein Besuch in Humboldts Schloss in Tegel[2] und die kleine, altmodische Pension zu sein, in der er wohnt, ein Effekt, der wohl nicht so ganz im Sinne der hohen Herren ist.

Inzwischen hat wohl auch die Dame von der Tübinger Buchhandlung[3] Dir geschrieben, mit der ich telephonierte. Es muss da ein Missverständnis vorliegen. Sie wartete auf Nachricht von Dir, denn sie hatte uns durch einen Bekannten gebeten, Dich in ihrem Namen aufzufordern, während Du wohl auf eine Einladung von ihr gewartet hast. Wahrscheinlich hat sie Dir schon alles über die äusseren Bedingungen geschrieben, vor allem dies, dass sie eine Lesung erst im Mai veranstalten kann, weil die Studenten jetzt in Ferien sind und eine Lesung gar keinen Sinn hat. Das Gleiche trifft übrigens auch für Stuttgart zu, Professor Martini selbst ist jetzt verreist und auch er wird warten wollen, bis das Semester wieder begonnen hat. Im übrigen ist der Ruf dieser Tübinger Buchhandlung, nach allem, was ich höre, ein ausgezeichneter und die Lesungen, die in den sehr schönen Räumen der Universität stattfinden, sind sehr beliebt.

Hoffentlich kannst Du im Mai noch kommen, es wäre gut, wenn Du das Datum, das Du mit Frau Gastl verabredest, uns gleich mitteilen würdest, damit wir dann Martini verständigen können.

Es war schön, wieder von Dir zu hören – und wir freuen uns, Dich bald wiederzusehen.

Stuttgart, nun schon ziemlich frühlingshaft aufgeputzt, harret Deiner.

Alles Herzliche Euch beiden
Hanne.

50 Paul Celan an Hanne Lenz

[Paris] 25. April 1957.

Liebe Hanne,

erst heute, spät genug, schreibe ich an Dr. Schonauer, um ihm zu sagen, daß ich den Morin denn doch nicht übersetzen kann.[1] Einen Augenblick lang hielt ich es für möglich, die Übersetzung zu übernehmen – dann kamen Bedenken – was verstehe ich denn schon vom Film! – und nachher kamen zu diesen Bedenken sachlicher Art noch andere hinzu – ich begegnete zufällig einem Mann aus dem Kreise Morins, den ich von einem Schriftstellertreffen in Vézelay[2] her kenne und besonders unsympathisch finde – kurzum, ich kann das Buch nicht gut übersetzen.

Von Herrn Gastl[3] erhielt ich, vor etwa zwei Wochen eine Einladung für den 6. bzw. 7. Mai, ich beantwortete den Brief, der zunächst mehrere Tage bei meinem nicht eben entgegenkommenden Nachbarn gelegen hatte – auf dem Umschlag war das »Bis«[4] vergessen worden –, noch am selben Tage, aber von Gastl habe ich seither nichts wieder gehört . . . Ich schreibe ihm also heute wieder, bitte Dich aber, da ich, wie mancher Pariser, Schwierigkeiten mit meiner Concierge[5] habe – sie weiß, wie sehr ich auf Briefe warte und »straft« mich, indem sie »vergißt«, sie mir zu geben –, vielleicht bei Gastl anzurufen und ihn zu ersuchen, mir umgehend Bescheid zu sagen. Hoffentlich klappt es mit der Lesung am 6. oder 7. Mai: am 15. verlassen wir nämlich für längere Zeit Paris.[6]

Verzeih diesen fahrigen Brief! Ist Hermann wieder zurück?

Seid beide herzlich gegrüßt
Euer Paul

51 *Paul Celan an Hanne Lenz*

[Paris] 27. 4. 57.

Liebe Hanne,

soeben erhielt ich einen Brief von Herrn Gastl[1], der mir, wie Du ja bereits weißt, den 3. Juni vorschlägt. Ich bin zwar recht enttäuscht über diese Verschiebung, schreibe ihm aber, daß ich komme und frage gleichzeitig bei ihm an, ob ich neben dem Honorar auch mit einer Vergütung der Reisespesen rechnen kann. Die Stuttgarter Lesung soll also in der dem 3. Juni voraufgehenden Woche stattfinden? Sag mir bitte Näheres darüber. Wir sind von Mitte Mai bis Ende Juni nach Genf, bzw. ins Gebirge oberhalb Genf eingeladen, das macht die Reise nach Stuttgart ein wenig umständlich, aber ich möchte nicht nein sagen.

Hoffentlich bist Du mir nicht *allzu* böse, weil ich an Schonauer[2] so spät geschrieben habe!

Laß Dir und Hermann alles Gute wünschen
von Eurem
Paul

Stuttgart, den 28. 4. 57.

Lieber Paul,

es ist schade, dass Du nicht zwei Tage früher geschrieben hast. Denn am Donnerstag (gestern, Samstag nachmittag, kam Dein Brief) rief mich Fräulein Gastl im Verlag an, um mir zu sagen, dass der Termin vom 6. Mai, den sie zu Anfang vorgesehen hatte, ihr nachträglich als sehr ungünstig erschienen sei, weil die Germanistik-Studenten zu diesem Termin noch nicht alle in Tübingen seien, dass sie deshalb bei der Universität um einen neuen Termin gebeten habe und ihr als einziges Datum der 3. Juni genannt worden sei. Leider hätten sich die Verhandlungen mit der Universität hinausgezögert, sodass sie erst heute Dir schreiben und mir Bescheid sagen bezw. mich fragen könne, ob ich glaube, dass Dir das so recht sei. Nun, ich glaubte es nicht, ich hatte irgendwie Bedenken, äusserte sie auch, da sie aber so gar keine plausible Grundlage hatten, konnte ich ihnen natürlich nicht genügend Nachdruck verleihen, zumal Fräulein Gastl immer wieder versicherte, Du hättest geschrieben, dass Dir jedes beliebige Datum recht sei[1]. Nun, sie versprach, Dir gleich zu schreiben.

Am nächsten Tag war zufällig Professor Martini zu einer Besprechung bei Klett und ich redete mit ihm darüber. Er war sehr erfreut, dass die Lesung nun endlich zustande käme, sagte, der 4. Juni[2] sei ihm sehr recht, es sei ein sehr günstiger Wochentag, wollte sich aber noch vergewissern, ob der Tag unbesetzt sei und Dir dann gleich schreiben. (Übrigens wäre der 7. Mai hier in Stuttgart nicht möglich gewesen, weil an diesem Tag bereits eine Dichterlesung in der T. H. ist).

Nun, Du musst nun selbst entscheiden. Den Tübingern jedenfalls scheint kein anderes Datum zu passen, sie haben ihre Termine lange im Voraus festgelegt. Ich werde aber morgen noch einmal versuchen, Fräulein Gastl zu erreichen. –

Kannst Du nicht doch noch im Juni kommen? Du hast allerdings in Deinem Brief nicht verraten, wohin Ihr Euch Mitte Mai begebt und ob von dort eine Reise ganz unmöglich ist. Schreibe uns doch bitte Deine neue Adresse[3] gleich, damit Deine unfreundliche Concierge nicht Gelegenheit hat, die Briefe durch verspätetes Nachsenden zu verzögern.

Hermann ist seit Ostern[4] aus Berlin zurück. Er redet jeden Tag davon, dass er Dir schreiben will, aber bis jetzt hat er sich noch nicht dazu aufgerafft. Heute nur dieses »Mitteilungsblatt«, damit Du gleich Bescheid hast.

Alles Herzliche Euch beiden
Hanne und Hermann

53 Hanne Lenz an Paul Celan / Hermann Lenz an Paul Celan

Stuttgart, den 9. Mai 1957.

Lieber Paul,

ich nehme an, dass Du Martinis Brief bekommen hast – obwohl er mir neulich am Telephon sagte, dass er noch keine Antwort von Dir habe. Nun, der Sicherheit halber, will ich Dir auch noch meinerseits mitteilen, dass Deine Lesung in Stuttgart also am 4. Juni sein soll, früher, d. h. in der letzten Mai-Woche, ging es nicht einzurichten, weil durch das Himmelfahrtsfest viele Studenten abwesend sein werden. – Du hast ja wohl in der Zwischenzeit Martini zugesagt.

Wir dürfen Dich also um den 1. Juni herum erwarten? Wir hoffen sehr, dass Du ein bisschen früher kommst, – schon zum Wochenende[1] – damit wir auch etwas von Deiner Anwesenheit haben, denn an den Wochentagen sind wir ja nun beide ausser Haus[2].

Alles Herzliche Euch dreien
Hanne.

Stuttgart, 9. 5. 57.

Lieber Paul,

Hanne hat liebenswürdigerweise die Verhandlungen für Deine Stuttgarter Lesung übernommen, ich aber habe ein schlechtes Gewissen, denn Pirandello[3] äugt mich vorwurfsvoll aus dem geburtstäglichen Buch an. Darf ich Dir heute so schändlich verspätet dafür danken? In Musils Tagebüchern taste ich mich langsam voran, lese auch kreuz und quer darin und bin so groß wie ein Zigarettenstummel im Aschenbecher, wenn ich meine eigenen handschriftlichen Bemühungen damit vergleiche. Ich schaffe es nicht mehr, aber das ist auch egal.

Vor einigen Tagen war Höllerer bei Dr. Schonauer und erzählte von Paris[4]: daß Bächler als Zeitungskorrespondent einen dicken blonden Bart trägt und Günter Graß[5] nur durch aufgehängte Wäsche zu erreichen ist, die in einem Hof flattert, wo ein Fahrrad- und Grammophon-Reparateur seine Werkstatt aufgeschlagen hat.

Herzliche Grüße Dir, Gisèle und Eric
Dein
Hermann

Mittwoch [Paris, 29. 5. 1957[1]*]*

Liebe Hanne, lieber Hermann!

Der Säumige schreibt in Eile und muß also zweimal um Verzeihung bitten.

Hier gab es in den letzten Wochen tausend hochwichtige Dinge zu erledigen, darunter einen Wohnungskauf – endlich werden wir nun unter Dach und Fach sein, endlich, endlich, endlich[2]. Außerdem hieß es noch eine Entscheidung für den Sommer treffen, die wie folgt aussieht: wir fahren, schweren Herzens, nach Gastein, d. h. wir verbringen den Juni dortselbst, zusammen mit diversen Tanten und Kusinen[3], denen wir unseren Buben (und deren Großneffen bzw. »Großkusin«) vorführen müssen. Ein Tanten-Juni also. Für mich, Gisèle und Eric hat das allerdings den Vorteil, auch einen Tag mit Euch in Stuttgart zu verbringen. Gisèle wird also am 6. in Stuttgart sein, ebenso der Bub.

Ich fahre hier am Freitag[4] ab, bin also am Samstag in aller Herrgottsfrühe in Stuttgart – bitte kommt nicht zur Bahn, ich will da gern eine Stunde oder zwei in der Vorfreude des Wiedersehens verbringen und Euch dann zu einer normalen Stunde heimsuchen.

Samstag – in drei Tagen also. Ich freue mich sehr.

Alles Liebe, alles Herzliche
Euer
Paul

55 *Paul Celan für Hanne und Hermann Lenz*

[Stuttgart, Anfang Juni 1957[1]*]*

Jaakobsspruch

Drei Tränen in Esaus Aug.
Eine blieb hängen, wuchs:
wir wohnen darin.
Atme, daß sie sich löst.

---

56 *Paul Celan an Hanne und Hermann Lenz*

[Paris] am 15. Juli 57.

Liebe Hanne, lieber Hermann,

wir 3 sind nun wieder in Paris, früher als beabsichtigt, aber dennoch sehr froh, wieder hier zu sein.

Gastein war, wie erwartet, abscheulich, viel Lederhosen- und Gamsbartvolk in und neben dicken Straßenkreuzern (Lokalkolorit läßt sich in verschiedener Weise ausgestalten), über all das rauschten die Tan$^{t}_{n}$en[1], kurz wir hielten es nicht länger als ein paar Tage aus, trotz bester Absichten.

Dann kam Wien, das schöne (und heiße), zehn Tage, die, trotz »strichweiser« innerer Bewölkung, das Gebense[2] (Ton auf der zweiten Silbe) vergessen machten. Wir waren schon am zweiten Tag draußen in Rodaun: hier sind drei Photos[3], aufgenommen in Gedanken an Euch.

Worauf dann die Schweiz »dran« war. Um es in aller Kürze zu sagen: es war nicht eben wunderbar, immerhin war's recht hoch oben, fünfzehnhundert Meter, viele Blumen rings (aber fast ebensoviele Schweizerhäuschen und, übers Wochenende, auch manch stäubchenzählendes – aber gastfreundliches! – Schweizerseelchen), – es war also wie's eben war – und war's über zwei Wochen lang.

Wie geht es Euch? Wir denken oft und mit dankbarem Herzen an die Stunden in Eurem Haus: es sind, nicht nur der beiden Kerzen wegen, geburtstägliche Gedanken[4].

Alles Liebe!
Paul

Vielen[5] Dank für die Bücher, der Mann hat Suada[6] – ob das wohl genügt?

57 *Hanne Lenz an Paul Celan / Hermann Lenz an Paul Celan*

Stuttgart, den 3. 8. 57.

Lieber Paul,

die Kol Nidre[1] Platte ist zu meinem Geburtstag gekommen, sei von Herzen bedankt dafür. Ich habe sie schon oft gespielt, sie ist sehr schön, vor allem das Adon Olam von Salomone Rossi[2], aus einer Zeit, dem frühen 17. Jahrhundert, zu deren Musik ich eine besonders nahe Beziehung habe.

Inzwischen, d. h. seit Du fort bist, sind auch Enziane aus Gastein eingetroffen, noch ganz frisch, die wir in unserem Haus verteilt haben, sodass überall kleine blaue Gasteiner Gäste standen – wohl das Beste, was diese Edel-Kemach-Sommerfrischler-Metropole[3] zu bieten hat; und auch die Photographien von Rodaun liegen nun bei uns, in einer ganz frühen Ausgabe der Hofmannsthalgedichte[4].

Das Grab sieht jetzt ein wenig anders aus, als ich es in Erinnerung hatte, damals, 1943, mitten im Kriege, als ich es sah, war es kahl und ziemlich verwildert. Es war im Herbst, am Tag von Allerheiligen, als ich von Wien[5] aus hinaus fuhr, alle Strassen und Züge waren voll von Leuten, die Blumen und Kränze zu den Gräbern brachten und auch in dem kleinen Rodauner Friedhof waren alle Gräber aufgeputzt und Kerzen brannten.

Allein das Grab von Hofmannsthal, oben, an der Mauer, war leer, nur der Mispelstrauch, der auch auf Eurem Bild zu sehen ist, war da und viele Vögel, die von seinen roten Beeren assen. Ich bin dann nach Kalksburg hineingegangen und habe mit Mühe eine Gärtnerei gefunden, die mir ein paar Blumen verkaufte, die ich dann hinbrachte, dunkelrote Chrysanthemen und Efeu. –

All dies ist lange her. Ich denke so vor mich hin, versuche, im Zurückdenken, den Bogen zu schlagen zwischen damals und heute, jenem 1. November in Rodaun und den Bildern und versuche, den Weg zu sehen, der von dort, von damals, herüber führt, durchs nebelhaft Verschwommene, unklar, kaum sichtbar, aber dennoch wohl und trotz allem ein Weg. –

Die Radierungen habe ich leider bis jetzt in München nicht untergebracht[6], der Mann, den ich dort kenne, verlangte eine zu hohe Garantiesumme. Hier aber, in der »Galerie Lutz & Meyer«, die Leonhard[7] empfahl und wo auch Günter Grass seine Ausstellung hatte[8], war man sehr begeistert von den Sachen und wollte sie gerne für das Frühjahr (bis dahin sei alles »vorgeplant«) für eine Ausstellung haben. Die Bedingungen sind: eine Garantiesumme von 200 DM, die bei Verkauf entfällt oder irgendwie verrechnet wird, wie, ist mir leider nicht ganz klar geworden (für Saalmiete, Rahmen, Bewirtung bei der Eröffnung u. s. w.); ausserdem müssten die Einladungskarten gestellt werden, am besten sei eine Doppelkarte mit einer kleinen Radierung oder Lithographie (ähnlich der Neujahrskarte[9], die Ihr seinerzeit schicktet), der Text würde dann eingedruckt. Man bräuchte ca. 600 solche Karten, da sie an alle Museen, Sammler und Kunsthandlungen verschickt werden, um den Namen bekannt zu machen. Ich weiss nicht, ob man in Frankreich derlei Einladungskarten kennt, hier sind sie seit den Tagen des »Sturm« und der »Brücke« sehr beliebt. Sie sind natürlich ungleich wirksamer als gewöhnliche Einladungskarten, die gleich in den Papierkorb gehn.

Die Blätter, die ich hier habe, genügen natürlich nicht für eine Ausstellung, es müssten mindestens 25-30 sein, wenn möglich auch mehrfarbige, wie etwa das, das bei uns hängt[10]. Bitte teilt mir gelegentlich mit, ob Ihr mit der Sache einverstanden seid und wie viele Blätter Deine Frau noch schicken kann, damit ich dann weiterverhandle.

Ausserdem habe ich von einem Bekannten eine Adresse in Wuppertal bekommen, von einer Kunsthandlung (»Galerie Parnass«, Rolf Jährling, W. alte Freiheit 16), die sich für derartige Graphik interessiert und vielleicht ebenfalls eine Ausstellung machen würde[11]. Ich möchte aber nicht hinschreiben und vor allem nicht die Blätter hinschicken ohne Eure Einwilligung. Vielleicht kannst Du auch, wenn Du nach Lübeck[12] fährst, und irgendwo in der Gegend aussteigst, selbst dort vorbei schauen. Herr Lutz meinte, die Sachen wären so gut, dass sie unbedingt an mehreren Orten in Deutschland gezeigt werden müssten. –

Das Buch von Scholem[13] kann nun leider nicht bei Klett erscheinen. Wir waren immerhin so weit gekommen, dass wir an den Schockenverlag um eine Lizenz schreiben konnten. Scholem selbst antwortete uns, dass bereits eine deutsche Ausgabe in der Schweiz in Vorbereitung sei. Hoffentlich hast Du nicht zu sehr mit dieser Übersetzung gerechnet.

Wie geht es Euch? Wir sommern so dahin und bereiten uns sozusagen »geistig« darauf vor, Anfang September nach Wien zu fahren. Vielleicht gelingt es diesmal.

Vielen Dank für Alles und herzliche
Grüsse Euch dreien
Hanne.

Liebe Gisèle, lieber Paul,

Hanne hat schon alles Wichtige und Wesentliche berichtet. Ich kann Euch deshalb nur noch herzliche Grüße und gute Wünsche schicken. Oft denke ich an die Tage, da Ihr zu dritt hier gewesen seid. Wann kommt Ihr wieder?

Euer
Hermann

PS.[14] Wenn ich mich recht erinnere wolltest Du gerne die Kröner-Ausgabe von Erwin Rohdes »Psyche«[15], die vergriffen ist. Ich fand sie kürzlich in einem Antiquariat und schicke sie in den nächsten Tagen.

58 Paul Celan an Hanne und Hermann Lenz

[Paris] 10. 8. 57

Liebe Hanne, lieber Hermann,

herzlichen Dank für Euren Brief, herzlichen Dank für die »Psyche«[1], herzlichen Dank für all die Bemühungen um Gisèle's Radierungen.

Ihr fahrt also nach Wien, auf das geistigste vorbereitet – ich beneide Euch darum. Wollt Ihr nicht Klaus Demus aufsuchen? Habt Ihr seine Adresse? (Dr. K. Demus, Wien III, Rennweg 4/36, telephonisch könnt Ihr ihn in der Österreichischen Galerie im Belvedere[2] erreichen). Mir ist für November ein Vortrag in Wien[3] in Aussicht gestellt worden, dann kann ich, wenn auch nur für einen Tag vielleicht, wieder bei Euch vorbeischauen.

Von mir ist noch dies zu berichten: ich habe das ›Bateau Ivre‹ von Rimbaud übersetzt, vor etwa zehn Tagen, und bin noch heute ein wenig erstaunt darüber. Ein wenig erstaunt und – ein wenig stolz. Nun habe ich es, prätentiöserweise, dem Fischer Verlag für einen bibliophilen Druck angeboten (es sind 25 Vierzeiler, denen unter Umständen das französische Original gegenübergestellt werden könnte, sonst wär's ja wohl ein recht schlankes Bändchen)[4], habe aber noch keine Antwort. Ich schicke Euch eine Abschrift in ein paar Tagen[5]: ich feile noch daran herum. Glaubt Ihr, daß man ein einzelnes Gedicht, mag es auch eines der bedeutendsten französischen Gedichte sein, separat drucken lassen darf?

Ja und sonst: wir haben Sorgen mit unserer »neuen« Wohnung[6], weil es sich erst jetzt herausstellt, daß wir, als wir sie anzahlten, allzu gut-, bzw. leichtgläubig gewesen sind. Weiß Gott, man macht immer wieder merkwürdige Erfahrungen mit seinen Mitmenschen.

Laßt es Euch gut gehen und seid herzlich
gegrüßt von Eurem
Paul

59 *Hermann Lenz mit Hanne Lenz an Paul Celan*

Stuttgart, 2. XI. 57

Lieber Paul,

hab' herzlichen Dank für Dein üppiges Geschenk![1] Also bist Du mir nicht böse, weil ich auf Deinen letzten Brief noch nicht geantwortet habe. Ich freue mich, Dich wiederzusehen, nehme ich doch an, daß Du in diesem Monat hierherkommst[2].

Montesquious goldene Randleisten und seine mit den Schwänzen sich kreuzenden Fische[3], die an einen Neptuns-Dreizack erinnern, haben mich seltsam, fast ein bißchen inzestiös angemutet und mich einen gewissen faulenden Vorkriegs-Zauber riechen lassen; er ist in meiner Dachstube ruchbar geworden. Wie morgenfrisch wirkt dagegen jede Abstrusität bei Proust! Der Brief an den Verleger, Herrn

Emil Paul[4], dessen verschlungene Eitelkeits- und Egozentrik-Züge ich noch nicht ganz entziffert habe, ist geradezu eine Allegorie der Weibmännischkeit des Herrn Charlus[5]. Aber war trotz aller Überreife damals das Leben nicht etwas weniger öde als heut, da es sich niemand mehr leisten kann, die Schnörkel seines Ichs zu pflegen? Schade, daß es solche skurrilen Figuren wie den Comte de Montesquiou heutzutage nicht mehr gibt. Übrigens ist bemerkenswert, daß Montesquiou seinem (deutschen) Verleger eine »Ehrung zweiten Grades« zugedacht hat[6]. Der Mann war also nicht ohne Ironie.

Lieber Paul, Du machst mich zum reichen Mann mit Deinen Geschenken, die Du aus dem Pariser Moder hervorzauberst! ich habe nur einmal mit Hofmannsthals ›Szenischem Prolog‹[7] ein ähnliches Glück gehabt.

Dein Brief, der uns Deine Rimbaud-Übersetzung ankündigte, kam vor unserer Abfahrt nach Alt-Aussee. Dort hätten wir das Schwimmen in der Luft lernen können, so arg hat's geregnet, aber nach den ersten Luft-Schwimmversuchen trug uns die Eisenbahn ins septembersonnige Wien. Auf meinem Schreibtisch steht ein Distelstrauß vom Kahlenberg und von Kalksburg. Eine Schublade birgt zwei getrocknete Zweige von Hofmannsthals Grab mit sieben roten Beeren, von denen eine leider abgefallen ist. Wir standen am späten Nachmittag vor dem Grab, dessen gelbe Steinwand durchsichtig schien. Die Trauerweiden rührten sich, ihre Schatten bewegten graue Fische in einer Lichtspiegelung wie sie zuweilen an einer Zimmerdecke auftaucht, wenn draußen die Sonne auf Wasser scheint.

Wien hat meine Träume bestätigt. Oder sah ich meine Träume in Wien?

Ich wollte wie mein Zauberkünstler Valtamare im ›König von Ungarn‹ wohnen, aber die blonde Stewardeß verbiß ein Lächeln hinter der Theke im Verkehrsbüro, als ich den Namen dieses Etablissements mit kennerischem Selbstbewußtsein nannte[8]. Sollte es übel beleumundet sein? Ein anderes Hotel, ich glaube in der Rotenturmgasse, war für mich noch attraktiver, weil es einer Ruine glich. Ein Schild »In Betrieb« und zwei geschmeidige Mädchen, die blond und schwarzhaarig und in Geschäfts-Begehrlichkeit auf ihren Stöckeln wippend seiner ramponierten Tür entschlüpften, belehrten mich eines Besseren (oder Schlechteren).

Mit Eisenreich stolperten wir einen Nachmittag lang durch benzingeschwängerte Straßen im neunten Bezirk und standen sogar vor Herrn Dr. von Doderers[9] Tür. Der inzwischen prämierte Dichter Eisenreich[10] war sehr liebenswürdig, obwohl es ihm schlecht ging; sein Kreislauf machte ihm Kummer. Klaus Demus wollten wir besuchen, doch wisperte eine Sekretärinnenstimme im Telephonhörer: »Der ist bis Ende September in Urlaub«. Das war die einzige Enttäuschung, die mir Wien bereitet hat.

Aber wir sollten zusammen darüber plauschen. Auf dem Papier mag ich's nicht tun. Ich bin zu faul. Komm' also bitte bald. Ich wünsche mir auch Gisèle und Eric dazu, will aber lieber nicht auf ein Wiedersehen hoffen, weil ich fürchte, mein Wunsch sei kaum zu erfüllen. Hat Gisèle keine Lust, hier ihre Arbeiten auszustellen? Es ließe sich vielleicht arrangieren.

Komm bald, wir freuen uns! Nimm alle guten Wünsche und grüße Gisèle und Eric herzlich von uns.

Hermann und Hanne

Hat sich Fischer den Celan-Rimbaud-Fisch[11] entschlüpfen lassen oder ihn für eine Publikation geangelt? Ich finde, es täte seinem Unternehmen gut, wenn er zur Abwechslung einmal wieder etwas Wesentliches druckte.

60 Paul Celan an Hermann Lenz

Neue Adresse[1]:
78 rue de Longchamp
Paris 16[e]

am 11. November 57.

Lieber Hermann,

ich freue mich, daß das kleine Buch[2] Dir Spaß gemacht hat, hoffentlich mach ich bald wieder einen ähnlichen Fund.

Wir übersiedeln in den nächsten Tagen[3], verzeih also, wenn ich heute nur ein paar Zeilen schreibe.

Anfang Dezember werde ich wohl für einen Tag nach Stuttgart kommen können, die Osiandersche Buchhandlung in Tübingen hat mich nämlich zu einer Lesung eingeladen[4]. Aber jetzt wird es auch Zeit, daß Ihr zu uns nach Paris kommt – wie wär's mit Weihnachten? Bitte denkt darüber nach.

Herzliche Grüße an Euch beide
Paul

61 Hanne Lenz mit Hermann Lenz an Paul Celan

Stuttgart, den 19. 11. 57.

Lieber Paul,

Dein Geburtstag[1] naht und wir sind in grosser Verlegenheit, denn das Buch, das wir Dir zugedacht und schon vor langem bestellt hatten[2], ist noch nicht da, liegt noch zwischen irgendwelchen Setzer- oder Buchbinderfingern und es kann gut und gern noch ein paar Wochen dauern, bis es zu Dir gelangt. Nun ist es zwar ein Trost für vielgeplagte Verlagsleute, dass man andernorts auch nicht pflichteifriger ist, aber in diesem Falle ist es doch sehr betrüblich und ärgerlich. Wir wollen nun nicht gerne irgendeinen »Ersatz« nach Paris schicken, so musst Du Dich einstweilen mit unseren herzlichen Glückwünschen begnügen (geschrieben auf superfeines, weiland pariserisches Papier[3]) und mit einem gelegentlichen Blick auf die Blumen, die diesen Zeilen folgen. Sie sind eigentlich für Euch drei gedacht, als »Einzugsgruss« sozusagen.

Die Mesusa[4] hat ein Freund von Hermann im Kriege in einem zerstörten russischen Haus gefunden und mir mitgebracht. Nun denke ich aber, dass sie wohl eher in die rue de Longchamp 78 gehörte und reiche sie hiermit weiter.

Wir freuen uns auf Dein Kommen und
wünschen Dir von Herzen alles Gute
Hanne und Hermann

62 *Paul Celan an Hanne und Hermann Lenz*

78 rue de Longchamp, Paris 16[e]
Tel: *Poi*ncaré[1] 39-63

25. XI. 57.

Liebe Hanne, lieber Hermann!

Die Blumen, die Mesusa: dieses Haus ist ein Haus.

Ich wollte, ich könnte jetzt hebräisch oder zumindest lateinisch weiterschreiben, um Euch zu danken. Aber ich kanns ja doch nur auf deutsch, und das hört sich dann so an: Habt von Herzen Dank. Mein Herz dankt Euch.

Am sechsten Dezember lese ich in Tübingen, am vierten will ich in Stuttgart[2] sein.

Ihr müßt mir erlauben, Euch die Gedichte, die ich in Tübingen lesen soll, vorzulesen. Es sind nicht viele, aber sie haben etwas Stimmloses, ich weiß gar nicht, ob sie lesbar sind. Lesbar und – »abendfüllend«. Ob ich nicht auch die Übersetzung des Bateau Ivre[3] lesen soll? Ihr müßt mir helfen, darüber zu entscheiden.

Eine Bitte noch: ich wäre Hermann Kasack dankbar, wenn ich ihn sprechen dürfte – vielleicht darf ich ihm die Gedichte vorlesen, bei Euch ... Fragt ihn bitte, ob ich ihn sehen kann.

Gisèle dankt Euch, wie ich.
Euer Paul

63 Paul Celan an Hanne und Hermann Lenz

78 rue de Longchamp

[Paris] am 27. November 1957.

Liebe Hanne, lieber Hermann,

ich will schon etwas früher da sein, am Dienstag[1], hoffentlich erreichen Euch diese Zeilen schon am Tage vorher.

Dienstag um 19 Uhr 57 bin ich in Stuttgart. Darf ich Dir, Hermann, einen Vorschlag machen? Ich komme von der Bahn zu Dir ins Büro[2], ohne Koffer, dann wandern wir, auf das Schwäbischste, wieder zum Bahnhof zurück, holen den Koffer und steigen in die Straßenbahn – ja?

A mardi![3]
Paul

64 Gisèle Celan-Lestrange an Hanne und Hermann Lenz

[Paris, 3. 12. 1957]

PAUL ARRIVE CE SOIR 19 HEURES 57 BIEN À VOUS = GISÈLE +[1]

65 Paul Celan an Hermann Lenz

Tübingen, am 6. XII. 1957.[1]

Lieber Hermann,

Hanne hat mir heute morgen gesagt, daß ich Dich durch mein Vorbei- und Dazwischenreden[2] gekränkt habe.

Diese Zeilen wollen Dich bitten, meine Taktlosigkeit zu entschuldigen.

Ich habe selten Gelegenheit zu Gesprächen. Vielleicht ist dies ein wenig der Grund dafür, daß Dinge, die nur ein stummes Dasein führen konnten, plötzlich laut und vorlaut werden*, unbekümmert darum, ob sie in den Zusammenhang des Dialogs gehören oder nicht.

Der Satz ist nun zu Ende geschrieben, Dein Telegramm ist da, ich bin froh –

Alles, alles Gute!
Dein
Paul

* in diesem Augenblick bekam ich Dein Telegramm[3] –

66 Paul Celan an Hermann Lenz

[Paris] am 12. Dezember 1957.

Lieber Hermann,

ich bin nun, nachdem ich doch noch in München[1] und Frankfurt[2] gewesen bin, wieder in Paris, an einem wirklichen Schreibtisch.

Ich möchte Dir noch einmal sagen, wie sehr ich mich mit dem Telegramm gefreut habe, das Du mir nach Tübingen geschickt hast. Es hat mir sehr geholfen.

Euch beiden alles Liebe
Frohe Weihnachten
Dein
Paul

Viele Grüße an Franziska[3].

67 Hermann Lenz an Paul Celan / Hanne Lenz an Paul Celan

Stuttgart, 14. Dezember 57

Lieber Paul,

mit Deinem Tübinger Brief, der vor acht Tagen geschrieben wurde, hast Du mir eine große Freude gemacht.

Ich saß an jenem ominösen Freitag-Vormittag[1] im Büro und war sehr unglücklich, warf die Seiten des Telefonbuchs hin und her, fand nirgends »Tübingen« und »Osiander« und wurde von Wisperstimmen heimgesucht, die mir zuraunten: Er ist sicher nicht bei Osiander, wenn Du anrufst, aber Du hast es verdient, desperat zu sein! Da fiel mir ein, daß vor geraumer Zeit der Telegraph erfunden worden war. Ich wählte die Nummer der Telegramm-Aufnahme, und als ich den Text diktierte, lachte das Fräulein vom Amt. Hanne sagte zu Haus: »Sie hat sicher gedacht, es sei ein Ehekrach vorausgegangen.« – Darauf ich: »Aber die Adresse belehrte sie doch eines Besseren!«

Hab' nochmals herzlichen Dank für Deine Zeilen und denke mit Gisèle, die hoffentlich auch über mich lachen wird: Er ist halt ein Schwieriger ...

Laßt es Euch gut gehen, habt schöne Festtage und ahmt im neuen Jahr nicht die Verdrossenheiten und Verdrießlichkeiten des Endesunterfertigten nach, der Euch herzlich grüßt als

Euer

Hermann

Dieser Brief ist ein paar Tage herumgelegen[2], nun ist der Deine gekommen; der Hermann hat sich sehr gefreut darüber.

Das Päckchen, das ich bei Klett auf den Weg gebracht habe, ist wohl inzwischen bei Dir angelangt. Und auch der

Scholem[3], der nun endlich fertig geworden ist. Du kannst die »Borchardt-Reden«[4] und die »Logik der Dichtung«[5] gerne behalten, sie gingen sozusagen als »Prüfungsexemplare« an Dich.

Leb wohl,
Frohe Weihnachten
Euch dreien
Hanne.

68 Hermann Lenz mit Hanne Lenz an Paul Celan

Stuttgart, 9. I. 58

Lieber Paul,

Flinker hat mir heute seinen Almanach geschickt, diese amüsante Poeten-Revue, zu der Du auch ein paar Zeilen beigesteuert hast[1]; sie haben mich wie ein persönlicher Gruß berührt, und ich danke Dir herzlich dafür, daß Du mir das Buch hast schicken lassen.

Brecht und Hofmannsthal sind darin neben Musil photographisch portraitiert zu sehen[2] – eine erstaunliche Sache, wie mir scheint. Der Poet von heute, der »mitten im Leben« steht, nähert sich, was den Typus betrifft, also dem misanthropischen Rentner mit bissig verkniffenen Lippen und schmierigen Haarfransen, die anmuten, als wären sie mit allen Wartsaal- und Garküchendünsten Ostdeutschlands gesalbt: auch eine poetische Realität, die sich von der Hofmannsthals riechbar unterscheidet.

Vor einigen Wochen fand ich in einem Antiquariat einen Almanach des Hotels Bristol in Wien mit süßem Schubert-Bildnis, Aufnahmen rührender Jugendstil-Interieurs des »Bristol« und einem ins Englische übersetzten Beitrag Hofmannsthals[3]. Dieser liebenswürdige Kapitalisten-Kitsch gefiel mir, weil ich mir im Bristol keine verbissenen Rentner-Visagen vorstellen mag, obwohl solche sicherlich auch damals dort aufgetaucht sind, als Hofmannsthal mit Schnitzler oder Leopold Andrian[4] und deren Damen dort soupierte.

Bin ich ein Überbleibsel der Vergangenheit? Es scheint mir oft so, besonders wenn mir die Mediokrität der besputnikten Gegenwart[5] bewußt wird. Allerdings beruhigt es mich, zu wissen, daß für den Menschen auch heute die Welt immer noch als Scheibe Wirklichkeit ist, über der sich das Himmelsgewölbe bauscht, weil er nichts anderes erlebt. Keine noch so erstaunliche wissenschaftliche Erkenntnis hat ihn seelisch verändern können.

Du siehst also: bei mir ist alles beim Alten. Mir genügt das ptolemäische Weltbild. Die Wirklichkeit der Leidenschaften, der Sym- und Antipathien, der Freuden und Schmerzen wird kein Sputnik erforschen. Ich freue mich zum Beispiel über Dein Weihnachtsgeschenk[6] und daß Du einen Preis[7] bekommst. Hast Du schon das Glückwunschschreiben unseres so lieben Dr. Nothardt[8] erhalten?

Ich wünsche mir, daß Du freundlich an uns denkst und grüße Dich, Gisèle und Eric herzlich als

Dein
Hermann

Alles Herzliche
Hanne.

69 Hanne Lenz an Paul Celan

Stuttgart, den 20. 1. 58.[1]

Lieber Paul,

Schonauer hat mich angerufen und mich gebeten, Dir doch zuzureden, auf sein Angebot der Pasternak-Übersetzung einzugehen. Nun ich versprach es und um dieses Versprechen einzulösen, schreibe ich Dir jetzt, obgleich ich garnicht weiss, ob und wie ich Dir zureden soll und worum es sich eigentlich handelt, ob um den in Italien erschienenen Roman Pasternaks oder um Gedichte[2]. Sei wenigstens so gut und antworte Schonauer bald, damit er disponieren kann, weil er es, wie mir scheint, in Hamburg ein bisschen schwer hat[3] und sich sehr anstrengen muss, die Dinge voranzubringen.

Wie geht es Dir? – Ich habe Dir wohl erzählt, dass ich meinem Vetter[4] in Israel wegen einer hebräischen Bibel für Dich geschrieben habe – schon vor längerer Zeit. Du wolltest sie zwar nicht mehr, aber nun ist sie vor ein paar Tagen doch gekommen, sie war schon lange abgeschickt. Vielleicht hast Du Dir inzwischen eine deutsche Ausgabe gekauft, aber ich habe nun das Buch einmal hier, kann es selbst nicht lesen und da es ja ursprünglich für Dich bestimmt war, so kann ich es Dir auch nicht vorenthalten. Sehr schön ist die Ausgabe nicht, aber schliesslich ist es die erste Bibel, die im Lande ihrer Entstehung gedruckt worden ist.[5]

Leb wohl, wir werden am 26.[6] an Dich denken.
Herzliche Grüße Euch dreien
Hanne.

70 Paul Celan an Hermann Lenz

Paris, den 25. Februar 1958

Lieber Hermann,

Du hast morgen Geburtstag[1] – laß Dir von Herzen alles Gute wünschen! Unter dem Vielen, das in diesem Guten untergebracht sein möchte, will auch, recht sichtbarlich, das Buch sein, das Du schreiben möchtest, das Du vielleicht schon geschrieben hast.

Dein
Paul

71 *Hermann Lenz mit Hanne Lenz an Paul Celan*

Stuttgart, 28. Februar 58

Lieber Paul,

gestern lag Dein Par Avion-Päckchen und Dein Par Avion-Brief[1] auf dem kleinen runden Tisch im Vorplatz. Als ich den Brief aufschnitt und herauszog, griff ich ein Bildchen, einen Stich: La Ville de Vienne, vom Belvedere aus gesehen, mit dem grünen Fluß der Basteien vor der mittelalterlich ummauerten Stadt, ein Sinnbild der Erinnerung, das zu schweben scheint[2]. Im Päckchen aber waren neue Gedichte der Lasker-Schüler, in Jerusalem gedruckt[3]: orientalische Glitzerstücke, Zaubergeschmeide aus dem Morgenland, Seraildüfte in Worten.

Hab' herzlichen Dank für alles! Du erfüllst mir immer seltene Wünsche, und Deine Geschenke sind durchschienen, es schaut etwas durch sie hindurch, das mir wohltut.

Heut habe ich La Ville de Vienne in fremde Hände geben müssen, um sie einrahmen zu lassen. In acht Tagen soll ich sie wiederhaben. Ich freue mich, bis sie wieder bei mir ist, dann wird sie auf meinem Schreibtisch stehen.

Wann kommst Du hierher, um sie Dir anzuschauen?

Herzlich, mit guten Wünschen für Euch drei
Dein
Hermann

Herzliche Grüße
Hanne

72 *Gisèle Celan-Lestrange an Hanne und Hermann Lenz*

78 rue de Longchamp
Paris 16e

20 mars 1958.[1]

Chers amis,

Merci de votre si beau disque, cela m'a fait un très grand plaisir, nous l'avons déjà joué plusieurs fois et nous l'aimons beaucoup tous les deux.

Pâques approche, n'oubliez pas que notre maison vous attend dès que vous en aurez le désir. Soit la semaine avant Pâques, soit celle d'après, comme cela vous arrangera le mieux.

Il fait encore un peu froid, mais le printemps est tout prêt à s'installer, il vous attend.

J'espère à très bientôt. Je vous remercie encore et du fond du cœur vous envoie mes pensées les plus affectueuses

Gisèle.

73 *Paul Celan an Hanne und Hermann Lenz*

[Paris] 27. 3. 58.

Liebe Hanne, lieber Hermann,

herzlichen Dank für Euren Brief[1], der uns so gute Nachricht bringt.

Wir werden Euch also während der Ostertage[2] hier haben, hier, d. h. *bei uns*, in unserer Wohnung, von der Ihr, zumindest während Eures Hierseins, werdet sagen müssen, daß es ihr keine, die Eure ausgenommen, an Geräumigkeit gleichtun kann. Andere »Nähe«[3] als diese gibts einfach nicht!

Aber wollt Ihr denn nicht schon früher kommen bzw. länger bleiben? Gemeint *ist*[4] der ganze »Zeithof« der Ostertage, das Vorher so gut wie das Nachher.

Sagt uns bitte, wann Ihr *kommt* – vom Zurückfahren wollen wir nichts wissen.

Eure

Gisèle[6] und Paul

74 *Hermann Lenz mit Hanne Lenz an Gisèle und Paul Celan*

[Stuttgart, 17. 4. 1958[1]*]*

Liebe Gisèle, lieber Paul,

die Tage bei Euch sind uns so gegenwärtig als lebten wir in ihnen. Wir haben uns bei Euch wohlgefühlt und danken Euch herzlich.

Besucht Euch zuweilen noch Monsieur Ayeux[2], um Euch unsichtbare Kuchen in der mit Silberpapier ausgeschlagenen Schachtel aufzutischen? Geht der singende Mann noch durch die Rue de Longchamp? Schmecken die Austern immer noch so gut wie am Samstag vor acht Tagen? Und die Höhlungen der Brücken werden immer noch von schwarzen Kähnen durchschwommen?

Wir grüßen Euch herzlich. Le Roi Eric[3] soll auch ab und zu an uns denken.

Hermann und Hanne.

Wir schicken Euch die noch fehlende Bach-Platte (ohne Glatze).[4]

75 *Hermann Lenz mit Hanne Lenz an Paul Celan*

Stuttgart, 11. 8. 58

Lieber Paul,

ich muß das Buch »Proust – Documents iconographiques«[1] zuklappen und beiseitelegen, damit ich nicht darin versinke und vergesse, Dir herzlich dafür zu danken. Du hast mir in den letzten Monaten eine große Freude nach der anderen gemacht, und ich bin immer wieder in egozentrische Träumerei abgesackt, besonders bei der Lektüre von »Das Wienerische«[2], einem von mir seit 1937 begehrten Buch; damals sah ich es in der Auslage des Antiquariats Hauser in München, einer feinen und berühmten Buch-Klause – ihr Besitzer hatte einen Kropf – deren Preise auch entsprechend fein und berühmt, ja berüchtigt unter Buch-Jägern waren. So blieb anno 37 »Das Wienerische« unerschwinglich für einen von väterlichen Studienrats-Gnaden[3] abhängigen Studenten-Geldbeutel. Daß es mir nun nach einundzwanzig Jahren durch Dich zukam, hat mir wohlgetan und meinen Glauben gestärkt, daß jeder trotz aller Hindernisse eines Tages das bekommt, was ihm zusteht. Solch einen Glauben hat ein rückgewandter Eskapist wie ich dringend nötig.

Du siehst, was Du mit Deinen Geschenken anrichtest: ich sinke immer tiefer ins Abseitige, Skurrile, Konservative zurück. Unter Hofräten und brüchigen Prinzessinnen, unter Halbwelt-Damen und verschrobenen Müßiggängern, die sich den Müßiggang leisten können, weil sie Geld haben, hätte ich mich wohlgefühlt. So bin ich in einer Zeit, da die Musterschüler, die Schulmeister und hartgeboxten Literatur-Funktionäre herrschen, fehl am Platz und finde nirgends den Honig, der mich nähren könnte. Der Daimon hat sich verflüchtigt im perfektionierten Neu-Amerika, wo Bücher eine Ware geworden sind wie gewisse Plastik-Einkaufsbeutel, die man nach einigen Tagen wegwirft.

Wo verbringt Ihr Eure Ferien? Ich will mit Rucksack und kurzen Hosen um den 20. August herum von Reutlingen an den Bodensee pilgern, wo wir vom 31. August bis 15. September ein Quartier in einem Bauernhaus in Nonnenhorn[4] beziehen wollen. Das ist ein bescheidenes Unternehmen, verglichen mit dem der Frau Braem[5], die für drei Monate im Auftrag der Deva nach den amerikanischen Südstaaten fliegt, um verlegerische Projekte auszuhandeln und Material für ein Reisebuch zu sammeln. Es soll im Stil von Koeppens[6] hochgelobten Reiseschilderungen geschrieben werden. So könnte man also sagen: Frau Braem koeppt nach Amerika, um ein Buch zu koeppen.

Aus mir spricht der Neid und schärft meine Zunge mit Zynismus, obwohl mir der Gedanke, irgendwohin fahren zu müssen, um ein Buch zu schreiben, auf das der Verlag wartet, Entsetzen einflößt.

Meinem Manuskript bei Schonauer[7] ist es seltsam ergangen: im Februar wurde es gelobt, als hätte ich einen zweiten »Ulysses«[8] geschrieben, im Juni erhielt es das Prädikat: trotz aller Vorzüge schlecht und indiskutabel. So wandeln sich die Meinungen der Kritiker.

Bei allem, was Du übersetzt, denke ich: was für bemerkenswerte deutsche Gedichte diese ausländischen Poeten schreiben, wenn sie sich des Mediums Paul Celan bedienen. Willst Du nicht einmal Alexander Block[9] übersetzen?

Wie geht es Gisèle, wie geht's Eric? Die Tage in Paris haben mich nach neuen Tagen hungrig gemacht. Ich werde Euch wieder einmal heimsuchen, es bleibt Euch nicht erspart. Tue Du bitte dasselbe.

Ich danke Dir und grüße Dich, Gisèle und Eric herzlich

Dein

Hermann

Herzlichen Dank für die Platte[10]

Hanne.

76 *Paul Celan an Hanne Lenz*

Paris, am 12. November 1958.

Es ist schwer, Dir zu schreiben, Hanne, nach *dieser* Nachricht![1]

In meiner Vorstellung[2] war Dein Vater eine große gütige Gestalt, umgeben von Erinnerungen an Deine Mutter[3], nicht ganz nah vielleicht, aber doch, weil dazu ja einige Ferne gehört, erreichbar, inmitten einer Stille, in der auch, aus größerer Ferne, Mütterliches mitsprach, Jüdisches.

Nun ist all das entrückt – nein, Hanne, es ist *verloren*, ganz.

Es gibt mancherlei Verwaistsein, aber keines, das wie dieses wäre: eindeutig, ohne die Spur des vielleicht von ungefähr Gekommenen darin.

Du siehst: ich versuche nun doch, etwas zu sagen. Nimm es als wäre es meine Hand.

Dein
Paul

77 *Hanne Lenz an Paul Celan*

Stuttgart, den 25. 11. 58

Lieber Paul,

Dein Brief ist gekommen, er hat mir sehr geholfen, ich danke Dir.

Ich kann heute nur wenig sagen, weil alles noch so nah ist: die furchtbaren Wochen, als mein Vater, nach einem Gehirnschlag, im Krankenhaus lag, gelähmt, vor Schmerzen stöhnend und geistig gänzlich verwirrt. Er war noch da und zugleich nicht mehr da, entrückt, selbst in den kurzen Augenblicken, da er mich erkannte, fern und fremd, alle Erinnerung auslöschend und in Frage stellend, alles, was sein

Wesen ausgemacht hatte. Es wird wiederkommen, ich weiss, aber es wird lange dauern. –

Erst seit kurzem bin ich wieder in Stuttgart, weil es in München viel zu tun gab für mich, viele Schwierigkeiten und Sorgen, äusserlicher Art, waren zu bestehen. In all den Nöten haben wir Deinen Geburtstag etwas vernachlässigt, unser Geschenk[1] ist vermutlich nicht mehr rechtzeitig angekommen, hat Dich aber inzwischen wohl erreicht. Hoffentlich bist Du nicht allzu sehr enttäuscht gewesen, wir bekamen das bestellte Buch erst sehr spät, es war ganz anders, als wir erwartet hatten, aber weil die Zeit drängte haben wir es dann doch geschickt. Vielleicht ist doch dies und das darin, was Dich interessiert. –

Ich sitze nun wieder an meinem Schreibtisch bei Klett, die Leute sind wie immer, unser Haus ist wie immer, Stuttgart ist wie immer und trotzdem ist alles verändert.

Leb wohl
Hanne

78 Hermann Lenz mit Hanne Lenz an Paul Celan

Stuttgart, 21. I. 59

Lieber Paul,

für die Block-Übersetzung[1], für die Gedichte von Mandelstamm[2] und für das richtiggestellte »Trunkene Schiff«[3] danke ich Dir herzlich. Ich bin stolz, weil ich Deine Block-Sympathie sozusagen gewittert habe. Erinnerst Du Dich noch, daß ich Dir vorschlug, sich ihm übersetzenderweise zu widmen? Ich kannte bisher nur die großmäulig-schludrige Johannes von Günther-Übertragung[4], an der mir das biographische Nachwort das liebste ist, weil ich an Biographischem interessiert bin. Oft denke ich: Vielleicht verrate ich dadurch meine »provinzielle Seinsgrundlage«. Aber ich habe mich nie für einen Weltmann oder für einen weltläufigen Schriftsteller gehalten.

Deine Übersetzungen bewundere ich. Ich wüßte nichts, was mit ihnen verglichen werden könnte. Nur mit der »Knalle« auf Seite elf von »Die Zwölf« kann ich mich nicht so recht befreunden, weil ich glaube, das sei ein Druckfehler und es müßte wie auf Seite zwölf »Die Knarre«[5] heißen.

Fischer soll Deine Übersetzungen von Mandelstamm, Jessenin, Block und was Du sonst noch auf Lager hast, in einem Band[6] herausbringen, damit endlich einmal eine Anthologie da ist, in der etwas Neues steht.

Mir geht's gut. Bis Pfingsten will Luchterhand eine Erzählung[7] herausbringen. Sobald dies allgemein bekannt ist, werden die Kritikanten ihre Messer wetzen, weil Luchterhand ein von einer gewissen rauhen und mächtigen Clique mit dem Bannfluch belegter Verlag ist, nachdem der Verleger nicht länger willens war, weiterhin dreißigtausend oder mehr Mark für eine seinerzeit bekannte literarische Zeitschrift[8] zuzuschießen. – So toben sich Literaten-Leidenschaften hinterrücks aus.

Wie geht's Dir, wie geht's Gisèle? Ist Eric weiterhin munter und leutselig? Die Pariser Ostertage tun mir aus der Erinnerung immer noch wohl; ich sehe den Regenbogen überm Fluß, schaue in rostige Brückenhöhlungen und schlendere in Gedanken oft durchs vertraute Saint Germain[9]. Vor dem Deux Magots[10] hängen gelbe Regensträhnen im Lampenlicht; Du läufst zu einem Taxi, während wir unterm Glasdach warten. Eric sitzt hoch zu Esel*)[11], und der Eselführer in schäbigen Reithosen sagt zu Gisèle: »Gestern hatte ich keinen einzigen Christen[12].« Die Austern im Restaurant an der Ecke schmecken immer noch nach »großer Welt«. Im rauchdunstigen Nachtcafé klimpert das Orchestrion. Ich möchte all dies noch einmal schmecken, riechen, sehen, hören.

Herzlich wie immer grüßen wir Dich, Gisèle und Eric und wünschen Euch alles Gute

Hermann und Hanne

Hoffentlich kannst Du mein Gekritzel lesen. Das nächste Mal schreibe ich Lateinisch, obwohl ich lateinische Schrift wie ein Schüler malen muß.[13]

*) es war ein Wägelchen, weil er – wie Du Dich ausdrücktest – »nicht beherzt genug für einen Esel ist« (richtiggestellt)[14]

79 Paul Celan an Hermann Lenz

[Paris] am 21. März 1959.

Lieber Hermann,

um unser Gespräch fortzusetzen: die Kritik des Ministersohns[1] wurde mir vorgestern im S. Fischer Verlag[2] gezeigt. (Herr Melchinger[3] hatte Gedichte für einen Vorabdruck verlangt, man gab ihm den Umbruch, der Storz hatte also wohl Zeit, darin zu blättern.)

Was mich betrifft, so wundere ich mich über gar nichts mehr. Im letzten November gab es in Bonn nach einer Lesung eine Karikatur, auf der – ich zitiere – »ein in seinen Ketten schnaubender Sklave« zu sehen war; Legende dazu: »Hosianna dem Sohne Davids.«[4] Ich erspare Dir das weitere: Du würdest es kaum für möglich halten.

Nebenbei hat mich auch Herr Lennartz (Kröner) »entdeckt«. Auch dazu nichts weiteres.[5] – Die Kerle sind wieder da[6], und die sogenannten »engagierten« Schriftsteller (à la Andersch, Böll etc.) – wissen halt, wie man sich aus diesen Dingen »heraushält« (indem man nämlich mich »überempfindlich«, »an Verfolgungswahn leidend« usw. findet. (Aber auch dazu nichts näheres: diese Welt ist diese Welt, und im Tessin kann man so schön über Barlach-Statuen und mandeläugige Judenmädchen schreiben . . . *ETC*[7] . . .

Zum Ministerstorz: »Was ist ein Gedicht?« weiß der Celan nicht. Was er aber weiß – er hats nämlich auch schon von einigen Nichtswissern bestätigt bekommen – so z. B. von dem Traum-Monteur Hugo von Hofmannsthal – ist, daß man aus einem Gedicht nicht herausbrechen kann, was zu einem Ganzen gehört, grad weil man so will. Und daß ein Gedicht, wenn mans abdruckt, nicht zeitungsgerecht komprimiert werden kann, d. h. daß man durch Strophen-Intervalle nicht so hindurchsausen kann, wie ein Auto-Literat höheren Ranges bei rotem Licht (möglichst im Mercedes und mit Goethe-Zitaten im Knopfloch).[8]

Aber wozu alle diese Worte? Das Schreiben ist, das ist seit längerem bekannt, für die Katz, aber nicht für zweibeinige Wesen. Es sei denn, daß sie, diese Zweibeiner, vorsintflutlicherweise ein Gewissen haben, ein Gedächtnis, einen gewissen Respekt vor dem nach wie vor zu Fuß – und manchmal sogar auf Krücken – gehenden Geist.

Sag mir, bitte, wie es Hanne geht, grüß sie, ich wünsch Euch das Beste, ich wünsch Euch eine reine Luft, ein paar Bäume, ein paar Bücher, ein paar Steine, – andere Erfahrungen als die meinen – denn ich bin längst nicht mehr »weiß«, sondern grau, grau, grau,

und darum Euer Freund
Paul

Habt Ihr das Buch bekommen?[9]

ABBILDUNGEN

Abb. 1

Abb. 2

Abb. 3

Abb. 4

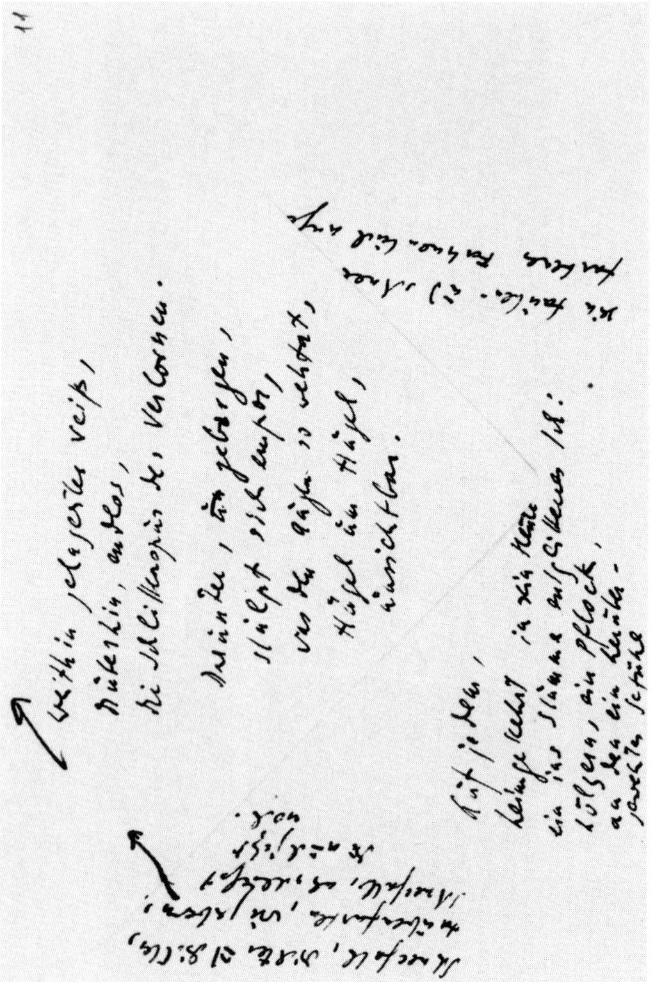

Abb. 5

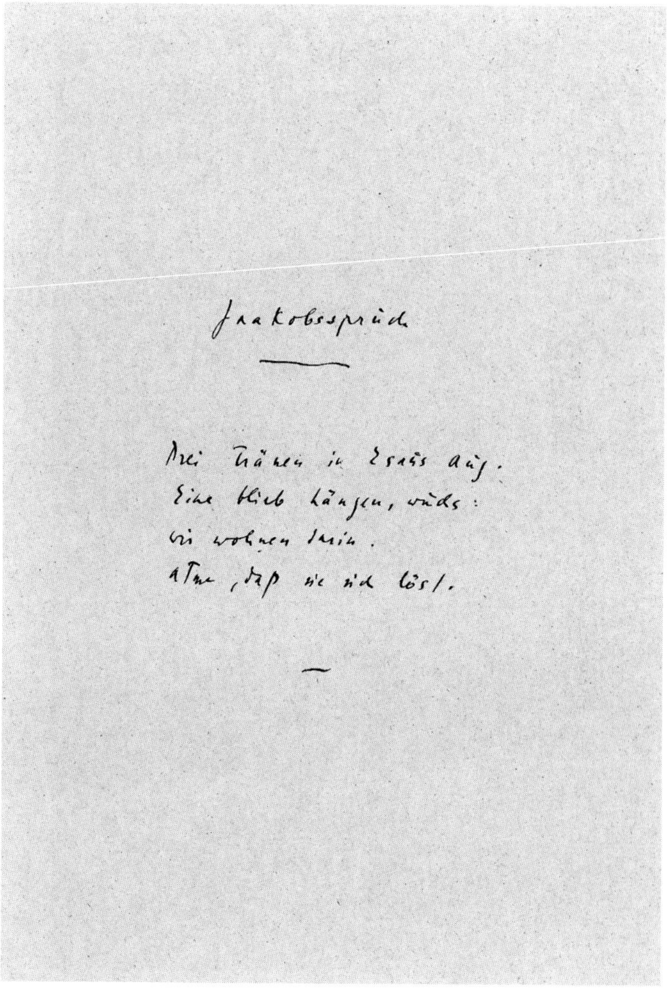

Jaakobsspruch

Drei Tränen in Esaus Aug.
Eine blieb hängen, wuchs:
wir wohnen darin.
Atme, daß sie sich löst.

Abb. 6

Abb. 7 (Vorderseite)

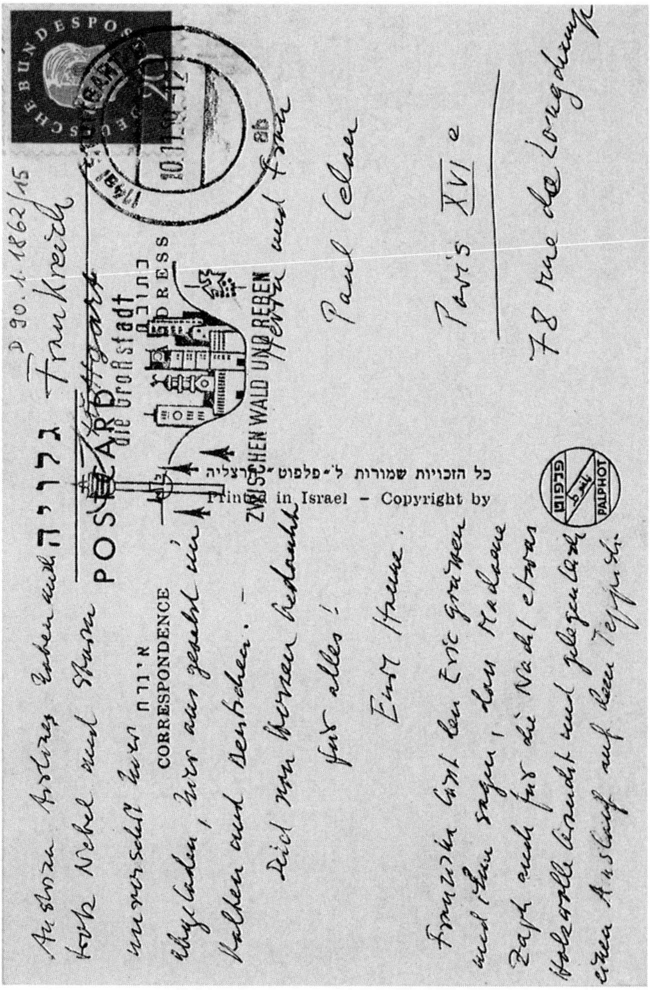

Abb. 7 (Rückseite)

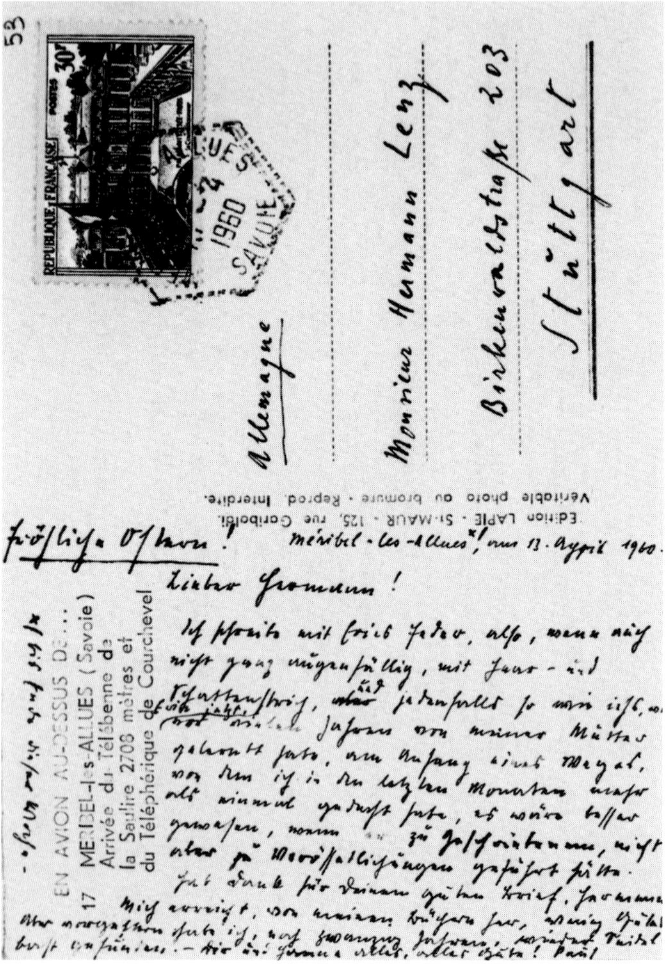

53

REPUBLIQUE FRANÇAISE POSTES 30F

ALLUES 1960 SAVOIE

Allemagne

Monsieur Hermann Lenz

Birkenwaldstraße 203

Stuttgart

Édition LAPIE · St-MAUR · 125, rue Garibaldi.
Véritable photo au bromure · Reprod. Interdite.

17 EN AVION AU-DESSUS DE ...
MERIBEL-les-ALLUES (Savoie)
Arrivée du Télébenne de
la Saulire 2708 mètres et
du Téléphérique de Courchevel

Fröhliche Ostern!

Méribel-les-Allues*, am 13. April 1960.

Lieber Hermann!

Ich schreibe mit Gisèle's Feder, also, wenn auch nicht ganz unauffällig, mit Haar- und Schattenstrich, und jedenfalls so wie ich's, vor vielen Jahren von meiner Mutter gelernt habe, am Anfang eines Weges, von dem ich in den letzten Monaten mehr als einmal gedacht habe, es wäre besser gewesen, wenn er zu Geschriebenem, nicht aber zu Veröffentlichungen geführt hätte.

Hab Dank für Deinen guten Brief, Hermann. Mich erreicht, von meinen Büchern her, wenig Gutes. Aber womöglich habe ich, nach zwanzig Jahren, wieder [illegible] gefunden. – Dir und Hanne alles, alles Gute! Paul

Abb. 8

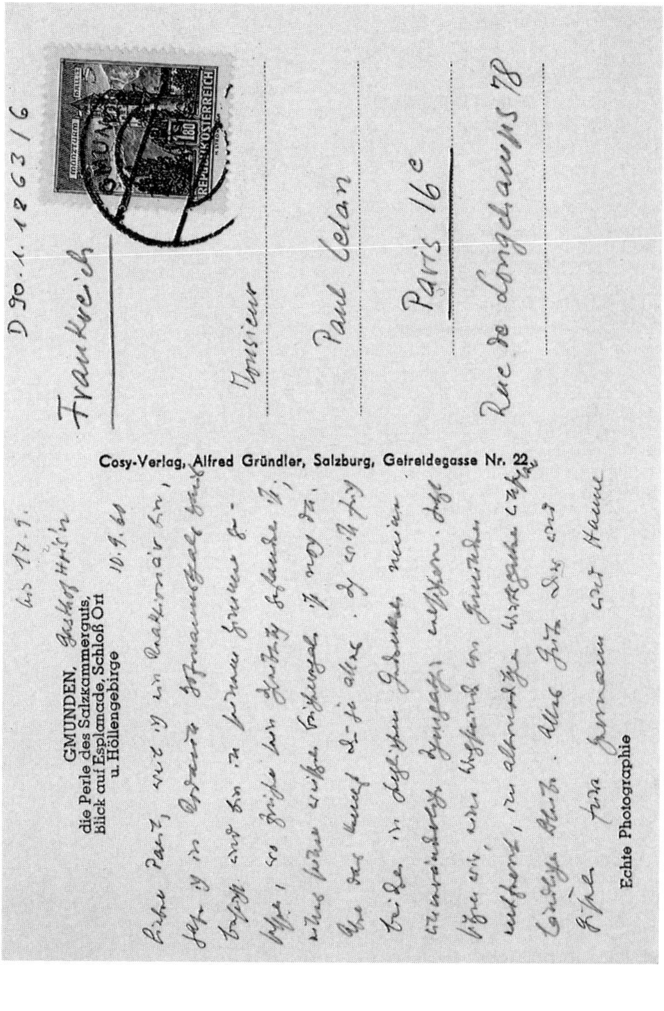
GMUNDEN,
die Perle des Salzkammerguts,
Blick auf Esplanade, Schloß Ort
u. Höllengebirge
Cosy-Verlag, Alfred Gründler, Salzburg, Getreidegasse Nr. 22
Echte Photographie
REPUBLIK ÖSTERREICH
1.80
Frankreich
Monsieur
Paul Celan
Paris 16e
Rue de Longchamp 78

Abb. 9

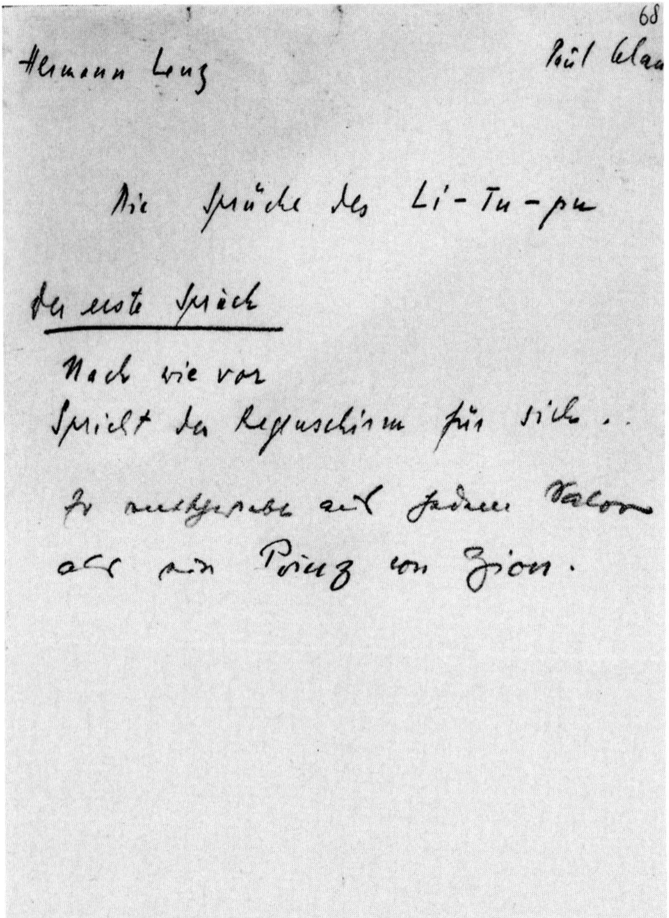

Hermann Lenz 68

Paul Celan

Die Sprüche des Li-Tu-pu

Der erste Spruch

Nach wie vor
Spielt der Regenschirm für sich..

Er nachgerade auf jedem Salon
als ein Prinz von Zion.

Abb. 10

80 Hermann Lenz an Paul Celan / Hanne Lenz an Paul Celan

[Stuttgart] 25. 3. 59

Lieber Paul,

Dein schönes Buch[1] und Dein unglücklicher Brief sind gekommen. Wir danken Dir für beides von ganzem Herzen. Der Brief sagt uns, daß Du uns vertraust, Dein Buch, daß Du die Welt wie wir empfindest und aus Schlacken glitzernde Steine herauspressen kannst, die wertbeständig sind. Sie werden die Schlammflut der Gegenwart überdauern.

Was tut's, wenn Dich ein paar Schmutzspritzer treffen? Du kannst Dir ja immer wieder die Schuhe putzen. Das niedre Pack, das miese Gesocks schreit ja nur so laut, weil es nichts anderes kann als schreien. Einmal geht denen auch die Luft aus, das weiß ich. Übrigens möchten wir beide schon seit geraumer Zeit einigen miesen Gesellen an die Gurgel fassen, die in den letzten Wochen Hanne zugesetzt haben: Im Ernst Klett-Verlag wurde ihr nahegelegt, zu kündigen. Die Gründe hierfür sind klar, nachdem Ernst Jünger[2] dort verlegt wird und Hans Friedrich Blunck[3] im Hause ein und aus geht.

Es würde mich interessieren, Genaues über Deine Erlebnisse mit Bonner Karikaturisten undsoweiter zu erfahren.[4] Ich könnte mir denken, daß sich für solche Fakten eine Zeitschrift interessieren könnte, deren Redaktion regelmäßig mit antisemitischen Droh-Briefen versorgt wird.[5]

Was den Ministerstorz[6] anlangt, so ist das ein kleiner, saurer, aufgeschwemmter Mensch mit schweißnassen Händen, der zwar hoch hinaus will und auch hoch hinaus kommen wird – nur solch einer ist erfolgreich, aber das war schon immer so – der aber nicht zählt.

Stampfen wir sie alle in den Abfalleimer, lassen wir sie von der Müllabfuhr wegtransportieren oder blasen sie wie eine Handvoll Asche in den Wind. Die können uns letzthin ja nichts anhaben.

Bitte, sei nicht bekümmert, sei Gisèle, Eric und uns zuliebe einer, der die literarischen und karikaturistischen Frösche »quorax, quorax«[7] schreien läßt und sich ins Gehäuse seiner unzerstörbaren Verse zurückzieht, wo er vor den Nachstellungen des üblen Mistvolkes sicher ist. (Verzeih meine vulgären Worte, aber das Vulgäre läßt sich nur durch Vulgäres eliminieren).

Eric soll von seinem Husten und Du sollst von Deiner Sorge befreit werden. Freue Dich über Deinen Gedichtband, diese gewichtige Sache, und komme einmal wieder hierher, damit wir gemeinsam schimpfen können.

Dein
Hermann

Lieber Paul, es hilft einem zwar nicht viel, wenn es anderen Leuten ähnlich geht, wie einem selbst, aber es bestätigt einem wenigstens seine Ansicht von der Welt: auch mir hat man vorgeworfen, ich sei »überempfindlich«, man nimmt mir übel, dass ich Kritik übe an Dingen, die im Hause Klett vor sich gehen, ich habe gefälligst meinen Mund zu halten, meine Arbeit zu tun und froh zu sein, in einem so ehrenwerten Unternehmen arbeiten zu dürfen. Man hat zwar das Wort »jüdisch« nicht in den Mund genommen, aber man sagt mir, »die Produktion des Hauses würde nun eine Richtung nehmen, die mir doch nicht läge, und so möge ich gehen«. Dies alles, nachdem man mich seit Monaten »auf die kalte Tour« schikaniert hat. Ich bin schliesslich von all den Aufregungen krank geworden, es geht mir immer noch nicht sehr gut.

Du siehst also, es ist allerorten dasselbe, es ist wie immer, man wundert sich, sogar ich tue es, obwohl es gegen meinen Wahlspruch ist, man ist erbost, aber Sinn hat es keinen, man ist machtlos, man hat nur die Macht, sich nicht zerstören zu lassen und eine »Gegenwelt« aufzurichten.

Euch dreien alles Gute. Dem Eric einen besonderen Gruss, er soll nicht mehr keuchen, obwohl die Welt es einem sehr nahe legt, man ändert aber nichts dadurch.

Herzliche Grüße
Hanne

Schreib' doch bitte alle Tatsachen zusammen, wir können dann vielleicht etwas unternehmen.

81 Paul Celan an Hanne und Hermann Lenz

[Paris] am Ostersonntag 1959.[1]

Fröhliche Ostern, trotz alledem!

Liebe Hanne, lieber Hermann,

herzlichen Dank für Euren Brief. Es ist – aber Ihr sagts ja selbst – ein bitterer Trost, meine eigenen Erfahrungen von den Euren bestätigt zu wissen.

Verzeiht, wenn ich Euch nicht das ganze »Material« schicke, Euch nicht alle Einzelheiten der Bonner Geschichte[2] aufzähle: es ist, glaubt mir, so widerlich, so verheddert – aber diese Dinge haben es ja sozusagen immer »in sich«, daß sie sich dem unmittelbaren Zugriff entziehen! –, so vielschichtig in seiner Niedertracht, daß ich Stunden bräuchte, um es zu erzählen.

Im übrigen »bluncktS«[3] ja nicht allein, es »kolbenheyert« (s. den spaltenlangen Aufsatz von J. Günther in der F. A. Z.[4]) auch und »miegelt« auf das munterste und rassisch-akademischste ...[5] Und bei der D. V. A. (von der ich, nebenbei, ein gar schönes – neues! – Lied zu singen weiß ...) muß die arme Nelly Sachs dem Urständ feiernden Börries von Münchhausen die Waage halten ...[6]

Und über unsern Köpfen haben die Amerikaner ihren »Atom-Schirm« aufgespannt . . .[7]

Nein, nein, ich bin, nach wie vor, für den Löwenzahn! Er blühe!

Euer
Paul

82 Gisèle Celan-Lestrange an Hanne Lenz

78 rue de Longchamp
Paris 16e

7 avril 1959.

Chère Madame,

Votre foulard est si joli! Cela m'a fait tant plaisir que vous pensiez ainsi à moi pour mon anniversaire[1].

Excusez-moi de ne vous avoir écrit plus tôt. Je vous remercie, très tard, mais de tout cœur.

Nous espérons que vous allez mieux maintenant, nous aimerions savoir que vous allez tout-à-fait bien.

Nous sommes tous trois fatigués de Paris physiquement et surtout moralement. Le livre de Paul ayant paru, dès qu'il aura terminé »son« Mandelstam[2] nous partirons je crois pour un long moment vers l'Autriche. Nous ne savons pas encore très bien où, mais si nous passons à Vienne nous penserons tout spècialement à vous.

Quand nous reverrons-nous? à Paris? en Allemagne? J'espère bientôt.

Eric joue encore et souvent avec la petite ferme que vous lui avez donnée. Quant à Flurina, das Paradies et der Circus[3] nous les regardons souvent ensemble. Avec lui aussi nous parlons souvent de vous.

Chère Madame, cher Monsieur, de tout cœur encore

merci pour ce si joli cadeau, qui m'a fait tant plaisir et pour vous deux mes plus affectueuses pensées

Gisèle.

83 Hanne Lenz mit Hermann Lenz an Gisèle, Eric und Paul Celan

Stuttgart, den 12. 4. 59
Birkenwaldstr. 203

Liebe Gisèle, lieber Paul, lieber Eric,

wir haben uns sehr gefreut über Gisèles Brief. Und weil darin steht, dass Ihr vielleicht bald nach Österreich fahrt, wollen wir Euch nur schnell sagen, wie sehr wir uns freuen würden, wenn Ihr in Stuttgart die Reise unterbrechen[1] und einen – mehrere – viele Züge überschlagen würdet.

Unser Haus, unser Garten voll blühender Bäume und – ein wenig später – voller Johannisbeeren (für Eric) erwarten Euch.

Herzliche Grüße
Hanne und Hermann

84 Paul Celan an Hermann Lenz

[Paris, 22. 5. 1959]

MORGEN SAMSTAG[1] 15 UHR 53 STUTTGART HERZLICHST = PAUL =

85 Paul Celan für Hanne Lenz

[Stuttgart, 23. oder 24. 5. 1959[1]]

Jakobsstimme:

Die Träne.
Die Träne im Bruderaug.
Eine blieb hängen, wuchs.
Wir wohnen darin.
Atme, daß
sie sich löse.[2]

86 Paul Celan an Hanne und Hermann Lenz

[Salzburg, 26. 5. 1959[1]]

Herzliche Grüße!
Unseren herzlichen
Dank!
Gisèle, Eric und Paul[2]

87 Paul Celan an Hanne und Hermann Lenz

Wald bei Krimml, am 4. Juni 1959[1]

Liebe Hanne, lieber Hermann!

Unseren herzlichsten Dank für die so schönen Geschenke, vor allem, Hermann, für Dein Buch[2]. Wir lesens schon beide, morgen solls mit uns nach Wien kommen, um dort, an angemessenstem Orte also, weitergelesen zu werden. (Daß wir den Aufenthalt hier unterbrechen hat, neben dem

Regenwetter, seinen Grund auch darin, daß Nani Demus Ende Juni niederkommen soll[3] und wir dann wohl ein wenig ungelegen kämen.) In einer Woche sind wir wieder hier, bis Ende Juni – ob Du, Hermann, dann hier vorbeigeradelt kommst?

Alles Gute, von Herzen
Gisèle[4] und Paul

88 Paul Celan an Hanne und Hermann Lenz

Pension Chasté
Sils-Baselgia (Engadin)
8. 7. 59.[1]

Unstet (und regenflüchtig), nun hier, oben, für noch zwei Wochen, in der Sonne, Schweizer-Deutsch im Ohr und die Jeune Parque[2] auf dem Tisch, Gold-Pippau in Mengen, Enzian, den allerkleinsten und den gelben, punktierten, Wintergrün, Arnika, Arvenwald und die »Leerzeile«[3] dazwischen –

Herzlich Euer Paul

89 Paul Celan an Hanne Lenz

Lenz, am 23. 7. 59

Herzliche Glückwünsche![1]

Auf der Rückreise.[2]

90 Paul Celan an Hanne Lenz

[Lenz, 23. 7. 1959[1]]

ein paar Augenblicke später, das Postauto hält hier zwei Minuten:

Alles Gute!

Paul

23. 7. 59.

91 Hanne Lenz an Paul Celan

[Stuttgart] den 10. Oktober 1959

Es fällt mir sehr schwer, Paul, diesen Brief zu schreiben, so schwer, wie mir wohl noch selten ein Brief gefallen ist. Dass ich es trotzdem tue, dass ich nicht den einfacheren, bequemeren Weg wähle, alles im Schweigen versickern zu lassen, hat mehrere Gründe: einmal und vor allem den, dass ich nicht vermag, Schwierigkeiten durch »Umgehen« zu erledigen, denn ich täte dann etwas, was ich mein Leben lang verachtet habe. Vielleicht habe ich aus diesem Grunde mir vieles unnötig schwer gemacht, aber so bin ich eben, ich kann nicht anders handeln, kann es vor allem dann nicht, wenn es um wichtige Dinge geht.

Das »Schweigen« würde, zum anderen, von Dir vielleicht falsch interpretiert werden und dies möchte ich, der »Wahrheit« zuliebe, vermeiden. Schliesslich hätte es auch – eines Tages – ein Gespräch zu zweit oder zu dritt heraufgeführt, ein Gespräch, das emotional viel zu belastet gewesen wäre, als dass es sinnvoll hätte geführt werden können.

Deshalb also dieser Brief. – Der Hermann weiss nicht, dass ich ihn schreibe, er weiss von dieser ganzen Sache nichts.

Es hat sich alles, glücklicherweise, so arrangiert, dass er völlig aus dem Spiel blieb. Und das ist gut so. Er wird auch – von mir aus – nie etwas davon erfahren, er hat es so schon schwer genug und ich möchte ihm diese Enttäuschung ersparen. Wenn ich selbst durch Jahre versucht habe, ihn zu schonen, so weit es in meiner Kraft stand, so geschah es deshalb, weil – rein physisch – sein Nervensystem nicht beanspruchbar ist. Aber das weisst Du ja. Bitte, nimm Rücksicht darauf und halte dies von ihm fern.

Der Grund meines Schreibens – Du wirst ihn Dir wohl denken können. Wir kommen eben von der Buchmesse zurück, wo der Hermann bei Frau Bekker vom Rath[1] eine Lesung hatte. Natürlich haben wir dort die Schöfflers[2] getroffen, haben bei ihnen in Darmstadt übernachtet und natürlich haben sie mir – auf mein Befragen – erzählt, was Du in Paris mit ihnen geredet hast. –

Schau, Paul, niemand kann Dich daran hindern, über Hermanns Buch[3] zu denken, was Du willst, niemand oder nur weniges kann Dich daran hindern, mit mir darüber zu reden, vieles sollte Dich davor zurückhalten, es dem Hermann zu sagen, wenn es so ist, wie es nun einmal ist, aber alles sollte es Dir verbieten, mit *fremden* Leuten darüber zu reden.

Dass Du es mit dem Schöffler tatest, mag noch angehen, er ist wohlwollend und hat vermutlich sogar den Hermann verteidigt, hat versucht, »gerecht« ihm gegenüber zu sein, aber auch an ihm wird dieses Gespräch nicht spurlos vorübergehen, er ist schwach, wohl nicht sehr selbständig in seinem Urteil und das Deine wird, wenn auch zunächst nur untergründig, auf ihn wirken. Nicht genug damit, Du hast mit noch fremderen als fremden Leuten darüber geredet, mit dem Grass[4] z. B., ja, Du bist nicht einmal davor zurückgeschreckt, diese alte, dumme Geschichte mit dem Günter Eich[5] wieder aufzuwärmen und herumzustreuen, obwohl Du genauso gut weisst wie ich, dass der Eich nicht das geringste Recht hat, den Mund aufzumachen und weisst, dass es auf dieser Welt nur *einen* Zeugen gibt, der urteilen kann darüber, wie der Hermann im dritten Reich sich verhalten hat, und das bin ich. Und dass ich hier sitze und diesen Brief schreibe, hat letzten Endes darin seinen Grund, dass er sich damals so verhalten hat[6], etwas, was ich trotz allem Späteren nie vergessen werde.

Du aber hast es vergessen oder nie richtig wahrgenommen, Du weisst offenbar nicht, was das damals war, ein Mensch, ein einziger, auf den man sich verlassen konnte. Sonst könntest Du nicht mit allen möglichen Leuten zweifelhafter Provenienz, die jetzt – sehr verspätet und im Sicheren sitzend, ihre Integrität entdecken und damit hausieren gehen, über das Buch *so* reden. Schliesslich verhinderst Du auch damit, dass diejenigen, die positiv darüber denken, es gibt auch solche, zu Worte kommen. Wie schnell geht so etwas herum, niemand als Du sollte das besser wissen. Da werden sie dann bald an den literarischen Klatschtischen sitzen und sagen: »Sogar der Celan, der mit dem Lenz befreundet ist, sagt, dass er das Buch schlecht findet.«

Dies alles hat mit dem Urteil, das dieses Buch wirklich verdient, nichts zu tun, absolut garnichts. Um es gleich zu sagen, ich teile Deine Ansicht *nicht*, aber auch *wenn* ich sie teilte, würde ich mich verpflichtet fühlen, diesen Brief zu schreiben, sogar dann, wenn es nicht Hermanns Buch wäre, sondern das eines mir Unbekannten in der gleichen Situation. Ich würde *dir*[7] dann wohl nicht faktisch schreiben, aber ich würde dasselbe denken über Dein Verhalten.

Es geht hier also nicht um ein literarisches Urteil, es geht auch nicht um ein ethisches Werturteil, wer von uns hätte ein Recht dazu. Worum es hier geht, ist das »Menschliche«. Ich bin eine Frau, und deshalb steht – verzeih – für mich das Menschliche an erster Stelle. Hier geht es um den Menschen Hermann Lenz, der das nicht verdient hat, nicht um ein Buch, und um den Menschen Paul Celan, und auch um mich, auf die das alles in seinen letzten Auswirkungen zukommt. Aber ein »Mensch«, was ist das für die meisten schon? »Mit-Gefühl«, »Mit-Leid« – entleerte Worte, »Freundschaft«, wer weiss schon, was das in sich schliesst: die Bereitschaft, zu verstehen und zu verzeihen, die immerwährende Bereitschaft, da zu sein, wenn man gebraucht wird, Bereitschaft, Böses zu vergessen, aber auch eine »sogenannte« Freundschaft, die aus dem Stadium der Echtheit schon herausgetreten ist, oder eine, nie ganz dahin gelangte, schliesst noch Verpflichtungen in sich: die *eine* vor allem, der Welt, dem »Feind« gegenüber zum anderen zu stehen, sei es auch unter Verleugnung dessen, was einem sonst wichtig erscheint.

Ich weiss sehr wohl, dass ich ein paarmal selbst mich gegen dieses Gebot vergangen habe, aber es gibt nichts, was ich mir weniger verzeihe. –

Es ist ein langer Brief geworden. Möglicherweise wirst Du jetzt böse auf *mich* sein. Aber ich musste ihn schreiben, Deinetwegen und meinetwegen und um jenes »anderen« Prinzips willen, das nie zu vergessen ich mich bemühe.

Vielleicht möchtest Du noch etwas dazu sagen. Ich bitte Dich – noch einmal – verschone den Hermann damit, wenn Du nicht noch grösseres Unheil anrichten willst. Nächste Woche, am 16., fahre ich für drei Wochen nach Israel, Du könntest dorthin schreiben. (c/o Dr. Edgar Warburg[8], Kiriath Anavim, Israel). Ich hatte mich so auf diese Reise gefreut. Es war nicht gut, dies alles so kurz vorher zu erfahren.

Hanne.

Stuttgart, 17. 10. 59

Lieber Paul,

nimm es mir bitte nicht übel, daß ich so lange nichts von mir hören ließ. Du hast uns aus Deinem Urlaub Kartengrüße gesandt, hast Hannes Geburtstag im Orte Lenz[1] gedacht und uns Deine Jessenin-Gedichte[2] geschickt, die ich als wohltuenden Zuspruch verstand. Hab herzlichen Dank für alles.

Hanne ist gestern abend nach Israel abgeflogen; sie hat mir eine Eilpostkarte aus Zürich geschickt und mich wissen lassen, daß sie am Fliegen Freude habe[3]. Ich sitze in Stuttgart und blinzle Deinem Wien-Bildchen[4] auf dem Schreibtisch zu. Eben hat es zwölf Uhr geschlagen, zwölf Uhr in der Nacht. – – –

Ich war in Frankfurt auf der Buchmesse, zwängte mich durch den trockenen Dschungel bedruckten Papiers und las abends in einer Galerie für moderne Kunst aus meinem Buch[5] vor. Es sah so aus, als wäre mir die Sache geglückt. Nun ja, man bringt halt so etwas hinter sich und weiß, daß es nichts nützt.

Heut bin ich wieder auf meinem Fahrrad drei Stunden herumgefahren. Das tut mir immer wohl, ich segle allein dahin, schwebe durch die Dörfer und setze mich unter einen Birnbaum, um ein Pfeifchen zu schmauchen. Vielleicht beiße ich auch in eine saure Birne hinein.

Saures gab's für mich auch sonst genug zu schmecken. Mein Buch ist in den Gazetten besprochen worden, positiv und negativ war der »Widerhall«, die »Resonanz« oder wie man so etwas nennt[6]. Ich bin halt ein Unbekannter, deshalb schreiben sie über mich was ihnen so aus der Feder träuft; manchmal kommt Gift heraus, dagegen ist nichts zu machen.

Der Gedanke, der Wunsch, der Stoßseufzer entschlüpft

mir: Hätte ich doch einen richtigen Beruf und bräuchte mich um den ganzen Schwindel nicht zu kümmern . . . Aber das hätte ich mir früher überlegen sollen. Wenn ich gewußt hätte, dass ich den Krieg überlebe, hätte ich mich vielleicht zusammengerissen und mein Studium abgeschlossen[7]. Ja, wenn . . .

Aber ich belästige Dich mit meinem Lamentoso. Nimm's nicht ernst, es ist gleichgültig, bedeutungslos. Ich hab ja zu essen, was will ich mehr. Daß die Zeit so rasch verfliegt, hat sein Gutes.

Ich hoffe, daß Du mir wohlgesinnt geblieben bist, und grüße Dich und Gisèle und Eric herzlich

Dein

Hermann

Fährst Du nicht zur Tagung der Gruppe 47 nach Elmau[8]?

93 Hanne Lenz an Paul Celan

Dr. Edgar Warburg
Kiriath Anavim[1]

29. 10. 59

Lieber Paul,

eben komme ich vom Reisebüro in Jerusalem zurück, wo man mir sagte: Wenn Sie am 9. November zurück sein müssen[2], gibt es keine andere Route als über Paris. Sie fliegen am 8. 11. um 10 Uhr in Tel Aviv ab mit El Al und sind um 16^{40} in Paris, Montag 9^{10} geht es weiter nach Stuttgart; für die Übernachtung sorgt die Fluggesellschaft. –

Ich habe nichts von Dir gehört und weiss nicht, ob Du mich sehen willst. Da es sich aber nun einmal so ergeben hat, möchte ich nicht in Paris gewesen sein, ohne es Euch mitgeteilt zu haben.

Das Hotel erfahre ich erst auf dem Flugplatz, man kann mich in Orly erreichen (16^{40}) oder am Gare des Invalides, wo ich 1/2 bis 3/4 Stunden später eintreffe mit dem Omnibus[3]. (Die Flugzeuge sind aber oft unpünktlich).

Hier ist es schön, ich fühle mich zuhause und Europa ist sehr fern und fremd.

Alles Gute Euch dreien
Hanne

94 Paul Celan an Hanne Lenz

Paris, am 2. November 1959[1].

Eben kam Dein Brief, Hanne,

ich freue mich, daß Du's schön hast im Lande Israel.

Dies nur, heute: Sei nicht ungerecht gegen mich, ich tue, was ich kann, ich denke immer an Jerusalem.

Am 8. November will ich Dich von der Gare des Invalides abholen – in Orly ist das wirklich schwierig, ich erwarte auch die Schwester meines Vaters[2] immer an der Gare des Invalides –, *bitte wohn bei uns!*

(Ich habe jetzt wieder mit den Nazis zu tun, diesmal haben sie sogar die Todesfuge – haben sie die Gräber geschändet. Und die Freunde und »Freunde«.[3])

Hanne, in Givatayim (Rehov Arvey Nachal 13) wohnt (oder wohnte) ein Bruder meiner Mutter; Asriel Schragaï (Schrager); ich weiß seit Jahren nichts von ihm – vielleicht ist Givatayim nicht allzu weit, vielleicht besuchst Du ihn und sagst ihm einen Gruß. Ich habe ihm viel Geistiges[4] zu verdanken.

Und nun erwarte ich Dich in Paris!
Alles Gute auf der Reise!
Paul

Bitte[5], sprich mit Deinem Vetter über Hermanns Buch[6]!

95 Hanne Lenz an Gisèle und Paul Celan

[Stuttgart, 9. 11. 1959[1]]

Austrian Airlines haben mich trotz Nebel und Sturm unversehrt hier abgeladen, hier ausgesetzt im Kalten und Deutschen. –

Seid von Herzen bedankt für alles!

Eure Hanne.

Franziska[2] lässt den Eric grüssen und ihm sagen, dass Madame Zaph[3] auch für die Nacht etwas Holzwolle braucht und gelegentlich einen Auslauf auf dem Teppich.

96 Hanne Lenz an Paul Celan

Stuttgart, den 21. 11. 59

Lieber Paul,

Zwei Schockenbändchen sind an Dich abgegangen und sollen Dir alles Gute zu Deinem Geburtstag wünschen. Das eine, Bubers Deutung des Chassidismus[1], hat insofern »historischen Wert«, als es, vor Jahrzehnten, meine erste Begegnung mit Buber darstellte; aber da ich nun genug darin gelesen habe, sollst Du es haben. –

Ich fürchte, dass ich neulich in Paris kein guter Gesprächspartner war, müde und verwirrt von der Reise. Nicht nur der Flugreise, sondern den drei Wochen vorher, die mich doch ziemlich umgemodelt oder vielmehr das verstärkt haben, was immer in mir war, und vieles, was sich von aussen, so in den Jahren, angesetzt hatte, Verkrustungen, Fremdes, angesintertes Muschelwerk, abgelöst haben. Es fällt mir schwer, Europa, die Deutschen wieder um mich zu sehen.

Aber was rede ich von mir. – Ich habe viel über das nachgedacht, was wir in Paris gesprochen haben. Im Grunde läuft aber alles, was ich so vor mich hindenke, auf das hinaus, was ich Dir am Bahnhof andeutungsweise sagte: Man sollte sein Judentum nicht nur im »negativen« bewähren, im »sich wehren« gegen die Feinde, im Verteidigen der Angegriffenen; es kommt auch heute noch, immer noch und immer wieder darauf an, die Kraft des Judentums zu mehren, etwas von seinem Wesen vor die Völker zu bringen. Wer könnte das besser, als Du? Denn – dies hat Buber zu mir gesagt, in seinem Gespräch über Borchardt[2], seiner Kritik an Borchardt: »was gibt es Grösseres und Selteneres auf dieser Erde, als ein Gedicht, ein wirkliches Gedicht.« –

Dein Brief nach Kiriath Anavim ist heute, sichtlich nach langen Irrfahrten, zu mir gekommen[3], hab' herzlichen Dank. – Dem Hermann habe ich, in abgemilderter Form, erzählt, was Du über sein Buch gesagt hast, er ist sehr unglücklich darüber, er fühlt sich missverstanden. Vielleicht kannst Du ihm doch einmal schreiben[4].

Grüss die Gisèle, ich war ein so schlechter Gast und habe all die guten Dinge, die sie vorbereitet hatte, garnicht richtig gewürdigt, sie soll nicht böse deshalb sein. Sag auch dem Eric viele Grüsse, der hoffentlich wieder ganz gesund ist, sowie Madame Zaw[5].

Dir noch einmal alles Gute zum Geburtstag![6]
Hanne

97 *Paul Celan an Hermann Lenz*

[Paris, 23. 11. 1959]

Lieber Hermann

verzeih, daß ich Dir erst heute, nach so vielen Monaten, etwas zu Deinem Buch[1] zu sagen versuche – etwas, das mir seit langem, seit Monaten eben, am Herzen liegt. (Aber Du weißt, wie's mit den Dingen ist, die einem am Herzen liegen: da werden sie stumm . . .)

Was ich nun sage, ist kein »kritisches Urteil«, es ist – ja, was ist es denn? Es hat, vor allem, mit unserer Freundschaft zu tun, auf diese Freundschaft ist und bleibt es gestimmt, auch da, wo's – notwendig – Geschriebenes – also nicht unbedingt »Literatur« – bedenkt, zu bedenken versucht.

Diese Welt, lieber Hermann, ist . . . diese Welt. Das heißt, sie ist, und darüber sind wir uns ja seit längerem im klaren, nicht ganz Deine und auch nicht ganz meine Welt. (Womit ich keineswegs sagen will, daß wir, Du in Deiner und ich in meiner Weise, nicht in einem Verhältnis zu ihr, zu dieser Welt stehen.) Etwas, Hermann, das wir mitbekommen haben, *das* vielleicht, das uns, wenn wir schreiben, die Feder führt, verbietet uns, glaube ich, unseren Ausgangspunkt dort zu vermuten, wo Wirkliches sich »von selbst« anzubieten scheint.

Geschichte, lieber Hermann: wir haben mehr als einen Grund, sie nicht als das zu nehmen, wozu die Bequemlichkeit und Gedankenlosigkeit unserer schriftstellernden Zeitgenossen sie nur allzu gerne und mit nur allzu großem »Geschick« abstempelt; Verallgemeinerungen sind nicht unsere Sache; *das* russische Mädchen – nein, das gibt es nicht; die Bendlerstraße[2] usw. – zu diesem Undsoweiter gehört auch z.B. die hebräische Zeitung[3] –, das alles sind, glaube ich, a posteriori geprägte Sammelbegriffe, vor denen wir uns nie genug in acht nehmen können. Du hast *Gestalten*, Hermann, Deine Gestalten haben ihre – und d.h., mittelbar, *Deine* – Sprache, sie haben ihren Raum, einen wirklichen, sie haben ihre Zeit: damit *sind* sie Welt. Und da sie, auf *diese* Weise, Welt und Zeit haben, brauchst Du sie nicht, wie im »Russischen Regenbogen«, dort anzusiedeln, wo sie ohne weiteres denjenigen verständlich werden, die »Geschichte« nur insoweit wahrnehmen und wahrhaben wollen, als sie dem jeweiligen Leitartikel ihrer Tageszeitung oder ihrer Illustrierten entspricht. – Kommst Du ihnen *hier* entgegen, so – verzeih, jetzt kommt ein hartes Wort –, so straft Dich Deine Feder.

Das zumindest, lieber Hermann, habe *ich* empfunden, als ich Dein letztes Buch las. Und nun sag ich's Dir so, wie unsere Freundschaft es mir diktiert.

Von Herzen
Dein Paul

am 23. November 1959. Herzliche Grüße an Hanne!

98 Hanne Lenz an Paul Celan

[Stuttgart] 9. 12. 59[1]

Lieber Paul,

wir haben nun das Manuskript der Mandelstamm Sendung[2] bekommen; obwohl ich es jetzt – beim Lesen – garnicht mehr gut finde, schicke ich es Dir weiter, da Du es ja gerne haben wolltest. Frau Pross, die uns neulich besuchte, meinte, ob Du nicht einmal Georgij Iwanow besuchen wolltest, der in Paris lebt und Mandelstamm gekannt hat. Er hat ein Buch »Peterburgskije Zimy«[3] geschrieben, das im Tschechow Verlag, New York erschienen ist. Aber vielleicht kennst Du ihn schon. – Seine Pariser Adresse könnte man wohl über den Verlag erfahren.

Wie geht es Dir?

Herzliche Grüsse Euch dreien
Hanne

99 Paul Celan an Hanne Lenz

[Paris] 20. XII. 59.

Liebe Hanne,

herzlichen Dank für Deinen Brief und das Mandelstamm-MS von Frau Proß[1].

›Peterburgskije Zimy‹[2] kenne und besitze ich. (Unter uns: Frau Proß hat daraus ausgiebig zitiert – nur mit den Anführungszeichen war sie recht sparsam . . .[3] Aber so wird das eben gemacht – aus Liebe zur Poesie, Achtung vor dem Wort usw . . . Wozu dann auch noch Mandelstamm-*Gedichte* lesen?)

Georgij Iwanow beabsichtige ich keineswegs aufzusuchen: er ist vor etwa anderthalb Jahren gestorben.

Hoffentlich hat mir Hermann meinen Brief nicht *allzu* übel genommen – es war wirklich Freundschaft, was mich ihn schreiben ließ.

Habt schöne, stille Tage!
Euer
Paul

100 Hermann Lenz an Paul Celan / Hanne Lenz an Paul Celan

Stuttgart, 24. 12. 59[1]

Lieber Paul,

hab herzlichen Dank für Deinen Brief an Hanne und für Deine Zeilen über mein Buch[2]. Du hast Dir viel zu viel Mühe und viel zu gewissenhafte Gedanken darüber gemacht, und jetzt glaubst Du auch noch, ich könnte sie Dir übelgenommen haben. Einem Freund wie Dir kann ich doch gar nichts übelnehmen. Mir scheint nur, daß Du vielleicht eines nicht ganz richtig siehst: daß ich *das* russische Mädchen darstellen wollte. Ich weiß, daß es das nicht gibt.

Meine Absicht war, *ein Mädchen* zu zeigen, das zufällig (?) einen russischen Namen hat und so ist wie sie halt ist.

Ich habe in allen Deinen Worten, auch als Du den Titel des Bändchens erwähntest und ihn in Anführungszeichen setztest, Deine vertraute Stimme gehört. Allein deshalb konnte und kann ich Dir nie böse sein oder ärgerlich oder was auch immer. Und was die schriftstellernden Zeitgenossen betrifft, so bin ich halt wahrscheinlich auch einer, denn leider . . . leider . . . kann ich in keine andere Zeit schlüpfen (zum Glück, denn andere Zeiten sind so wie die heutigen Zeiten).

Wann tauchst Du einmal wieder aus dem Brackwasser der Gegenwart bei uns auf? Ich wünsche mir ein baldiges Aug-in-Auge-Blicken, das immer allerlei Mißhelligkeiten beiseitefegt, neutralisiert.

Hanne hat mir von Deiner Lektor-Tätigkeit[3] berichtet, und ich stelle mir vor, denke mir aus, wie ich in einer Schulbank Dir zu Füßen sitze und Dir lausche. Darf ich das einmal? Dann lassen wir uns vielleicht auch durch die Gassen der Altstadt treiben, in denen ich mich immer wie in Schlappschuhen fühle, heimisch und leicht vertrottelt, allen Nichtstuern und Clochards innig zugetan. Auch nach dem warmen Mutterbauch der Pariser Métro, nach den Austern mit Zitronensaft habe ich Heimweh, um von Gisèles scheuer Herzlichkeit und Erics leutseliger Lässigkeit eines großen Herrn ganz zu schweigen. Wir dürfen uns dann vielleicht auch einmal freundschaftlich streiten, daß es nur so widerhallt in Euren Zimmern.

Lass es Dir gut gehen. Ich weiß gar nicht mehr so genau was in meinem Buch alles drinsteht, und der Autor H. L. ist mir gar nicht mehr so arg interessant, weil ich ihn schon so lange kenne.

Dir, Gisèle, Eric alles Gute
in alter Freundschaft
Dein
Hermann

1/2 8 Uhr abends[4]

eben haben wir »Bescherung« gehabt und Euer Päckchen aufgemacht. Seid von Herzen bedankt – ich hatte mir das Buch[5] seit langem gewünscht.

Hoffentlich hast Du das Philo-Lexikon, das Du einmal gerne haben wolltest, nicht inzwischen selbst erstanden[6], es war so schwierig aufzutreiben, und hoffentlich ist alles gut angekommen (die Post ist hier gegenwärtig sehr unzuverlässig). Dass Du Dich über den Mandelstamm Aufsatz[7] geärgert hast, tut mir leid, ich hatte es im Geheimen schon befürchtet, war unsicher, ob ich ihn schicken sollte, wollte aber doch mein Versprechen halten. – Wir denken[8] herzlichst Eurer und wünschen Euch alles Gute

Eure Hanne

101 Hanne Lenz an Paul Celan

Stuttgart, den 7. 2. 60

Lieber Paul,

das Buch, Herzl's Buch mit dem Vorwort meines Onkels[1], kam gerade zur rechten Zeit. Es ging mir sehr schlecht und ich hatte irgendetwas nötig, irgend so einen »Zu-Fall«, der es nun in Deine Hände fallen liess und der in mir vieles Tröstliche heraufbeschworen hat: die Erzählungen meiner Mutter[2] von Herzl[3], die Gestalt meines Onkels; Erinnerungen an sein Haus in Berlin, an seine Besuche bei uns in München, wenn er von Palästina kam; seine Gestalt – auch äusserlich ganz orientalisch – umweht vom Geheimnis der Ferne, der Besonderheit, ein Mann, der halb im Hiesigen, halb im Östlichen zuhause war, der fremdartige Geschenke brachte, die seltsam und doch vertraut waren, die mich auszeichneten vor den anderen Kindern. –

Nun bin ich, Jahre und Jahre danach, an seinem Grab am

Jordan-Ufer gestanden und an Herzl's Grab, hoch oben auf einem Berge bei Jerusalem. –

Ich hatte den »Judenstaat«[4] schon vor Jahren gelesen, aber jetzt, im Wiederlesen, jetzt in der Erinnerung dessen, was ich gesehen habe, erscheint mir all dies umso seltsamer, dies Wirklichkeitwerden einer »Utopie«, diese Realisierung eines Entwurfes von oft beinahe erschreckender Simplizität, diese Existenz eines Landes, das in seinem Dasein, in seiner Alltäglichkeit noch weit utopischere Züge trägt, als sie je die Urheber für möglich gehalten hätten, dieser Weg eines Mannes, der am Schreibtisch, im Gespräch mit Freunden sich so seine Gedanken macht über die Lösung eines unlösbaren Problems – bis zum Grab bei Jerusalem, dem Grab eines Königs.

Ich denke daran und auch an das, was in den letzten Wochen geschehen ist.[5] Es hat mich nicht besonders erschreckt oder gewundert, denn ich habe, wie Du weisst, im Grunde nie etwas anderes erwartet. Ich habe nie geglaubt, dass sich in Deutschland irgendetwas in dieser Hinsicht wesentlich geändert hätte. Die Deutschen – und auch die anderen – sind eben wie sie sind. Und wenn ich mir sogar von Leuten, die politisch integer und »guten Willens« sind und glauben, dass sie für die gerechte Sache kämpfen, sagen lassen muss, dass die einzige Möglichkeit, die Judenfrage und den Antisemitismus aus der Welt zu schaffen, die sei, dass die Juden sich »endlich« vollkommen assimilieren – so kann ich nur sagen, dass dies auch nicht besser ist als Antisemitismus und auch letzten Endes nichts anderes . . .

Wie soll man da mit seinen Zeitgenossen noch eine gemeinsame Basis finden für ein Gespräch, für *irgendein* Gespräch.

Wie geht es Dir, wie geht es Gisèle und Eric? Wir grüssen Euch herzlich.

Vielen Dank!
Hanne

Mein kleiner Neffe, Alon Warburg[6], hat sich neulich sehr eindringlich nach dem Befinden von Madame Zaw[7] erkundigt und sie grüssen lassen. Hat sie sich denn an das Pariser Klima gewöhnen können, existiert sie noch?

102 Hermann Lenz mit Hanne Lenz an Paul Celan

Stuttgart, 25. 3. 60

Lieber Paul,

am Telephon war ich unbeholfen und linkisch, weil Freude und Überraschung, die Dein Anruf heraufbeschwor, meine Gehirnzellen lähmten und mein Unbewußtes mir zuraunte: Sag was Gescheites, das Gespräch kostet doch so viel ... Deshalb stammelte ich Provinzlerisches, wie man's halt tut, wenn man aus Stuttgart stammt.

Inzwischen kam Deine ›junge Parze‹[1]. Das ist durchtränkt mit dem Licht von hoch oben und mit tiefunterem Dunkel, also etwas Herrliches. Daß es *so* gedruckt wurde, das kommt ihm zu und freut mich wie einen etwas ganz Seltenes freut, das man Glück nennt. Du hast Glück beim tiefen Hinabtauchen und hohen Hinaufschwingen Deiner ›Übersetzungs‹-*Zauberei. Du mußt mir erlauben, Dich als einen in der Sprach-Magie Erfahrenen bewundern zu dürfen (aber das habe ich allerdings immer schon getan, ohne Deine Erlaubnis hierzu einzuholen).

Kein Wunder (bei so viel Wundern, die Du hervorgeholt hast), daß Dich die Wunderlosen schmähen[2], mit Neid bespritzen. Lass' es geschehen. Zwar sind sie eine miese, zynische und bösartige Bande, aber sie können heutzutage nicht anders sein. Drum darf's Dich nicht grämen. Ich freue mich mit Dir, weil Dir dies herrlich geglückt ist.

Wir grüßen Dich, Gisèle und Eric (den inzwischen wohl Mandellosen, der seine Rachenwunden hoffentlich schon verschmerzt hat) und danken Dir herzlich

Hermann und Hanne

* Du hast Dich in ein bisher unzugängliches Land übersetzen lassen.

103 Paul Celan an Hermann Lenz

Méribel-les-Allues*/, am 13. April 1960.[1]

Fröhliche Ostern![2]

Lieber Hermann!

Ich schreibe mit Erics Feder, also, wenn auch nicht ganz augenfällig, mit Haar- und Schattenstrich, und jedenfalls so wie ichs, wie Eric jetzt, vor vielen Jahren von meiner Mutter gelernt habe[3], am Anfang eines Weges, von dem ich in den letzten Monaten mehr als einmal gedacht habe, es wäre besser gewesen, wenn er zu Geschriebenem, nicht aber zu Veröffentlichungen geführt hätte.

Hab Dank für Deinen guten Brief, Hermann! Mich erreicht, von meinen Büchern her, wenig Gutes[4]. Aber vorgestern habe ich, nach zwanzig Jahren, wieder Seidelbast[5] gefunden. – Dir und Hanne alles, alles Gute!

Paul

* bis Ende dieser Woche –[6]

104 *Paul Celan an Hanne Lenz*

[Paris] Am 3. Mai 1960.

Liebe Hanne,

ich danke Dir für Deine guten Worte am Telephon[1].

Ich fahre nun doch nicht schon heute abend nach Frankfurt: ich kann meine Stelle in der Ecole Normale nicht aufs Spiel setzen. Vielleicht fahre ich Ende nächster Woche[2].

All das, ich sagte es Dir ja, kommt nicht von ungefähr. Wie so vieles andere. Nun ja.

Laßt es Euch gut gehen und seid
beide herzlich gegrüßt
von Eurem Paul

Beiliegend[3] ein paar Seiten aus einem Berliner Antiquariatskatalog (Dr. H. Jux, Berlin W 35 Schöneberger Ufer 59), mit Judaica. Darunter H. Cohen, M. Buber und Franz Rosenzweig[4] –

105 *Hanne Lenz an Paul Celan / Hermann Lenz an Paul Celan*

[Stuttgart] 5. 5. 60

Lieber Paul,

ich habe vorgestern am Telephon so wenig sagen können und habe mir Vorwürfe deshalb gemacht. Nun ist Dein Brief gekommen – ich bin froh, dass Du nicht nach Frankfurt gefahren bist, denn ich habe mir, wie ich Dir ja sagte, garnichts von einer übereilten Reise versprochen. Wenn Du Deine Stelle dadurch verloren hättest, würdest Du genau das getan haben, was Claire Goll mit ihrem bösen Angriff bewirken wollte: Dir Schaden zufügen. Ausserdem wärest Du, das fürchte ich, in Frankfurt doch – mehr oder weniger – enttäuscht worden. Man ist bei Verlagen nur beliebt, solange man als »Aushängeschild« dienen kann, wenn man Erfolge hat und wenn man ein »bequemer« Autor ist. Ich glaube, dass auch der Fischer-Verlag hierin keine Ausnahme macht, und dass man nicht alles in Bewegung setzen wird, um Dir zu helfen – ein weniges vielleicht schon, aber nicht alles. Wenn Du mit diesem Vorbehalt, mit der Erwartung einer Enttäuschung nach Frankfurt fährst, ist es gut, sonst nicht. Im übrigen würde ich mich am meisten auf mich selbst verlassen. Ich habe nun einmal kein grosses Zutrauen mehr zu der Hilfe von Menschen, verzeih.

Die letzten vier Hefte des »Baubudenpoeten«[1] habe ich bestellt, es wird vielleicht eine Woche dauern, bis sie da sind. Ausser bei Eggert (an den Du Dich vielleicht erinnerst)[2] gibt es derlei nicht in Stuttgarter Buchhandlungen, zu ihm aber wollte ich nicht, um nicht seine Neugierde und Schwatzhaftigkeit aufzuwühlen.

Auch wegen eines Advokaten habe ich mich erkundigt, aber auch das dauert noch ein bisschen, es sollte doch einer sein, der von Verlags- und Literaturdingen eine Ahnung hat. Sowie ich etwas weiss, schreibe ich. Der Rechtsanwalt, den ich kenne[3], meinte, der Prozess müsste wohl in Frankreich gemacht werden, wenn Kläger und Beklagter die französische Staatsangehörigkeit hätten, da alles sonst über die Botschaften laufen müsste; er war sich aber der Sache nicht ganz sicher und wollte nachfragen. Ein Prozess wäre vor allem deshalb wichtig, um für die Zukunft ähnliche Angriffe unmöglich zu machen. Auch gäbe er Dir das Gefühl, endlich nicht mehr untätig zusehen zu müssen, wie man Dich verleumdet. Aber ich würde diesen Prozess möglichst ohne »Zuschauer« oder »Mitwisser« abrollen lassen, vor allem ohne deutsche Mitwisser, denn für sie ist es dann letzten Endes doch nur »Judengezänk«.

Du hast sehr recht, Paul, das alles kommt nicht von ungefähr. Aber woher es kommt, ist schwer zu sagen. Das Sonderbare ist, dass viele der Beteiligten, der wirklich tatkräftig Beteiligten, sich sonst für »Philosemiten« halten werden (– wie Herr Hohoff[4] z. B.). Es gibt heute so viele, die nicht wissen, dass sie immer noch Antisemiten sind, nur ihr Tun, ihre unbewussten Reaktionen offenbaren es.

Man könnte noch viel dazu sagen, aber in einem Briefe geht das schwer. Ich denke viel darüber nach, immer schon, oder sagen wir besser, lange schon; seit ich in Israel war, ist mir manches sehr viel klarer geworden. Das Jüdische ist für sie alle eben immer das »ganz andere«, die Begegnung mit ihm konfrontiert sie mit diesem »ganz anderen« – im weitesten Sinne, es stellt Forderungen an sie, die ihnen unbequem sind – deswegen hassen sie es.

Man kann nicht heimisch werden in diesem Deutschland, und auch wohl nirgends sonst. Aber all dies, wie das Leiden, gehört nun einmal zum »Jude sein«.

Der Hermann lässt Dich herzlich grüssen, er war auch sehr erbost über diese Sache. Vielleicht kannst Du Dich doch einmal entschliessen, wenn Du nach Deutschland kommst, über Stuttgart »einen Hacken zu schlagen«.

Viele Grüsse Euch dreien. Gehts dem Eric mit seinen Mandeln wieder gut – das ist schliesslich das Wichtigste.

Alles Gute
Hanne

wenden![5]

Lieber Paul,

so ein elendes Miststück, so ein dreckiges gehört in den Abfalleimer gestampft. Entschuldige bitte die harten und bösartigen Worte, aber mir fallen keine anderen ein. Sehr klug finde ich, daß Du nicht nach Frankfurt gefahren bist, denn dort würdest Du wahrscheinlich nur verständnisvolles Schulterzucken ernten.

Ich bin zwar kein Jurist, weiß aber von einem ähnlich »gelagerten« Fall, daß der Stänkerer, wenn er seinen Wohnsitz im Ausland hat, vom Inland aus nicht zu fassen ist. Das heißt in Deinem Fall: Du mußt *in Paris* einen Anwalt nehmen und in Paris Klage erheben, weil das Miststück ja Französin ist[6]. Du mußt Deine Klage so formulieren, daß ein Gericht sie nicht als »Streit unter Literaten« abtun kann. Es muß ein Tatbestand nachgewiesen werden, der die Möglichkeit zu einer Beleidigungsklage hergibt. Irgend eine Gegenaktion, zu der sich eine Zeitschrift oder eine Zeitung entschließt, halte ich für schädlich[7]; sie nährte nur das Geschwätz.

Aber zusammengestaucht, pulverisiert gehört diese Made. Nur muß man sich die Sache genau überlegen, damit sie einem nicht durch die Zange witscht.

Alles Liebe Dir, Gisèle, Eric
Dein Hermann

106 Paul Celan an Hanne und Hermann Lenz

am 11. Juni 1960[1].

Liebe Hanne, lieber Hermann,

herzlich danken wir Euch für das Geschenk zu Erics Geburtstag[2]!

Wie geht es Euch denn? Sommerlich und birkenwaldig[3], hoffe ich!

Eine kleine Frage: Habt Ihr den Sammelband ›Vom Judentum‹[4] bekommen? Ich hatte das Buch vor meiner Abreise in Frankfurt[5] entdeckt, im Schaufenster der Buchhandlung Amelang. Leider konnte ich es nicht selbst aufgeben, denn es mußte im Schaufenster stehen bzw. liegen bleiben, zusammen mit anderen bei Kurt Wolff erschienenen Büchern: zu Ehren des am Tage darauf, einem Sonntag, zu feiernden und gefeierten Kurt Wolff[6]. Ob es, so frage ich mich, über all dem Feiern nicht liegen geblieben ist? Bitte, sagt mir, ob es aus seinem Fest- in Euren Werktag gefunden hat.

Alles Liebe!

Euer Paul

107 Hanne Lenz mit Hermann Lenz an Paul Celan

[Regensburg] 18. 6. *[1960]*[1]

Lieber Paul,

wir sind, für ein paar freie Tage, nach Regensburg gefahren und wandeln auf römischen, bajuwarischen, jüdisch-chassidischen[2] und habsburgischen Spuren durch enge und engere Gässchen oder liegen an der Donau und schauen auf die böhmischen Wälder hinüber. – Dein Buch[3] ist gekommen und harret, schon fast ganz gelesen, unser in der Birkenwaldstrasse. Es war wieder ein grossartiger Fund. Hab herzlichen Dank!

Alles Liebe
Euch dreien Hanne
und Hermann

108 Paul Celan an Hanne Lenz

»Kermorvan«, *Trébabu par Le Conquet*
(Finistère)
(bis Ende Juli)[1]

Am 21. Juli 1960.

Liebe Hanne, Du hast am Sonntag Geburtstag[2] – ich wünsche Dir, wir wünschen Dir, Dir und Euch, alles Sonn-, Mond- und Sterntägliche!

שלום וברכה![3]

Paul

109 Hanne Lenz an Paul Celan

[Stuttgart] 30. 7. 60

Lieber Paul,

das Buch ist auf meinem Geburtstagstisch gelegen, aufgespart und «versiegelt«, wie der Hermann es Dir versprochen hatte – und die Karte hat sich dazugesellt, die Karte mit den Reusen, »umgittert von Reusen«[1] also auch sie, wie es sich gehört. Habt herzlichen Dank für Euer Gedenken, für Eure Wünsche.

»Wege im Judentum«[2] – im Lesen, im Drübernachdenken versuche ich sie nachzugehen, wie ich es seit langem versucht habe, ins Vergangene hinein, ins Dunkle, und ein wenig – auf meine kleine Weise – ins Künftige, weil alle Wege im Judentum letzthin Wege ins Künftige sind, auch die, welche im Zurückschauen, im Nachvollziehen begangen werden, weil dies, das »Wissen um den Weg«, das Wissen darum, dass ein Weg begangen werden muss, ein Weg durch die Wüste, wohl letzthin im eigentlichen das Jüdische ausmacht. –

Ich danke Dir
und ich wünsche Euch dreien alles Gute
Hanne

110 Hermann Lenz mit Hanne Lenz an Paul Celan

bis 17. 9.
GMUNDEN[1], Gasthof Hois'n
10. 9. 60

Lieber Paul, weil ich ein Reaktionär bin, habe ich in Rodaun Hofmannsthals Haus besucht und bin in seinem Zimmer gesessen, wo früher sein Schreibtisch gestanden ist; eines seiner weißen Bücherregale ist noch da. Aber das kennst Du ja alles. Ich will Euch beiden in herzlichem Gedenken meine unveränderliche Sympathie versichern. Jetzt sitzen wir, eine Wegstunde von Gmunden entfernt, im altmodischen Wirtsgarten unserer ländlichen Bleibe. Alles Gute Dir und Gisèle

Eure
Hermann und Hanne

111 *Paul Celan an Hanne und Hermann Lenz*

[Montana-Vermala, 28. 12. 1960[1]]

Alles, alles Gute!

Eric, Gisèle[2] und
Paul[3]

---

ab 1. 1. 61[4]: Paris –

112 *Paul Celan an Hanne und Hermann Lenz*

[Paris, 25. 1. 1961[1]]

In Erwartung einiger in Butter schwimmenden Weinbergschnecken, in den Hallen[2], mit lautem Hall

Paul

113 Hermann Lenz an Paul Celan / Hanne Lenz an Paul Celan

[Stuttgart] 4. Nov. 61[1]

Lieber Paul,

über Deinen Anruf und Zuruf habe ich mich sehr gefreut. Es wäre doch dumm, wenn wir einander grollten oder böse wären; das käme mir komisch vor. Schon vor ein paar Wochen, als ich im Böhmerwald (auf der bayrischen Seite[2]) gewandert bin, habe ich Dir eine Karte schreiben und Dir sagen wollen, was ich hiermit bekräftige: Zwischen uns *kann's* niemals irgend etwas geben, auch wenn wir vielleicht einmal diese überflüssige und törichte Meinung im Busen gehegt haben sollten. Jedenfalls werden wir sie nicht mehr hegen.

Also, komm einmal wieder zu uns. Aber vorher telephonieren oder schreiben, das solltest Du, weil es sonst möglich ist, daß wir nicht hier sind oder ich, wie über diesen Sonntag, eine Gelderwerbsarbeit für den Funk oder für die Zeitung[3] kritzeln muß.

Ohne Mißverständnisse, die's nie gegeben hat, grüße ich Dich, Gisèle und Eric herzlich als

Dein alter
Hermann

Lieber Paul,

der Hermann ist Dir nicht böse und ich will mir Mühe geben, es auch nicht mehr zu sein[4]. Aber hab' ein bisschen Geduld mit mir, denn damals ist so viel in mir zerstört worden, dass ich nicht auf einmal alles, das viele, das mit diesem und durch dieses in mir zerstört worden ist, wieder in Ordnung bringen kann.

Komme bald und lass uns, wie früher, wieder ein wenig zusammensitzen und – vom Refugium aus – zuhören, wie die Schakale heulen[5].

Grüß die Gisèle, sag ihr, sie möge mir verzeihen, dass ich damals diesen Brief an sie geschrieben habe[6], ich konnte nicht anders, vielleicht wird sie das verstehen.

Alles, alles Gute
Euch dreien
Hanne

114 Paul Celan an Hanne und Hermann Lenz

Paris, am 7. Dezember 1961.

Liebe Hanne! Lieber Hermann!

Habt nochmals Dank für das schöne Geburtstagsgeschenk.[1]

Wir verbringen die Weihnachtsferien wieder in der Schweiz, Gisèle und Eric fahren am 17., aber ich habe schon etwas früher Schulferien und will auf dem Umweg über Deutschland in den Schnee hinauf.

Leider läßt sich ein Abstecher in Frankfurt nicht vermeiden, – ich könnte dann, wenn es Euch recht ist, am 20. und 21. bei Euch sein. (Eventuell schon am Abend des 20. Dezember.)

Schreibt mir bitte ein paar Zeilen.

Herzlich
Euer Paul

115 Hermann Lenz an Paul Celan

[Stuttgart] 9. 12. 61

Lieber Paul,

wir danken Dir herzlich für Deinen Brief und freuen uns, wenn Du zu uns kommst.

Alles Gute Dir, Gisèle und Eric
Dein
Hermann

116 Paul Celan an Hermann Lenz

[Paris, 12. 12. 1961]

KOMMEN LEIDER NICHT MOEGLICH[1] HERZLICH = PAUL +

117 Paul Celan an Hanne und Hermann Lenz

[Montana-Vermala] 18. XII. 61[1]

Frohe Weihnachten! Alles, alles Gute im neuen Jahr!

Herzlich
Paul

Paul Celan, »Les Fougères«
Montana (Wallis)

118 *Hanne Lenz an Paul Celan*

[Stuttgart] 23. 12. 61

Lieber Paul,

hoffentlich habt Ihr es schön im Schnee, und hoffentlich geht es Dir auch gesundheitlich wieder ein bisschen besser[1]. Für Deine Karte danken wir Dir sehr, auch das Päckchen ist gekommen, wird aber erst morgen abend, bei der Bescherung, aufgemacht. (Da wir Eure Schweizer Adresse nicht wussten, haben wir unseren Weihnachtsgruss[2] nach Paris geschickt, wo er wohl Eurer harren wird.)

Dass ich heute schon schreibe, hat leider einen nicht sehr erfreulichen Grund. Ich habe es mir sehr genau überlegt, ob ich Dir mit diesem Brief Unruhe in Deine Freien bringen soll, aber ich möchte nicht, dass Du mir vielleicht später Vorwürfe machst, weil ich geschwiegen habe. Auch der Hermann meint, Du müsstest wissen, wie die Dinge liegen.

Vor ein paar Tagen stand eine Notiz in der Zeitung, dass Du Mitglied der Berliner Akademie geworden seist[3]. Mir war schon nicht sehr wohl beim Lesen, nun aber – vor einer Stunde – rief der Kasack bei mir an, er schien ehrlich verzweifelt.

Seit langem habe ich den Eindruck, dass er Dir, genau wie seine Frau[4], im Grunde immer zugetan geblieben ist und wohl gehofft hat, dass eines Tages wieder alles gut zwischen Euch werden würde[5]. Auch am Telephon vorhin klang das wieder durch, zugleich mit der Bestürzung über Deinen Beitritt zur Berliner Akademie. »Wenn das wahr ist«, sagte er, »wenn die Notiz nicht voreilig eingereicht worden ist, wenn er wirklich angenommen hat, dann kann ich ihn nicht mehr sehen, dann kann das mit der Akademie nie mehr zurecht gerückt werden, dann sind wir geschiedene Leute.«[6] – Ich habe versucht, ihn zu beruhigen, habe gesagt, dass Du schon vor einer Woche in die Schweiz gereist seist, und die Berliner Dich sicher mit ihrer Anfrage nicht erreicht hätten. Natürlich habe ich ihm nicht gesagt, dass ich Dir schreiben würde – aber nun, nach allem Hin- und Herüberlegen, halte ich es doch für notwendig. Kein Mensch wird einsehen, warum Du bei der Berliner Akademie zusagst, bei der ein Friedrich Sieburg[7] ist – während Du bei den Darmstädtern, die Dir den Büchnerpreis gegeben haben, ablehnst. Du magst Deine Gründe dafür haben, aber die Leute wissen sie nicht – und urteilen nach dem, was sie sehen. Ich selbst kann nicht urteilen, ich habe ja nur die *eine* Version der Geschichte gehört, die andere, die *Deine* kenne ich nicht. Ich habe versprochen, Dir zu vertrauen und so vertraue ich auch jetzt, dass Du richtig gehandelt hast oder handeln wirst.[8]

Darf ich noch etwas sagen, was meine Mutter mir schon als Kind weitergegeben hat, weitergegeben als Auftrag meines Großvaters, Gustav Gabriel Cohen[9]: Denke immer daran, dass jeder Jude, was er auch tun mag, es nicht für sich alleine tut und für sich alleine zu verantworten hat, denke, dass in den Augen der Welt *alle* Juden, »die Juden« so handeln wie er.

Wenn Du kannst, schreib mir ein paar Zeilen. Sei nicht böse, dass ich Dich in Deinem Schnee-Frieden aufstöre, aber es ist vielleicht gut, dass Du ehe Du Entscheidungen triffst, weißt, was sie für Folgen haben werden.

Wir wünschen Euch dreien alles, alles Gute
für das Neue Jahr
Herzlich
Hanne.

119 Hanne Lenz an Gisèle und Paul Celan / Hermann Lenz an Gisèle und Paul Celan

[Stuttgart] 25. 12. 61

Liebe Gisèle, lieber Paul,

Nun haben wir das Päckchen aufgemacht und wollen Euch gleich sagen, wie sehr wir uns über die schönen Geschenke gefreut haben. Wir lesen schon, festtagmorgendlich gestimmt, in den Gedichten[1]; das wundervolle Tuch von Gisèle aber ist das Geschenk, das mich von allen meinen Geschenken am meisten gefreut hat, weil es mir zeigt, dass die Gisèle nicht böse auf mich ist. Von Herzen Dank für alles. Im Buche blätternd, schon gestern abend, fiel mir ein kleines Blatt entgegen, von dem ich nicht weiß, ob es durch Zufall da hineingeraten ist, oder ob einer von Euch es hineingelegt hat. Es ist eine kleine Zeichnung von Eric, ich bin sehr froh über sie und dankbar, wenn ich diese frühe »Farbige Graphik« von ihm behalten darf, ich werde sie in dem Buche an der Stelle, wo sie lag, aufbewahren.

Noch immer bin ich traurig, dass ich den anderen, unerfreulichen Brief schreiben musste. Aber da ich dachte, dass vielleicht die Zeit zu einer Entscheidung drängt und dass Ihr vorher wissen müßtet »was die Leute so reden« (worum Paul mich einmal gebeten hat), so habe ich ihn so schnell geschrieben. Vielleicht ist er trotzdem bei seiner Ankunft – so oder so – überholt. Wir sind zu Silvester bei Kasacks eingeladen, er wird sicher wieder lange über die Sache reden, und es wäre gut, wenn man ihm etwas sagen könnte, etwas Beruhigendes – oder etwas Erklärendes. Zu Telephonieren wird wohl nicht möglich sein, von Eurer »Montanage«[2] aus, wir sind auch abends nicht immer zu erreichen, aber ein paar Zeilen würden genügen.

Noch einmal alles, alles Gute für das Neue Jahr,
herzlichen Dank und herzliche
Grüsse Euch dreien
Eure
Hanne.

Liebe Gisèle, lieber Paul,

ich danke Euch herzlich fürs große Weihnachtsgeschenk und hoffe, daß Euch die komische Akademie-Angelegenheit nicht den Urlaub versauert. Ich hab's leichter als Ihr, weil ich nicht vor die Wahl gestellt bin, irgendwo »mitzumachen«.

Laßt es Euch gut gehen, saugt die Höhenluft tief in die Lungen und stärkt Euch für die Widerwärtigkeiten des Flachlandes, über die man lachen muß.

Euer
Hermann

Ich schreibe mit einer Feder aus der Mülltonne, es ist eine Schande, aber Hannes Füllfeder ist kaputt!

120 *Paul Celan an Hanne und Hermann Lenz*

»Les Fougères«, Montana, am 26. Dezember 1961.

Liebe Hanne, lieber Hermann,

danke für die beiden Briefe, besonders für den zweiten! Die »Graphik« von Eric ist für Euch[1].

Wir leben hier in recht dürftigen Schneeverhältnissen, aber hoffentlich wird es, wenn Eric wieder gesund ist – er hat sich hier eine Bronchitis geholt, ist aber heute bereits fieberfrei und hustet auch nicht mehr –, auch mit dem Schnee besser. Ich muß am 2. zurück, der Schule[2] wegen; Gisèle und Eric bleiben dann noch ein paar Tage hier.

Wenn ich zum letzten Absatz Deines Briefes etwas sagen darf, Hanne: ich *bin* Jude; zum Vertreter des Judentums fühle ich mich nicht berufen. Jude*sein*, das ist subjektiv und existentiell, in diese Zeit, in der man das Jüdische nur allzugern, nur allzuleicht zum – so oder so manipulierbaren – Objekt zu pervertieren weiß, schwer und ... jüdisch genug: *menschlich* genug. Das stört viele, wie z. B. die Herren Martini[3], Hohoff, Heselhaus[4] usw. usw., die es – das Jüdische: das

Menschliche – auf das zeitgemäßeste zu verleumden und zu verfehmen wissen: mitunter durch allerlei »literarisch« travestierte Umschreibungen des Wörtchens »artfremd«. (Vgl. das jüngste Jahrbuch der deutschen Akademie für *Sprache* und *Dichtung*)[5].

Euer (siehe ebda) »sich auf *Schleichwegen*
befindende *Sioux* der Dichtung«[6],
Altmetaphernhändler . . . und Freund

פאול צלן[7]

121 Hanne Lenz an Paul Celan

Stuttgart, Birkenwaldstr. 203
5. 3. 62

Lieber Paul,

ich habe das Gefühl, dass Du böse auf uns bist, ich quäle mich damit und versuche, die Gründe dafür zu ertasten. Im Januar, als ich anrief, hast Du gesagt, Du könntest mir verzeihen, dass ich diesen dummen Brief[1] geschrieben habe – so muss es noch andere Gründe geben. Vielleicht tragen Dir Leute Verleumdungen zu, um alle Deine menschlichen Beziehungen zu zerstören, vielleicht verdrehen sie die Dinge, um ihrer eigenen Sache zu dienen – ich weiss es nicht. Vor ein paar Wochen habe ich angerufen bei Euch, aber die Gisèle sagte, Du seiest nicht zuhause. Ich habe dann nicht mehr gewagt, noch einmal anzurufen (ausserdem ist – wie Du weisst – das Telephonieren in unserem Hause nicht ganz einfach)[2].

Glaub mir, ich will Dir nichts Böses, auch der Hermann will es nicht, das weiss ich ganz genau, und er ist traurig, dass nun wieder etwas zwischen uns getreten ist. Wir möchten Dir helfen – wenn wir nur wüssten, was wir tun könnten.

Wir haben nichts mit Deinen Feinden zu tun, wie sollten wir auch, da wir in dieser Welt ganz alleine stehen.

Wir sind Deine Freunde, glaub' es mir!
Alles, alles Gute Euch dreien
Hanne.

Nachtrag

Hanne Lenz an Gisèle Celan-Lestrange

Stuttgart, den 17. 2. 61

Liebe Gisèle

beim Aufräumen finde ich eine Anzahl Radierungen, die Sie vor Jahren einmal (für eine Ausstellung) hier gelassen haben.[1] Da sie dafür nun ja nicht mehr gebraucht werden, und da wir uns wohl nicht so bald wiedersehen werden, würde es mir eine Beruhigung sein, sie wieder bei Ihnen zu wissen. Ich schicke sie mit gleicher Post und hoffe, dass sie wohlbehalten zu Ihnen gelangen.

Aus einem ähnlichen »Ordnungssinn« heraus möchte ich auch das Geld, das Paul mir in Darmstadt[2] zum Bücher-Besorgen gegeben hat, an Sie zurück gehen lassen. Ich denke, Sie werden durch die Überweisung keine Schwierigkeiten haben.

Herzliche Grüße an Eric.
Alles, alles Gute
Ihre
Hanne Lenz

ANHANG

EDITORISCHES NACHWORT

Wer ist Paul Celan für Hanne und Hermann Lenz, wer sind Hanne und Hermann Lenz für Paul Celan, als sie sich 1954 kennenlernen und Briefe zu wechseln beginnen? Hermann Lenz kann sich nur oberflächlich über den Dichter informieren, zu dessen Lesung er 1952 eingeladen ist. Celan ist noch unbekannt, gerade erst für den Verlag ›entdeckt‹ worden, der auch Lenz' eigene Bücher verlegt, sein erster Gedichtband soll erst zum Jahresende erscheinen. Die gelesenen Gedichte und die Art von Celans Vortrag sprechen Lenz ganz unabhängig von jedem Vorwissen sehr unmittelbar an; er fühlt sich, wie er sich später erinnert, »berührt« und »einig« mit diesen Texten[1]. Den Dichter persönlich anzusprechen, hat der Zurückhaltende zwar nicht gewagt – als »Mohn und Gedächtnis« Ende 1952 dann erscheint, erwirbt er es aber sofort.

Hanne Lenz, die zum Zeitpunkt der improvisiert angesetzten Lesung nicht in Stuttgart ist, lernt den Dichter zum einen aus dem Bericht ihres Mannes kennen – Celan erscheint ihr daraus vielleicht als diesem wesensverwandt –, zum anderen aus dem schmalen schwarzen Gedichtband, den sie als Vorbereitung auf den ersten Besuch Celans in ihrem Haus zur Hand nimmt und von dem auch sie sich auf besondere Weise angesprochen fühlt.

Für Paul Celan ist Hermann Lenz der Autor eines so ›altmodischen‹ wie präzisen ›Wiener‹ Romans[2], er ist der Autor von ebenfalls in einem imaginären ›Wien‹ angesiedelten ganz ungewöhnlichen Geschichten, die Celan in Paris von einem deutschen Emigranten, Friedrich Hagen, in die Hand bekommt[3]. Hier tut sich für den, dem »das Erreichbare, fern

1 Siehe die »Erinnerungen« im vorliegenden Band, S. 7.

2 Das stille Haus, Stuttgart, Deutsche Verlags-Anstalt, 1947.

3 Siehe PC/GCL 39: »ich wohne bei Hermann Lenz (von dem wir bei Hagen oft gesprochen haben)«.

genug, das zu Erreichende« einmal den Namen Wien gehabt hatte[4], auf verschiedenen Ebenen Verwandtes auf. Der nicht nur für den in Paris lebenden Dichter noch recht Unbekannte ist kein oberflächlicher Vertreter eines modischen, zweitklassigen Realismus, wie ihn Celan bei Mitgliedern der Gruppe 47 beobachtet; hier wagt einer vielmehr, auf unerhörte Weise von der Wirklichkeit zu sprechen, indem er einen rechtzeitig und mehr zufällig der Schoah durch Emigration Entgangenen mit seinen unbequemen Phantasie- und Erinnerungswelten konfrontiert[5]. Und wenn Celan später mit Hermann Lenz gemeinsam nach den »Sprüchen des Li-Tu-pu« sucht[6], scheint er wieder einzutauchen in die surrealistisch geprägte Atmosphäre des literarischen Nachkriegs-Wien.

In Hanne Lenz spricht Celan zunächst, das zeigt deutlich die allererste Widmung an *Hannah*, das Jüdische an. Daß sie Jüdin ist, erfährt er schon in Paris von Friedrich Hagen. Mit ihr hat er eine gemeinsame Ebene, die da ist ohne ausgesprochen, ohne ständig erklärt und gerechtfertigt werden zu müssen.

Schon in recht äußerlichen Dingen wird die besondere Qualität der Freundschaft zwischen Celan und dem Ehepaar Lenz deutlich. Anders als an Franz Wurm, mit dem er sein Leben lang das distanzierte »Sie« beibehält, anders auch als an

4 Siehe in der in Bremen gehaltenen Rede: »Das Erreichbare, fern genug, das zu Erreichende hieß Wien. Sie wissen, wie es dann durch Jahre auch um diese Erreichbarkeit bestellt war.« (GW III 185)

5 In der Erzählung »Das nächtliche Aquarium« aus dem Band »Das doppelte Gesicht« (Stuttgart, Deutsche Verlags-Anstalt, 1949).

6 Siehe Abb. 10. Das Dokument befindet sich in einem sonst leeren, von Hand zusammengenähten Heft. Die beiden Teile des ›ersten Spruchs‹ lauten: »Nach wie vor / Spricht der Regenschirm für sich.« (Handschrift Paul Celan, wie auch die Namen und die Titel) und »Er entschwebt aus jedem Salon / als ein Prinz von Zion.« (Handschrift Hermann Lenz). Bei Celans Spruch ist auch an die 1949 unter dem Titel »Gegenlicht« publizierten kurzen Prosatexte zu denken.

Nelly Sachs, die er freilich anfangs nicht persönlich kennt, schreibt Celan vom ersten Brief an ein vertrauliches »Du«, das auf seinen Wunsch schon die erste Begegnung, wenige Tage vorher, bestimmt.

Ein zweites kommt hinzu. Die Freundschaft, und damit der Briefwechsel, ist wie keine andere Briefwechselfreundschaft Celans geprägt durch aufmerksame, lang gehegte Wünsche erfüllende und nicht selten wertvolle Geschenke, meist, aber nicht ausschließlich Buchgeschenke. Das ist alles andere als sekundär. Jedem der Briefpartner ist Schenken ganz offensichtlich ein Bedürfnis, und zwar wirkliches Schenken, das ein Denken und Fühlen mit dem und für den anderen voraussetzt.

Und schließlich und keineswegs zuletzt: Es ist ein Briefwechsel zu dritt. Wir haben es nicht mit einer Korrespondenz zwischen zwei Schriftstellerkollegen zu tun, der die gelegentlichen Grüße an die oder von der Frau des einen oder des andern ein bißchen Farbe geben. Diese Rolle mag, bis zu einem bestimmten Grad, Celans Frau hier spielen, die sich am brieflichen Gespräch sicher nicht nur aus sprachlichen Gründen kaum aktiv beteiligt. Gisèle Celan-Lestrange weiß um die besondere Bedeutung dieser Freundschaft für ihren Mann, sie nimmt durch vier persönliche Begegnungen und die ausführlichen Berichte ihres Mannes daran teil[7], sie erhält, wie aus ihren Tagebuchnotizen deutlich wird, einen Überblick über die aus Stuttgart eintreffenden Briefe – es ist aber ganz deutlich nicht *ihre* Freundschaft. *Sie* behält das »vous« und das »Madame« und »Monsieur« bei.

Die Rolle von Hanne Lenz in diesem Briefwechsel ist dagegen eine völlig andere. Sie bringt sich gleichberechtigt in das Gespräch ein, mit ihrer ganzen Persönlichkeit, ihren besonderen Interessen und ihrer persönlichen Geschichte. Jeder der beiden Briefpartner Lenz hat sein besonderes Ver-

7 Siehe PC/GCL 48 und 50.

hältnis zu Celan. Dabei ergeben sich alle nur denkbaren Möglichkeiten von Korrespondenzbeziehungen: getrennte Briefe von Hanne und Hermann Lenz im selben Umschlag, Briefe von einem von beiden an Celan mit Wissen des anderen und entsprechenden Grüßen, unabhängige, ja ›heimliche‹ Briefe eines einzelnen an Celan, Briefe Celans an beide, an einen von ihnen mit oder ohne Grüßen an den andern oder Briefe an jeden von ihnen im selben Umschlag. Es ist ein lebendiges Gespräch ohne starre Formen, in dem sich die Beziehungslinien im Lauf der Zeit entwickeln und verändern.

Trotz der besonderen Qualität der Freundschaft hat der Verlauf des Briefwechsels aber durchaus auch Typisches. Obwohl die Präsenz von Hanne Lenz der Korrespondenz eine nicht-literarische Gewichtung gibt, zeigt diese doch Parallelen zu anderen vor der Mitte der fünfziger Jahre beginnenden Korrespondenzen Celans mit Vertretern der bundesdeutschen Nachkriegsliteratur, etwa mit Rolf Schroers, Paul Schallück oder auch Heinrich Böll. Hier ist gerade auch an die Störungen 1960/61 und an das Ende des Briefwechsels kurz nach dem Jahreswechsel 1961/62 in Zusammenhang mit dem Höhepunkt und den Nachwirkungen der Goll-Affäre[8] zu denken. Denn – auch wenn Hermann Lenz sich an ein Zerwürfnis nicht erinnert[9] oder nicht erinnern will –, die Freundschaft ist nach dem Frühjahr 1962 zumindest verstummt, es liegen keine weiteren Briefe[10] und auch keine Widmungsexemplare späterer Bücher mehr vor. Und Celan hat Hanne und Hermann Lenz vor dem von Hermann Lenz beschriebenen Treffen bei der Stuttgarter Hölderlintagung im März 1970[11] auch nicht wiedergesehen.

8 Siehe Anm. E/23-26

9 Siehe die »Erinnerungen«, S. 9f.

10 Abgesehen von einer nicht erhaltenen Karte von Hanne Lenz aus den Jahren 1962 oder 1963.

11 Siehe die »Erinnerungen«, S. 10.

Den Lesern von Paul Celan ist der Name Lenz durch das Widmungsgedicht[12] schon früh im Ohr. Hermann Lenz dagegen hat erst 1983, lang nach Celans Tod, über diese Freundschaft zum ersten Mal gesprochen und dem Dichter in seinem autobiographischen Roman »Ein Fremdling« in der Gestalt des »Jakob Stern« ein Denkmal gesetzt. Das Was und Wie des über diesen »deutschen jüdischen Herrn, der in Rumänien gelebt und das Konzentrationslager kennengelernt hatte«, so die ersten Worte überhaupt über Stern im Roman[13], spiegelt die Qualität und Komplexität der wirklichen Beziehung mit großer Präzision. »Von Stern ging eine Strahlungskraft aus; von ihm und seinen Versen«[14], läßt Lenz zunächst seine Ich-Figur »Eugen Rapp« lakonisch feststellen, stellt Stern dann aber ausführlich gerade mit den Worten und Gedanken der »Hanne« des Romans vor, die ihrerseits die Affinität Sterns zu Rapp indirekt reflektiert. Die wesentliche Rolle dieser Hanne innerhalb der sich hier anbahnenden Freundschaft zu dritt ist mit dem differenzierten Perspektivenwechsel sehr genau erfaßt:

> »Abends brachte er den Dichter Jakob Stern mit, einen mittelgroßen, eher kleinen Mann, wie Eugen selbst. Auch du bist nicht besonders hochgewachsen, dachte sie und freute sich, weil Stern sie mit ausgewählter Höflichkeit begrüßte, wie es zu einem gehörte, der in einem der Erblande der versunkenen österreichischen Monarchie geboren war (er deutete einen Handkuß an).
>
> Stern trug einen dunklen Lodenmantel, in dem er einem Pfarrer ähnelte, und hatte ein hochstirniges, brünettes Gesicht, das ebenmäßig war. Große braune Augen schauten sie von unten an, und sie dachte, letztlich

12 Siehe Brief 1.

13 »Ein Fremdling«, Frankfurt a. M., Insel, 1983, S. 221.

14 Ebenda, S. 223.

seien für sie nur Menschem mit brünetter Haut schön (wahrscheinlich, weil du selbst dazugehörst).
In ihrem Zimmer blieb er vor dem gedeckten Tisch stehen und betrachtete die rotumrandeten Teller auf dem weißen Tischtuch, lächelte, schaute sich um und betrachtete die gewölbte Glasscheibe des Eckschranks, hinter dem goldumränderte Tassen glänzten. Dann nahm er im Lehnsessel Platz, nachdem Eugen ihn darauf hingewiesen hatte. Und ihr kam's vor, als gehöre Jakob Stern zu den wenigen, die spürten, daß ihre Möbel und das von ihren Großeltern überkommene Geschirr so zu ihr gehörten wie ihre Empfindungen. Das Höfliche und Feine gehörte dazu.
Er hatte auch die Blumen nicht vergessen, und es waren rosa Rosen, die er gebracht hatte.
Als sie den Strauß anschaute und ihn reden hörte mit seinem österreichischen Tonfall, der ihr liebenswürdig im Ohr klang, dachte sie an das große Gedicht, das sie von ihm gelesen hatte, und wunderte sich, weil er kein hochgewachsener Mann mit kühn zerrissenem Gesicht war, wie sie sich ihn beim Lesen vorgestellt hatte. Statt dessen sah er so aus, wie einer, den man früher kultiviert oder verfeinert genannt hätte; und eigentlich paßte der auch nicht in diese Gegenwart.
Sie hörte ihn erzählen, wie die Juden (im Ghetto) ausgesucht worden waren, um abtransportiert zu werden ins Lager Auschwitz, und wie er immer wieder von der Gruppe derer weggegangen war, die in Lastwagen verladen werden sollten; er hatte dabei vor sich hingeschaut und so getan, als ob er sich die Nägel reinige. Deshalb war bei denen, die bleiben sollten, immer einer zuviel gewesen, doch hatte der SS-Mann schließlich die Suche nach dem Überzähligen aufgegeben. So war er, der nun in Paris als Deutschlehrer lebte, durchgekommen. Wie alles zusammenhing, und warum die-

> ser Mann durchgekommen war und jener nicht ... (da kannst du in Gedanken nicht einmal den Satz zu Ende führen). Und sie erinnerte sich wieder jener beiden Schwestern ihrer Mutter, die abtransportiert und im Osten verschollen waren, weil man sie ermordet hatte. Dabei schien's ihr, als ob sie selbst auch daran schuldig wäre.«[15]

Die Ausgabe vereinigt 137 Briefe, Teilbriefe, Postkarten, Grußkarten, Widmungsgedichte und Telegramme, davon 37 von Hanne Lenz, 38 von Hermann Lenz und 59 von Paul Celan, ergänzt durch drei von dessen Frau. Mit Ausnahme eines nicht abgesandten Briefs liegen die Briefe von Paul Celan und Gisèle Celan-Lestrange im Nachlaß von Hermann Lenz in der Bayerischen Staatsbibliothek München (Signatur Ana 583), die Briefe von Hanne und Hermann Lenz sowie der nicht abgesandte Brief Paul Celans in dessen Nachlaß im Deutschen Literaturarchiv Marbach (vor allem die Signaturen D 90.1.1861-63); den Archiven sei hiermit für die Bereitstellung der Quellen herzlich gedankt. Die Hinzunahme von zwei Briefen und einem Telegramm von Gisèle Celan-Lestrange – die einzigen, die sie zu Celans Lebzeiten je an das Ehepaar Lenz geschrieben hat – ist wegen der häufigen Einbeziehung von Celans Frau von beiden Seiten in die Grüße und auch wegen der Funktion ihrer Briefe innerhalb des brieflichen Gesprächs sinnvoll und notwendig.

Die gelegentlichen Lücken im Briefwechsel sind meistens Zeichen von dessen natürlicher Dynamik. Pausen von mehreren Monaten mögen gelegentlich Ausdruck einer Schreibhemmung von Paul Celan oder Hermann Lenz sein, werden sie doch als solche zum Teil thematisiert[16], manchmal aber

15 Ebenda, S. 228 f.

16 Etwa zwischen Juni und November 1954, zwischen Februar und April 1956.

wohl einfach auch mangelndes Bedürfnis nach Kontakt. Erst gegen Ende des Korrespondenzzeitraums treten Unterbrechungen des Briefkontakts im eigentlichen Sinn ein, die durch Störungen im Verhältnis der Briefpartner zu erklären sind und die den Briefwechsel dann tatsächlich auch beenden. In keinem Fall scheinen die Pausen durch verlorengegangene oder vernichtete Briefe begründet. Im Vergleich zu anderen umfangreicheren Briefwechseln Celans[17] sind die aus den erhaltenen Briefen deduzierbaren Verluste in seinem Nachlaß zwar relativ hoch – der Nachlaß Lenz scheint diesbezüglich dagegen vollständig –, relativ vor allem in Anbetracht der intensiven Beziehung zwischen den Partnern. Es handelt sich dabei aber wohl selten um umfangreichere Dokumente, und sie gehören meist gerade in Phasen eher dichterer Brieffolgen: Es fehlen Hermann Lenz' Telegramm vom 6. 12. 1957 an Celan nach Tübingen, ein Brief aus dem März 1958 (von wessen Handschrift und ob an Celan allein oder an das Ehepaar Celan ist nicht bekannt), ein Brief von Hanne Lenz an Gisèle Celan-Lestrange aus dem Februar 1961, der auch im Nachlaß der Adressatin bisher nicht aufgefunden werden konnte, ein wohl ein Geschenk begleitender Gruß zu Weihnachten 1961, sicherlich vom Ehepaar Lenz an die Familie Celan, und schließlich eine 1962 oder 1963 geschriebene Postkarte von Hanne Lenz an Paul Celan aus Worms.

Das Textcorpus ist ergänzt durch eine Reihe von Gedichten Celans, die im Rahmen der freundschaftlichen Beziehungen übergeben wurden, die Reproduktion einer von Gisèle Celan-Lestrange geschickten Radierung (im Besitz von Hanne Lenz) sowie einer gemeinsamen Grußkarte des

17 Dem zwischen den Eheleuten Celan (PC/GCL), mit Franz Wurm (hrsg. von Barbara Wiedemann, in Verbindung mit Franz Wurm, Frankfurt a. M., Suhrkamp, 1995) und dem mit Nelly Sachs (hrsg. von Barbara Wiedemann, Frankfurt a. M., Suhrkamp, 1993).

Ehepaars Celan mit einem handschriftlichen Gedicht und einer Radierung. Darüber hinaus sind der Ausgabe Reproduktionen charakteristischer Handschriftenbeispiele sowie Fotos von jedem Korrespondenzpartner aus der Zeit des Briefwechsels beigegeben. Zur biographischen Orientierung sind den Briefen die 1988 zum ersten Mal publizierten »Erinnerungen«[18] von Hermann Lenz vorangestellt.

Die Wiedergabe des Brieftextes ist weitgehend unproblematisch, Dokumente mit auffallenden und häufigen Fehlern und Korrekturen fehlen. Ausnahme ist ein im Kommentar wiedergegebener Telegrammentwurf Celans an Dritte auf einem der Umschläge aus Stuttgart, für den ein besonderes Transkriptionsverfahren verwendet und an der entsprechenden Stelle erläutert wird. Gelegentlich auftretende Bagatellfehler sind stillschweigend bereinigt, Ergänzungen des Herausgebers für fehlende Wörter sind jedoch als solche gekennzeichnet. Die Interpunktion ist nur im Rahmen des zum Verständnis Notwendigen ergänzt: Alle Briefpartner nämlich setzen etwa Kommata expressiv ein, und das heißt in erster Linie sparsam; gelegentlich werden regelhafte Kommata ausdrücklich gestrichen. Im übrigen sind die orthographischen Eigenheiten der verschiedenen Briefpartner, z. B. die uneinheitliche Behandlung von ß und ss, beibehalten. Die Briefe und Grüße von Celans Frau erscheinen in ihrer originalen französischen Form; im Kommentar wird dafür jeweils eine Übersetzung des Herausgebers angeboten (kursiv in kursiven, eckigen Klammern). Korrekturen und Einfügungen durch die Briefschreiber selbst werden – die Ausgabe versteht sich als Leseausgabe – nur in Ausnahmefällen dokumentiert. Unterstreichungen erscheinen kursiv.

18 Innerhalb des Materialien-Bandes »Paul Celan«, hrsg. von Werner Hamacher und Winfried Mennighaus, Frankfurt a. M., Suhrkamp, 1988, S. 315-318.

Behutsam vereinheitlicht sind die Zeilenabstände im Bereich von Anrede und Schlußgruß sowie die Gestaltung der Absätze.

Briefe, die in ein und demselben Umschlag verschickt wurden, erscheinen, gleichgültig, ob dieser erhalten ist oder nicht, und unabhängig vom eventuell differierenden Briefdatum, unter einer Nummer.

Datierungsprobleme sind selten, die Mehrzahl der Briefe ist von den Absendern zumindest mit dem Datum versehen. Fehlt dieses, so konnte es in den meisten Fällen durch den Poststempel ergänzt werden. Erschlossene Daten werden, gegebenenfalls durch ein Fragezeichen als unsicher gekennzeichnet, in eckigen, kursiven Klammern an der üblichen Stelle oben rechts ergänzt. Dort werden zur schnellen Orientierung in der beschriebenen Form zusätzlich auch solche Daten eingesetzt, die im Originalbrief erst am Briefschluß angegeben sind; Celan datiert so in auffallender Weise vor allem solche Briefe, die für ihn eine besondere Bedeutung haben.

Die Anmerkungen geben, wenn – und das ist meist der Fall, da im Nachlaß von Hermann Lenz fast durchgehend, im Nachlaß Celan überwiegend die Briefumschläge erhalten sind – vorhanden und lesbar, den Poststempel; nicht lesbare Teile des Stempeldatums erscheinen als »??«. Es folgen Informationen zum Dokument selbst, zu eventuellen Datierungsproblemen bzw. zum Versandweg. Die weitere Kommentierung dient an erster Stelle der Klärung von sachlichen und biographischen, zum Teil auch von sprachlichen Fragen. Das dazu herangezogene Material stammt zum einen aus dem Besitz von Hanne Lenz – hier handelt es sich vor allem um Bestände ihrer Bibliothek –, zum anderen aus dem Nachlaß von Paul Celan, vor allem um anderweitige Korrespondenzen und ebenfalls um Bestände seiner nachgelassenen Bibliothek. Erwähnte Personen werden, soweit das möglich und sinnvoll ist, im Kontext ihrer Beziehung zum jeweiligen Briefpartner erläutert; ihre Lebensdaten erscheinen, wenn bekannt, bei ihrem ersten Auftreten im Kommentar.

Zum anderen wollen die Anmerkungen den Leser auf die Werke der Briefpartner neugierig machen. Bezüge zum jeweiligen Werk sind daher bewußt ausführlich kommentiert. Dies geschieht einmal durch Hinweise auf die Widmungsexemplare, die dem Leser auch deutlich machen können, was der eine vom andern gekannt hat. Das geschieht zum andern durch Hinweise auf die erwähnten Gedichte und poetologischen Texte Celans und die Gedichte, Erzählungen und autobiographischen Romane von Hermann Lenz, auch durch Zitate daraus. Für beide Autoren wird zudem versucht, den Andeutungen der Briefe folgend, ein Bild der zeitgenössischen Rezeption durch Hinweise auf Rezensionen und Lesungsberichte zu geben.

Die Anmerkungen versuchen schließlich auch, die Korrespondenz durch Querverweise zu erschließen und dadurch eine nicht-chronologische Lektüre der Ausgabe zu ermöglichen. In diesem Sinne sind auch die beiden Werkregister und das Personenregister zu verwenden, die sich auf Brieftext und Anmerkungen, nicht aber auf dieses Nachwort beziehen.

Daß diese Ausgabe entstehen konnte, ist der Initiative von Hanne Lenz zu verdanken, ohne deren aktive Mitarbeit und beeindruckende Gedächtnisleistung auch eine sinnvolle Kommentierung nicht möglich gewesen wäre. Hermann Lenz war eine solche Mitarbeit leider nicht mehr vergönnt, er starb 1998.
Zu Dank verpflichtet bin ich Eric Celan für seine tatkräftige Unterstützung und die freundliche Genehmigung zur Veröffentlichung der Briefe und Graphiken seiner Mutter. Bertrand Badiou (École Normale Supérieure) danke ich für die geduldige und aufmerksame Hilfe bei der zeitraubenden

Klärung Paul Celan betreffender biographischer Fragen. Darüber hinaus danke ich allen, die durch Auskünfte geholfen und so zum Gelingen beigetragen haben: Charlotte Brombach, Barbara Glauert-Hesse, Andreas Günther, Alto Hien, Eberhard Horst, Wilhelm Keller, Gudrun Locher, Friederike Mayer, Jochen Meyer (Deutsches Literaturarchiv), Sigrid von Moisy (Bayerische Staatsbibliothek), Robert Schelander, Joachim Seng, Ernst-Rudolf Stadelmann, Klaus Wenk und Marita Wetzel (Deutsche Verlags-Anstalt).

Tübingen, im Juli 2000

ANMERKUNGEN

Hier, im Nachwort und im Werkregister verwendete Abkürzungen:

PC/GCL Briefwechsel Paul Celan – Gisèle Celan-Lestrange, Aus dem Französischen von Eugen Helmlé, hrsg. und kommentiert von Bertrand Badiou in Verbindung mit Eric Celan, Anmerkungen übersetzt und für die deutsche Ausgabe eingerichtet von Barbara Wiedemann, Frankfurt a. M., Suhrkamp, 2001 (+ Nummer des Briefs)

Fremde Nähe Axel Gellhaus u. a., »Fremde Nähe«. Paul Celan als Übersetzer, = Marbacher Kataloge 50, Marbach, Deutsche Schillergesellschaft, 1997

FW Paul Celan, Das Frühwerk, hrsg. von Barbara Wiedemann, Frankfurt a. M., Suhrkamp, 1989 (+ Seite)

GA Barbara Wiedemann: Paul Celan – Die Goll-Affäre. Dokumente einer ›Infamie‹, Frankfurt a. M., Suhrkamp, 2000 (+ Nummer des Dokuments)

GN Paul Celan, Die Gedichte aus dem Nachlaß, hrsg. von Bertrand Badiou, Jean-Claude Rambach und Barbara Wiedemann, Anmerkungen von Barbara Wiedemann und Bertrand Badiou, Frankfurt a. M., Suhrkamp, 1997 (+ Seite)

GW Paul Celan, Gesammelte Werke in fünf Bänden, hrsg. von Beda Allemann und Stefan Reichert unter Mitwirkung von Rolf Bücher, Frankfurt a. M., Suhrkamp, 1983 (+ Band, + Seite)

Verweise auf Anmerkungen erscheinen in der Form Briefziffer/ Anmerkungsziffer oder, für diejenigen zu den »Erinnerungen«, E/ Anmerkungsziffer; bei Verweisen innerhalb eines Textes wird nur die Anmerkungsziffer gegeben.

Erinnerungen

1 Nachdruck nach dem Erstdruck in: Werner Hamacher und Winfried Menninghaus (Hrsg.), Paul Celan (suhrkamp taschenbuch materialien), Frankfurt a. M. 1988, S. 315-318.

2 Celan liest nicht 1953, sondern Mitte Juli 1952 (am 17. oder 18.) in Stuttgart; die Lesung findet wohl im alten Verlagsgebäude der Deutschen Verlags-Anstalt in der Mörikestr. 17 statt. Eine nach der Tagung in Niendorf im Mai geplante und kurzfristig abgesagte Lesung kann zu diesem Zeitpunkt nachgeholt werden, weil Celan mit seiner zukünftigen Frau Gisèle de Lestrange (1927-1991), auf dem Weg zu einem Ferienaufenthalt in Kärnten, durch Stuttgart kommt.

3 Alfred Günther (1885-1969) von der Deutschen Verlags-Anstalt Stuttgart betreut dort sowohl Celans erstes Buch »Mohn und Gedächtnis« (1952) als auch die Bücher von Hermann Lenz. Der aus Dresden nach dem Krieg nach Stuttgart gekommene Günther hatte während der Nazizeit erhebliche berufliche Nachteile wegen seiner Ehe mit der bekannten jüdischen Fotografin Genia Jonas hingenommen.

4 Hermann Lenz ist damals gleichzeitig Sekretär beim Kulturbund e. V. Stuttgart und beim Süddeutschen Schriftstellerverband. Das gemeinsame Büro befindet sich im »Alten Waisenhaus«, am Charlottenplatz, nahe dem Stuttgarter Hauptbahnhof.

5 Grund für Celans Aufenthalt sind Lesungen in Stuttgart (7. 4. 1954) und Eßlingen (8. 4. 1954). Beide Lesungen sind offenbar sehr erfolgreich. Das betont für Stuttgart der Kritiker »hmb«, wenn er erstaunt von »einem Applaus, wie ihn ein Lyriker nur selten erhält« berichtet (»Stuttgarter Zeitung«, 9. 4. 1954); auch Ernst Schremmer spricht in der »Esslinger Zeitung« (10. 4. 1954) ausdrücklich vom großen »Widerhall der Zuhörer«. Am 7. 4. 1954 nimmt Karl Schwedhelm (1915-1988) mit Celan im Süddeutschen Rundfunk auch ein Interview auf (gesendet am 15. 6. 1954). Celan kommt nicht direkt aus Paris, sondern aus dem Rheinland sowie aus Frankfurt, wo er ebenfalls gelesen hatte (26. 3. 1954). Er hatte, nachdem die Bestellung für sein Hotelzimmer vergessen worden war, den Wunsch geäußert, privat untergebracht zu werden.

6 Hanne und Hermann Lenz wohnen in der Birkenwaldstr. 203 in Stuttgart-Nord.

7 Der Dichter und Kunstwissenschaftler Klaus Demus (* 1927) ist mit Paul Celan seit dessen Wiener Zeit in der ersten Jahreshälfte 1948 befreundet.

8 Der 1949 in der Deutschen Verlags-Anstalt Stuttgart erschienene Band enthält die drei Erzählungen »Das nächtliche Aquarium«, »Der fliegende Engel« und »Die unsichtbare Loge«, die ersten beiden spielen in Wien. Der Band ist nicht in Celans Nachlaßbibliothek erhalten.

9 Hermann Lenz war zum Zeitpunkt der Entstehung der in »Das doppelte Gesicht« zusammengefaßten Erzählungen wie auch der ebenfalls in Wien spielenden Erzählungen »Das stille Haus« und »Die Abenteurerin« noch nicht im wirklichen Wien. Merkwürdigerweise haben die Straßenbahnen in »Der fliegende Engel« aus dem »Doppelten Gesicht« *keine* Farbe; Lenz läßt dort aber tatsächlich mit seinem Eduard Mörike evozierenden Dichter »Eduard«, den er statt Schubert mit der »Höldrichsmühle« in Verbindung bringt, Schwäbisches in sein »Wien« einfließen.

10 Celan erzählt also von der einzigen Tagung der Gruppe 47, an der er teilgenommen hat, der Tagung in Niendorf vom 21. 5. bis zum 6. 6. 1952. Siehe dazu auch den Bericht von Walter Jens (* 1923), zitiert in: Hans Werner Richter, Briefe, hrsg. von Sabine Cofalla, München/Wien, Carl Hanser, 1997, S. 128, Anm. 8. Der im folgenden genannte Heinrich Böll (1917-1985) war ebenfalls Teilnehmer der Tagung. Hermann Lenz kann Celans distanzierte Haltung zur Gruppe 47 durch eigene Erfahrungen auf der Tagung vom Oktober 1951 in der Laufenmühle bei Ulm mehr als nachvollziehen, wo er aus einer früheren Fassung des Romans »Nachmittag einer Dame« (dem ersten Teil von »Der innere Bezirk«) gelesen hatte (siehe dazu »Ein Fremdling«, Frankfurt a. M., Insel, 1983, S. 77-85).

11 Das Feuerbacher Tal liegt im Nordwesten von Stuttgart.

12 Siehe die beiden einzigen Gedichte Celans, in denen die Blume »Augentrost« vorkommt, das frühe Gedicht »Herbst« vom 10. 9. 1942, das möglicherweise mit dem Tod des Vaters Leo Antschel (1890-1942) in Verbindung steht, und das nach Celans Begegnung mit Martin Heidegger (1889-1976) geschriebene »Todtnauberg«. Zu Celans Geste siehe auch »Ein Fremdling« (S. 276).

13 Siehe Brief 1.

14 Celan gibt in seinen ersten Pariser Jahren an der Berlitz-School und privat Sprachunterricht, vor allem aus finanziellen Gründen. Im Studienjahr 1956/57 hat er eine Vertretungsstelle an der École Normale Supérieure in Saint-Cloud. Erst mit dem Studienjahr 1959/60 erhält er eine Stelle als Deutschlektor an der École Normale Supérieure in der Rue d'Ulm in Paris.

15 Die Lesung in der Technischen Hochschule Stuttgart findet erst am 4. 6. 1957 statt. Der Lesungsbericht von Oliver Storz (* 1929) nennt unter den gelesenen Gedichten »Todesfuge« und »Die Krüge« aus »Mohn und Gedächtnis«, »Assisi« aus »Von Schwelle zu Schwelle« und das damals erst in einer Zeitschrift veröffentlichte »Tenebrae« aus dem späteren Band »Sprachgitter«. Bei der Beurteilung des Gelesenen warnt Storz eher allgemein vor dem nicht mehr kommunizierbaren Gedicht, das sich zu fragmentarisch und zu extravagant gebe; er nimmt Celan aus dieser Kritik nur scheinbar aus, wenn er endet: »Bei Celan ist die Grenze haarscharf, weil er immer gut genug ist, gut genug, um uns zu betören. / Wie schwer ist das große Gedicht geworden, angesichts eines durch zwei Jahrhunderte abgenützten Wortbestandes! Das müssen wir bedenken, wenn es uns schmerzt, daß so viel Begabung und Intensität sich zuweilen im Unterholz des eigenen Metaphernwaldes verfängt.« (»Stuttgarter Zeitung«, 6. 6. 1957)

16 Max Bense (1910-1977) hatte seit 1949 eine Professur für Philosophie und Wissenschaftstheorie an der Technischen Hochschule in Stuttgart. Er vertritt in der Ästhetik Positionen, die in der Praxis zur sogenannten »Konkreten Poesie« führen. Zum von Hermann Lenz geschilderten Vorkommnis mit Max Bense und seinen Schülern siehe auch Anm. 56/2 und »Ein Fremdling«, S. 429; Oliver Storz (Anm. 15) geht auf die Störungen während der Lesung nicht ein.

17 Der Stuttgarter Pragfriedhof, ein alter, parkartiger Friedhof, liegt östlich der Birkenwaldstraße, nicht allzu weit vom Lenzschen Haus entfernt.

18 Hermann Lenz hatte bereits 1936 den schmalen Gedichtband »Gedichte« im Verlag der Blätter für die Dichtung Heinrich Ellermann, Hamburg, publiziert. Diese und weitere Gedichte von ihm werden dann erst wieder 1981 im Band »Zeitlebens. Ge-

dichte 1934-1980« in München (Schneekluth Verlag), 1989 als Jahresgabe der Literarischen Gesellschaft unter dem Titel »Gedichte und Prosa« (Auswahl und Nachwort Karl Foldenauer) in Karlsruhe und 1991 unter dem Titel »Rosen und Spatzen« in der Edition Petrarca (Verlag Klaus G. Renner) in München veröffentlicht.

19 Celan liest am 8. 4. 1954 auf Einladung der Künstlergilde Eßlingen im dortigen Alten Rathaus, ein Jahr später noch einmal am 31. 1. 1955. Zur hier erinnerten Episode siehe auch »Ein Fremdling« (S. 232).

20 Celan ist zweimal mit seiner Familie im Hause Lenz: vom 5. bis 7. Juni 1957 und am 23. und 24. Mai 1959; Eric Celan ist also genau zwei bzw. fast vier Jahre alt.

21 Hanne und Hermann Lenz sind Ostern 1958 in Paris.

22 Die Preisverleihung findet am 22. 10. 1960 statt. Die Begegnung in Darmstadt ist die letzte persönliche Begegnung zwischen Celan und dem Ehepaar Lenz vor der Wiederbegegnung im März 1970.

23 Celan wird von Claire Goll (1890-1977) schon seit 1953 auf vorwiegend privater Ebene des Plagiats bezichtigt, erst Anfang April 1960 tritt sie allerdings mit diesen Vorwürfen, die tatsächlich Verleumdung sind, mit einem eigenen Artikel an die Öffentlichkeit. Der Leserbrief in der kleinen Münchner satirisch-literarischen Zeitschrift »Baubudenpoet« (Heft 5, März-April 1960, S. 115f., siehe Anm. 104/1) wird bald in der überregionalen deutschen Presse verbreitet, die eigentliche Pressekampagne beginnt jedoch erst nach der Feier zur Verleihung des Büchnerpreises. Siehe dazu besonders GA 59, 61, und 69.

24 Bei Reinhard Döhls Aufsatz unter dem Titel »Geschichte und Kritik eines Angriffs. Zu den Behauptungen gegen Paul Celan« (Deutsche Akademie für Sprache und Dichtung, Jahrbuch 1960, Darmstadt 1961, S. 101-132) handelt es sich im wesentlichen nicht um eine Untersuchung von Celans Gedichten, sondern um den Versuch, die Plagiatvorwürfe zu überprüfen. Celan steht ihr wegen einiger grundlegender Fehler sehr kritisch gegenüber. Siehe im einzelnen dazu GA 83. Döhl (* 1934) ist wissenschaftliche Hilfskraft bei Fritz Martini (1909-1991) an der Technischen Hochschule Stuttgart (siehe auch Anm. 26).

25 Siehe z. B. Reinhard Döhls Publikationen »missa profana« und »fingerübungen«, beide 1962; aus beiden Bänden sind vorher Texte durch Zeitschriftenpublikationen bekannt.

26 Hermann Kasack (1896-1966), der damalige Präsident der Deutschen Akademie für Sprache und Dichtung, ist als Präsident des Süddeutschen Schriftstellerverbands auch ›Chef‹ von Hermann Lenz. Er beauftragt Fritz Martini (siehe Anm. 24) mit der Untersuchung, dieser delegiert sie an seinen Schüler Döhl.

27 Am 21. 3. 1970 liest Celan, im Rahmen der Tagung der Hölderlin-Gesellschaft in Stuttgart, unter anderem aus seinem bereits abgeschlossenen Band »Lichtzwang«, der kurz nach seinem Tod, im Juni 1970, veröffentlicht wird. Der Band enthält in der Tat einen Teil der Gedichte, die während Celans langem Krankenhausaufenthalt von Ende Januar bis Mitte Oktober 1967 entstanden sind, allerdings erst aus dessen zweiter Phase, in der Celan die Klinik tagsüber verlassen konnte (das erste Gedicht des Bandes stammt vom 9. 6. 1967). Bei diesem Aufenthalt in Stuttgart hinterläßt Celan den Lenzens auf einem Kärtchen die Adresse seiner im November 1969 neu bezogenen Wohnung in der Avenue Émile Zola.

Brief 1

1 Celan versteht den Vornamen zunächst in dieser jüdischen Form. Er läßt dies in der Druckfassung der Widmung stehen, obwohl er seit seinem Besuch im Januar 1955 den tatsächlichen Namen kennt. Auch in einem seiner Briefe verwendet er die Namensform (Brief 6); Hanne Lenz wiederum benutzt sie in manchen ihrer Briefe an Celan (Briefe 7, 9 und 11).

2 Es handelt sich um eine nachträgliche Widmung, das Gedicht ist am 9. 9. 1952 entstanden und zum Zeitpunkt von Celans erstem Besuch bei Hanne und Hermann Lenz bereits publiziert (»Die Neue Rundschau«, Heft 2, 1953). Während seines ersten Besuches bei Hanne und Hermann Lenz im April 1954 schreibt Celan das Gedicht vor ihren Augen auf. Siehe dazu die »Erinnerungen«. Der Gedichttext weicht nur durch die Großschreibung in V. 8 und V. 10 von der in »Von Schwelle zu Schwelle« gedruckten Endfassung ab. Das Gedicht ist im Nachlaß von Hermann Lenz zusätzlich in zwei geringfügig abweichenden Typoskripten erhal-

ten, eines davon könnte eine Abschrift der Endfassung durch Hanne Lenz sein. Am gleichen 4. 4. 1954 erhält Celan von Hermann Lenz die Bände »Das stille Haus« (Stuttgart, Deutsche Verlags-Anstalt, 1947) und »Die Abenteurerin« (Stuttgart, Deutsche Verlags-Anstalt, 1952) mit den Widmungen »Für Paul Celan / zur Erinnerung an unsere / Tage in Stuttgart. / 4. 4. 54 / Hermann Lenz« bzw. »Für Paul Celan / zur Erinnerung an / unsere Tage in Stuttgart / 4. 4. 54 / Hermann Lenz«. Die Bände enthalten keinerlei Lesespuren.

3 Der Name steht wohl nur aus Platzgründen in dieser Position neben dem letzten Vers.

Brief 2

Poststempel: Paris, 12. 4. 1954

1 Das Datum ist auf dem Brief durch Hanne Lenz ergänzt.

2 Hier spielt Celan wohl auf seine unangenehmen Gefühle beim Grenzübertritt als Staatenloser an; siehe den Brief von Celans Frau an ihn vom 24. 3. 1954, d. h. vor Antritt dieser Reise: »*[. . .]* und diese Grenze, von der ich hoffe, daß sie jetzt für Sie nur noch irgendeine Minute Ihrer Bahnfahrt ohne Scherereien ist.« (PC/GCL 30)

3 Noch von Stuttgart aus schreibt Celan an seine Frau von der »bezaubernden, so gepflegten, so altmodischen, so anrührenden Wohnung« der Lenzens (PC/GCL 39).

4 Die Gedichte liegen dem Brief nicht bei (siehe Brief 4 und 5), Celan schickt sie erst am 16. 11. 1954 (Brief 6).

5 Celan widmet Hermann Lenz mit Blick auf dessen autobiographischen Roman »Das stille Haus« und in Anspielung auf das in seinem eigenen Band enthaltene Gedicht »Umsonst malst du Herzen ans Fenster« ein Exemplar von »Mohn und Gedächtnis« mit den Worten: »Hermann Lenz, / dem Herzog der Stille, / was auch ich zu hören vermeinte – / Paul Celan / Stuttgart, den 8. 4. 1954.« (zum Exemplar für Hanne Lenz siehe Anm. 9/2).

Brief 3

Kein Umschlag erhalten.

1 Die Erzählung »Das stille Haus« verlegt deutlich autobiographische Elemente in die Zeit um die Jahrhundertwende und nach Wien.

2 Hermann Lenz wurde im Januar 1940 eingezogen, nahm am Frankreich-Feldzug teil, kam dann 1941/42 bis Leningrad und war später südlich des Ladogasees stationiert. Seine Zeit als Gefreiter in Frankreich und Rußland beschreibt er in seinem 1975 erschienenen autobiographischen Roman »Neue Zeit« (Frankfurt a. M., Insel, 1975).

3 Zur privaten Lesung Celans für Hanne und Hermann Lenz siehe die »Erinnerungen«. Hanne Lenz erinnert sich heute daran, daß Celan »Todesfuge« und »Zähle die Mandeln« aus »Mohn und Gedächtnis«, »Nächtlich geschürzt« und »In Gestalt eines Ebers« aus »Von Schwelle zu Schwelle«, dazu das frühe Gedicht »Drüben« aus »Der Sand aus den Urnen« gelesen hat, das ihr besonders ans Herz wuchs.

4 Von ihrer Unterschrift an schreibt Hanne Lenz den Brief zu Ende.

5 Siehe Anm. 2/2.

6 Beim Spazierengehen im Wald hatte Celan Veilchen ausgegraben und sie im Lenzschen Garten eingepflanzt.

Brief 4

Kein Umschlag erhalten.

1 Siehe Anm. E/3.

2 Celan berichtet bereits am 2. 5. 1954 Alfred Günther über seine Bemühungen, Hermann Lenz' Band »Das doppelte Gesicht« (siehe Anm. E/8) an den Pariser Verlag Seuil zu vermitteln; der Plan wird nicht realisiert.

3 Die Gedichte waren im April (Brief 2) angekündigt, aber nicht beigelegt.

4 Die Jahrestagung des Süddeutschen Schriftstellerverbandes fand jährlich im Mai in Stuttgart statt.

5 Den Übersetzer und Journalisten Helmut M. Braem (1922-1977) und seine Frau Elisabeth Kaiser hatte Celan bei einer privaten Einladung in deren Haus kennengelernt.

Brief 5

Kein Umschlag erhalten.

1 Gisèle Celan-Lestrange hatte Hanne und Hermann Lenz eine titellose Radierung (33×13) geschickt, siehe Abb. 4.

2 Hanne Lenz hat Kunstgeschichte studiert (siehe Anm. 22/4).

3 Es handelt sich um ein Foto von Hugo von Hofmannsthal (1874-1929).
4 Das Interview mit Karl Schwedhelm im Süddeutschen Rundfunk mit anschließender Lesung war während Celans Aufenthalt in Stuttgart aufgenommen worden (siehe Anm. E/5).
5 Siehe Anm. 2/4.

Brief 6
Poststempel: Paris, 16. 11. 1954
1 Dem Brief liegen in handschriftlichen Reinschriften auf blauem Papier die Gedichte »Andenken«, »Assisi«, »Aufs Auge gepfropft«, »Der Gast«, »Die Winzer«, »Flügelnacht«, »Ich hörte sagen« und »Stilleben« bei, alle später im Band »Von Schwelle zu Schwelle« veröffentlicht (siehe dazu auch die Liste bei Brief 13, Anm. 13/1).
2 Siehe Anm. 1/1.

Brief 7
Kein Umschlag erhalten.
1 Celans Übersetzungen von »Salome« (»Salomé«), »Schinderhannes« und »Der Abschied« (»L'Adieu«) von Guillaume Apollinaire (1880-1918) waren im Sommer 1954 im zweiten Heft der Zeitschrift »Die Neue Rundschau« erschienen. Ein Sonderdruck von dieser Publikation, ohne Widmung, aber mit einer bisher nicht bekannten Druckfehlerkorrektur (Salome, V. 20 »Doch dann will ich *mich* drehen, bis ich den Strumpf verlier.« – das von Celan eingefügte Wort hier kursiv), war von Celan wohl am 27. 11. 1954 (Poststempel) geschickt worden.
2 Hermann Lenz meint den 1953 von Flora Klee-Palyi (1903-1961) im Limes Verlag Wiesbaden herausgegebenen Band Guillaume Apollinaire, »Dichtungen«, der neben einem Geleitwort von René Char ein Vorwort von Fritz Usinger (1895-1982) enthält. Von Usinger stammen jedoch nur einige wenige Übersetzungen in der Auswahl, die Arbeiten von dreizehn verschiedenen Übersetzern vereinigt, darunter auch, was Lenz vielleicht nicht aufgefallen war, Paul Celan (»Zeichen«). Der Band enthält keines der Gedichte, deren Übersetzung Celan in der »Neuen Rundschau« vorlegt.
3 Der Titel von Celans Übersetzung heißt nicht »Salome tanzt«,

sondern gibt, entsprechend dem französischen Ausgangstext, nur den Namen »Salome«.

4 1869 in Paris erschienener Gedichtband von Paul Verlaine (1844-1896).

5 Celan zitiert 1962 seine Übertragung in diesem Sinne in seinem Gedicht »Huhediblu«; in den Vorstufen ist das besser sichtbar als in der Endfassung.

6 Zur Namensform siehe Anm. 1/1.

Brief 8
Poststempel: Paris, 30. 12. 1954

1 Datierung nach Poststempel. Es handelt sich um eine Ansichtskarte mit einer Reproduktion von Joan Mirós »Silence *[Schweigen]*« (1931).

2 *[Ich danke Euch von ganzem Herzen / Ein Gutes Neues Jahr!]* Als Paul Celan im Januar in Stuttgart ist, trägt seine Frau ihm noch einmal ausdrücklich auf, ihre Freude über den Krug zu übermitteln: »Sagen Sie den Lenzens, wie hübsch ihr kleiner Krug ist und wie er mir Gesellschaft leistet. Allen meinen Blumen geht es gut, die neuen und schönen Schneeglöckchen stehen auf meinem Tisch, ganz nahe bei mir.« (PC/GCL 47)

Brief 9
Poststempel: Stuttgart, 4. 1. 1955 und Paris, 5. 1. 1955

1 In der Erinnerung von Hanne Lenz handelt es sich um eine Aufnahme des Konzerts für zwei Violinen d-moll (BWV 1043) von Johann Sebastian Bach (1685-1750).

2 Celan spricht schon während seines ersten Stuttgarter Aufenthaltes wiederholt davon, daß er in der Wohnung der Lenzens ein »Refugium« gefunden habe, in das zurückzukehren er sich nach der kurzen Unterbrechung des Stuttgarter Aufenthaltes für eine Lesung in München (5. 4. 1954) besonders freut. Er setzt das Wort dann in seiner Widmung in einem der beiden Exemplare von »Mohn und Gedächtnis« für das Stuttgarter Haus von Hanne und Hermann Lenz ein: »Hannah Lenz, / von Herzen / dankbar / Paul Celan / Stuttgart, Im Refugium / April 1954« (zum anderen Exemplar siehe Anm. 2/5).

3 Zur Namensform siehe Anm. 1/1.

Brief 10

Poststempel: Paris, 13. 1. 1955

1 Celan ist vom 23. 1. bis zum 5. 2. 1955 in Deutschland; von Stuttgart aus fährt er auch nach Eßlingen und Tübingen. Anlaß für den Aufenthalt sind u. a. die im Folgenden angesprochenen Verhandlungen mit der Deutschen Verlags-Anstalt über den neuen, Ende Dezember 1954 abgeschlossenen Gedichtband, das spätere »Von Schwelle zu Schwelle«.

2 D. h. die Deutsche Verlags-Anstalt (DVA). Celan hat keinen Autorenvertrag mit dem Verlag, sondern einen Werkvertrag für »Mohn und Gedächtnis«, muß also für den neuen Gedichtband neu verhandeln.

3 Der zweite Hochzeitstag der Celans am 23. 12. 1954 wird also mit einem dem tatsächlichen Brautstrauß von Gisèle Celan-Lestrange entsprechenden Strauß gefeiert. Siehe das Hochzeitsfoto in PC/GCL.

Brief 11

Postkarte: Stuttgart, 15. 1. 1955 und Paris, 17. 1. 1955

1 Der Band Pablo Picasso, »Wort und Bekenntnis« (Zürich, Arche, 1954), enthält neben Übersetzungen von Elisabeth Schnack (»Bekenntnisse«) auch Übertragungen von Paul Celan selbst: das Drama »Wie man Wünsche beim Schwanz packt« und die Gedichte. Das in der Bibliothek von Hermann Lenz erhaltene Exemplar zeigt weder eine Widmung Celans noch eine Eintragung von Hermann Lenz. Er ist wohl am 10.? 1. 1955 (Poststempel) als Drucksache an »Monsieur et Madame Hermann Lenz« geschickt worden.

2 Eine Biographie von André Maurois (1885-1967) war bereits 1949 unter dem Titel »À la recherche de Marcel Proust« in Paris erschienen. Vielleicht meint Hermann Lenz auch das reich bebilderte, von Claude *Mauriac* (1914-1996) herausgegebene Buch »Marcel Proust par lui-même« (Paris 1953, siehe Anm. 42/1).

3 Celan wird diesen Wunsch aufgreifen und als Gastgeschenk, neben einem Parfüm für Hanne Lenz, für Hermann Lenz eine Originalhandschrift von Proust (1871-1922), einen kurzen, undatierten Brief an den peruanischen Schriftsteller Ventura García Calderón (1886-1959) in seiner Funktion als Herausgeber der

Zeitschrift »Hispania«, mitbringen: »Cordial souvenir à Monsieur Garcia *[sic]* Calderón / Une revue où écrivent deux délicieux écrivains français, comme Francis de Miomandre et comme Edmond Jaloux, prouve par là sa haute valeur et ne peut m'être que très sympathique. Marcel Proust *[Ein herzliches Andenken für Herrn García Calderón / Eine Zeitschrift, in der zwei großartige französische Schriftsteller wie Francis de Miomandre (1880-1959) und Edmond Jaloux (1878-1949) schreiben, beweist dadurch ihren hohen Wert und kann mir nur sympathisch sein.]*«

4 Zur Namensform siehe Anm. 1/1.

Brief 12

Telegramm, datiert Paris, 22. 1. 1955, 15 Uhr 20 und Stuttgart, 22. 1. 1955, 16 Uhr 07; Adressat ist »Lenz« (ohne Vorname).

1 *[Ankomme morgen Sonntag morgens acht Uhr dreiundzwanzig Paul].* Sonntag war der folgende Tag, der 23. 1. 1955.

Brief 13

Poststempel: Stuttgart, 7. 2. 1955 und Paris, 8. 2. 1955

1 Die Liste ist erhalten; von der Hand von Hanne Lenz sind, auf einem von einem Briefbogen abgerissenen länglichen Zettel, folgende Titel aufgezählt: »Nächtlich geschürzt«, »Ich hörte sagen«, »Aufs Auge gepfropft«, »Die Winzer«, »Der Gast«, »Assisi«, »Stilleben«, »Andenken« und »Flügelnacht«.

2 Das Gedicht, in »Der Sand aus den Urnen« an erster Stelle, entstand 1940 oder 1941; Celan hatte es Hanne und Hermann Lenz bei einer privaten Lesung vorgetragen (siehe Anm. 3/3). Hanne Lenz ist im Besitz einer Handschrift – Celan ist also ihrem Wunsch nachgekommen; wann das Manuskript übergeben wurde (es hat keine Faltspuren, die auf einen Versand im Umschlag hindeuten würden), ist nicht bekannt. Ebenfalls aus »Der Sand aus den Urnen« liegt in einer Handschrift vor das Gedicht »Ein Krieger« (auch dieses Blatt ist nicht gefaltet).

Brief 14

Poststempel: Stuttgart, 14. 3. 1955 und Paris, 15. 3. 1955

1 Hermann Lenz hatte am 26. Februar 1955 seinen 42. Geburtstag gefeiert. Der Faksimile-Band »Deutsche Gedichte in Handschrif-

ten« (Insel Verlag, o. O. [1935]) enthält Abbildungen von Handschriften der Gedichte »Reiselied« von Hugo von Hofmannsthal (als Nr. 43), »An mein Kind« von Stefan George (als Nr. 42), »Schwüle« von Conrad Ferdinand Meyer (als Nr. 39) und »Abendlied« von Gottfried Keller (als Nr. 38).

2 Elisabeth Meyer nahm sich 1856 in der Nervenheilanstalt Préfagier im Schweizer Kanton Neuenburg das Leben.

3 Nach dem Wiederaufbau des im Krieg zerstörten Gebäudes (1952) zunächst Zentrale der Stadtbücherei, heute Stadtarchiv (Silberburgstr. 2).

4 Zitat aus dem Lesungsbericht in den »Stuttgarter Nachrichten« vom 26. 2. 1955: »Es geht nicht an, aus diesen kurzen Lesungen Hermann Lenz zu klassifizieren oder gar einzuordnen. Daß hier eine sehr bemühte Fähigkeit epischer Disziplin tätig ist, wurde eindeutig offenbar.« Der Kritiker (»lpk«) beurteilt die Zusammenstellung des Gelesenen als »auf den Mollakkord abgestimmt«. Wie aus dem kurzen Bericht unter dem Titel »Dichter auf dem Wege« hervorgeht, las Hermann Lenz »Das Oleanderblatt« (1955, erstveröffentlicht in »Akzente« 1955, Heft 5) und »Hotel Memoria« (1952, erstveröffentlicht in der »Deutschen Rundschau«, August 1952), beide in Buchform zuerst 1975 publiziert im Erzählungsband »Hotel Memoria« (Frankfurt a. M., Insel, 1990, S. 24-37 bzw. 7-18). Die nicht im einzelnen genannten »vier oder fünf Gedichte erregten« den Kritiker »weder thematisch noch formal«.

5 Das Zitat stammt aus dem Bericht in der »Stuttgarter Zeitung« vom 1. 3. 1955. Der Kritiker (»jz«) betont die Unbekanntheit des Autors und kritisiert die »knappe, karge Vortragsart« der gelesenen Gedichte »In der Frühe« und »Die frühe Tram im Fasching« (im Artikel als »Tram im Fasching«), beide erst 1981 publiziert in »Zeitlebens« (S. 54 und 61). Die Erzählungen sind, so der Berichterstatter, »das eigentliche Element dieses Autors«, das »Eigene, Unverwechselbare«, sie kamen in seiner Darstellung beim Publikum an.

6 Nicht identifiziert.

7 Nicht identifiziert.

8 Fritz Martini, mit dem Ehepaar Lenz gut bekannt, ist Professor für Neuere Deutsche Literaturwissenschaft an der Technischen

Hochschule Stuttgart; er hatte Celan bei dessen Lesung am 31. 1. 1955 in Eßlingen kennengelernt.

9 Siehe Anm. E/26.

10 Am linken Rand von S. 4 von der Hand von Hermann Lenz.

Brief 15

Nicht abgesandt. Die mit Seitenzahlen versehenen drei Blätter wurden von Celan bei seiner Korrespondenz mit Gotthold Müller von der Deutschen Verlags-Anstalt abgelegt.

1 Das Tages-Datum ist infolge einer Wischspur (auch bei der Jahreszahl zu beobachten) nicht ganz eindeutig lesbar; mit dem vorgeschlagenen lassen sich auch andere Daten sinnvoll integrieren (siehe die Anm. 9 und 11). Celan schickt den Brief, der, das zeigen die Faltspuren, schon im allerdings nicht erhaltenen Umschlag war, nicht ab; Hanne oder Hermann Lenz bekommen ihn auch später nicht zu lesen.

2 Gotthold Müller (1904-1993) ist von 1953 bis 1960 geschäftsführender Direktor der Deutschen Verlags-Anstalt.

3 Also gleich nach Celans Rückkehr aus Stuttgart Anfang Februar. Celan mahnt den Vertrag am 22. 2. 1955 (ein maschinenschriftlicher Entwurf dieses Briefes vom 22. 2. 1954 *[sic]* ist im Nachlaß Celan erhalten) noch einmal an und teilt gleichzeitig den jetzt endgültig festgelegten Titel, »Von Schwelle zu Schwelle«, mit, den Müller am 26. 2. 1955 telegraphisch bestätigt.

4 Celans Freund Rolf Schroers (1919-1981), früher Lektor bei der Deutschen Verlags-Anstalt, jetzt bei Kiepenheuer & Witsch, wird hier wohl als ›Fachmann‹ in Verlagsfragen, aber auch als Kenner der besonderen Verhältnisse in der DVA konsultiert.

5 Das Dokument geht mit einem erklärenden Brief am 14. 3. 1955 (Celan schreibt »1954«) an Müller. Celan versucht dort höflich im Ton, aber eindeutig in der Sache zu sein und schließt: »Ich bin sicher, nicht unbescheiden zu sein, lieber Herr Müller. Mehr kann ich nicht sagen.«

6 *[Adel verpflichtet]*: Zitat aus dem Brief von Müller an Celan vom 17. 3. 1955.

7 D. h. den ersten Korrekturlauf für »Von Schwelle zu Schwelle«, den Gedichtband also, um den es im Vertrag geht.

8 Ein Brief Celans vom 17. 3. 1955 ist – für einen eingeschriebenen

Brief wäre das ungewöhnlich – nicht als Durchschlag in Celans Nachlaß erhalten. Vielmehr reagiert Müller eben am 17. 3. 1955 auf Celans Vertragsentwurf. Celan meint sicherlich seinen Brief vom 20. 3. 1955 (für den sich Müller am 4. 4. 1955 bedankt).

9 Die Antwort Müllers vom 4. 4. 1955 erreicht Celan einige Tage nach diesem Brief. Er antwortet darauf jedoch erst am 11. 4. 1955, nimmt sich also Bedenkzeit. Auch das Telegramm vom 30. 3. 1955 gibt wegen der Datierung des eigenen Briefes (siehe Anm. 8) Rätsel auf: »Erbitte Antwort auf eingeschriebenen Brief vom 21. März = Celan«.

10 Otto Wolfgang Bechtle (* 1918) ist zusammen mit seinem Bruder Leiter des Bechtle Verlags Eßlingen.

11 Bei einem Versand am Samstag, dem 2. 4. 1955, kann Celan damit rechnen, daß der Brief am Montag, dem 4. 4. 1955, in Stuttgart ist.

12 Vom Herausgeber ergänzt (kursiv).

13 Ergänzung am linken Rand von S. 5.

14 Ergänzung am linken Rand von S. 6, der letzten Seite.

Brief 16

Poststempel: Stuttgart 7. 7. 1955 und Paris, 8. 7. 1955

1 D. h. den Band »Von Schwelle zu Schwelle«, der Ende Juni 1955 erschienen war (Stuttgart, Deutsche Verlags-Anstalt). Der Band trägt die Widmung: »Für Hannah und Hermann Lenz, / von Herzen / ihr / Paul Celan / Paris, Juni 1955.«

2 Proust, Lettres à Robert de Montesquiou 1893-1921, Paris 1930 bzw. Marcel Proust, Lettres à Madame C., Vorwort von Lucien Daudet, Paris 1946.

3 Anspielung auf V. 3 des Gedichts »Ich weiß« aus »Von Schwelle zu Schwelle«: »Wie alles Nachtgewiegte«. Auch das Folgende geht auf dieses Gedicht ein: »Ein Blick: / ein Faden mehr, der dich umspinnt. // Dies späte, späte Licht. / Ich weiß: die Fäden glänzen.« (V. 11-14)

4 Der Österreicher Wilhelm Keller (* 1920) lehrte 1950-1960 an der Musikhochschule Detmold, danach baute er zusammen mit Carl Orff das Orff-Institut am Mozarteum in Salzburg auf. Nicht seine Mutter, sondern sein Vater war Jude. Wann er Celans »Todesfuge« – zunächst wohl für gemischten Chor – komponierte

und wo das Werk damals uraufgeführt wurde, konnte nicht geklärt werden. Eine Bearbeitung für fünf Männerstimmen ist später in das Werk »Carmina Humana« eingegangen, das weitere Texte von Celan (»Tenebrae« und »Assisi«) und einer Reihe anderer Autoren zu einer Klangdokumentation mit Vokalkompositionen aus allen Schaffensperioden Kellers zusammenfaßt, und wurde im Juni 1994 durch das Regensburger Ensemble »Singer Pur« beim Deutschen Musikwettbewerb in Bonn uraufgeführt.

5 Es handelt sich, siehe das Folgende, um einen Empfang bei Rudolph Pechel (1882-1961), dem Herausgeber der »Deutschen Rundschau«, nach der von Thomas Mann (1875-1955) am 8. 5. 1955 im Württembergischen Landestheater Stuttgart (und am 14. 5. 1955 im Deutschen Nationaltheater Weimar) gehaltenen Rede über Schiller (publiziert als »Versuch über Schiller« in den Gesammelten Werken in dreizehn Bänden, Bd. IX: Reden und Aufsätze 1, Frankfurt a. M. [2]1974, S. 870-951). Siehe auch die Schilderung des Empfangs in »Ein Fremdling« (S. 237-239).

6 Hans Reisiger (1884-1968), der Übersetzer und enge Freund von Thomas Mann, hatte Hermann Lenz' Erzählungsband »Das doppelte Gesicht« an Thomas Mann geschickt. Dieser nennt in seiner Antwort an Reisiger den Autor »ein originelles, träumerisch-kühnes und merkwürdiges Talent« und fährt fort, »ganz selbständig neben Kafka, an den die Geschichten in ihrer genauen, wohlartikulierten Un- und Überwirklichkeit noch am meisten erinnern. Wie Sie voraussahen, war die zweite mir am unmittelbarsten zugänglich. Die dritte hat mich etwas verwirrt, und mit der ersten bin ich noch nicht ganz fertig.« (Brief vom 19. 4. 1953, in: Thomas Mann, Briefe 1948-1955 und Nachlese, hrsg. von Erika Mann, Frankfurt a. M. 1965, S. 292).

7 Der Paris-Aufenthalt von Hermann Lenz im August 1953 wird in »Ein Fremdling« ausführlich geschildert (S. 162-185).

8 Das Kind, Eric, ist – unvorhergesehen – zu diesem Zeitpunkt bereits geboren, siehe Brief 17.

Brief 17

Poststempel: Paris, 13. 7. 1955

1 Die Celans sind gerade aus den beiden kleinen Zimmern in der Rue de Lota (Nr. 5, ein Gebäude im Besitz der Familie de Le-

strange) in eine Wohnung in der Rue Montevideo (16. Arrondissement) umgezogen, die Odette de Lestrange (1897-1988) gehört. Sie teilen sie mit einer Schwester von Gisèle Celan-Lestrange.

2 Es handelt sich um den nicht abgesandten Brief vom 1. April (Brief 15).

3 Anspielung auf den Schlußvers von Hölderlins Hymne »Andenken«: »Was bleibet aber, stiften die Dichter.« (Große Stuttgarter Hölderlin Ausgabe, hrsg. von Friedrich Beissner, Bd. 2.1, Stuttgart 1951, S. 189)

Brief 18

Unfrankierter, von Hanne Lenz vollständig adressierter Umschlag.

1 Der Gruß auf einem Kärtchen in der Größe einer Visitenkarte in einem ebenso kleinen Umschlag begleitete ein Geschenk für Eric Celan, von dessen Geburt Hanne und Hermann Lenz etwa am 14. 7. 1955 (siehe Brief 17) erfahren hatten: einen silbernen Serviettenring mit eingraviertem Namen »Eric« (siehe Brief 19).

Brief 19

Poststempel: Paris 25. 7. 1955

1 Siehe Brief 7.

Brief 20

Kein Umschlag erhalten.

1 Siehe die Schilderung in Goethes »Dichtung und Wahrheit«: »*[. . .]* denn durch Ungeschicklichkeit der Hebamme kam ich für tot auf die Welt, und nur durch vielfache Bemühungen brachte man es dahin, daß ich das Licht erblickte.« (J. W. G., Aus meinem Leben, Dichtung und Wahrheit, hrsg. von Klaus-Detlef Müller, = Sämtliche Werke, Briefe, Tagebücher und Gespräche, Bd. I.14, Frankfurt a. M. 1986, S. 15)

2 Kurt Trautwein (1881-1958).

3 Siehe Anm. 9/2.

4 Hanne Lenz weist nach ihrer Unterschrift durch »(wenden)« darauf hin, daß Hermann Lenz' Brief auf der Rückseite weitergeht.

5 Siehe Brief 15.

Brief 21

Poststempel: Düsseldorf, 26. 9. 1955, Celan gibt als Absender die Adresse seines Freundes Rolf Schroers an.

1 Celan liest in Düsseldorf am 30. 9. 1955.

2 Zitat aus der Werbung für das Waschmittel »Persil«.

3 Hermann Lenz arbeitet als Sekretär beim Süddeutschen Schriftstellerverband, der ein Büro am Charlottenplatz, also in Bahnhofsnähe, unterhält.

Brief 22

Unfrankierter, von Hanne Lenz vollständig adressierter Umschlag.

1 Christoph Schwerin (1933-1996) lebt damals in Paris und ist mit den Celans befreundet; siehe sein Erinnerungsbuch »Als sei nichts gewesen« (Berlin, 1997).

2 Johann Rosenmüller (1620-1684): Sonate in e-moll, in einer Einspielung des Ensemble d'Ars Rediviva unter Claude Crassard (Disque Grammophon DB 5064); die Schallplatte wurde überbracht und nicht geschickt, weil sie aus Schellack ist (daher der unfrankierte Umschlag).

3 Nicht erinnerlich.

4 Johann Jakob Herkommer oder Herkomer ist an bedeutenden Bauwerken des Frühbarock im süddeutschen Raum, z. T. auch als Maler, beteiligt (St. Moritz in Augsburg, St. Mang in Füssen, Kloster Weingarten, Kloster Fultenbach). Hanne Lenz' 1941 an der Ludwig-Maximilians-Universität München bei Hans Jantzen (1881-1967) abgeschlossene Dissertation »Johann Jakob Herkommer (1648-1717)« wurde wegen des knappen Papiers nicht gedruckt und ist nur maschinenschriftlich erhalten.

5 Sameister bei Roßhaupten im Allgäu.

6 Roßhaupten bei Füssen im Allgäu.

7 Helga Wiegandt ist die Frau von Herbert Wiegandt, damals Direktor der Volksbibliothek Ulm, später Dozent an der Bibliotheksfachschule in Stuttgart.

8 Hanne Lenz war im Münchner Versteigerungshaus Adolph Weimüller für den Katalog verantwortlich.

9 In Hermann Lenz' Erzählung »Das stille Haus« ist es ein Spiel der Hauptperson Stephan und seiner Pariser Freundin Esther, beide Spiegelbilder von Hanne und Hermann Lenz (S. 139-141).

10 Das Ehepaar Lenz war mit Freunden im Sommer – anstelle der geplanten Frankreichreise – in Venedig.

Brief 23
Poststempel: Paris, 23. 11. 1955

1 35. Geburtstag von Paul Celan.
2 16. Pariser Arrondissement.
3 Siehe das Gedicht »Auch wir wollen sein, / wo die Zeit das Schwellenwort spricht« im folgenden Brief (24) und den Titel von Celans zweitem Gedichtband »Von Schwelle zu Schwelle«.
4 Siehe Anm. 22/2.
5 Siehe die Formulierung aus Celans Bremer Rede in bezug auf seine östliche Heimat, die Bukowina: »*[. . .]* in dieser nun der Geschichtslosigkeit anheimgefallenen ehemaligen Provinz der Habsburgermonarchie *[. . .]*.« (GW III 185). Von der am 26. 1. 1958 bei der Verleihung des Literaturpreises der Freien Hansestadt Bremen gehaltenen Rede ist im Nachlaß von Hermann Lenz ein Maschinen-Durchschlag erhalten mit Notiz oben links »Bremen« und der Widmung oben rechts: »Herzliche Grüße / Euer / Paul«. Celan hat ihn wohl gleich nach seiner Rückkehr nach Paris am 30. 1. 1958 (Poststempel) an Hanne und Hermann Lenz gesandt.
6 Celans Wiener Freund Klaus Demus hatte Celan am 17. 11. 1955 zum Geburtstag geschrieben; sein Buchgeschenk ist nicht bekannt.
7 Siehe Brief 22 vom 17. 11. 1955, der allerdings keine ausgesprochenen Geburtstagsgrüße enthielt. Das Geburtstagsgeschenk der Lenzens an Celan ist nicht mehr erinnerlich.
8 Zusatz am linken Rand.

Brief 24
Poststempel: Paris, 24. 12. 1955

1 Gisèle Celan-Lestrange unterschreibt hier nicht eigenhändig, hat aber die Radierung signiert. Die Widmung steht auf der Rückseite der rechts abgebildeten Doppelkarte mit dem handgeschriebenen Gedicht von Paul Celan und der Original-Radierung (7×9,5) von Gisèle Celan-Lestrange, beide titellos (nebeneinander, links das Gedicht, rechts die Radierung). Der Neujahrsgruß

wird auch an andere Freunde verschickt (siehe GN 325 und 355), das Gedicht geht aber nicht in den gerade entstehenden Band »Sprachgitter« ein. Das Ehepaar Lenz erhält – ein Zeichen großer Zuneigung – den ersten Abzug der Radierung; normalerweise verbleiben die ersten Abzüge im Besitz von Paul (jeweils erster Abzug) und Gisèle bzw. Eric Celan (zweiter und dritter Abzug).

Brief 25

Kein Umschlag erhalten.

1 Bei der Platte mit Barockmusik, gespielt auf alten Instrumenten vom Harpsichord Quartett, handelt es sich wohl um das oben genannte Weihnachtsgeschenk. Auf der Hülle ist ein barocker Musikant abgebildet, an dem alle erdenklichen Musikinstrumente herabhängen. Rosenmüllers Sonate Nr. 2 e-moll (siehe dazu Anm. 22/2) ist kombiniert mit Musik von Girolamo Frescobaldi (1583-1643) und François Couperin (1688-1733). Letzterer komponierte die »Apothéose de Corelli« (1724), die in sieben Sätzen die Aufnahme von Arcangelo Corelli (1653-1713) in den Parnaß und seine Ernennung zum Stellvertreter Apolls auf der Grundlage einer Triosonate im Corelli-Stil darstellt.

2 Am 2. 1. 1956 hatte in Frankreich bei vorgezogenen Parlamentswahlen die rechtsradikale Poujade-Bewegung auf Anhieb 11,6% der Wählerstimmen bekommen.

Brief 26

Poststempel: Annemasse (im französischen Alpen-Departement Haute-Savoie), 27. 1. 1956, als Absender gibt Celan die im Brief angegebene Adresse in Genf.

1 Celan arbeitet mit einem – sehr gut bezahlten – Zeitvertrag als Übersetzer am Bureau International de Travail in Genf von Januar bis Ende April 1956; er wohnt dort mit Frau und Kind. Zu Celans hervorragendem Arbeitszeugnis nach seinem Abgang siehe PC/GCL (Zeittafel).

2 Der folgende Satz, »Humorlosigkeit gehört hier zu den Vorschriften.«, ist gestrichen.

Brief 27
Poststempel: Stuttgart, 6. 2. 1956

1 »Ein Fremdling« ergänzt diesen Eindruck von Hermann Lenz' Affinität zur besonderen Atmosphäre am Genfer See: »Am nächsten Tage, als die Sonne milde war und er in Genf, eine Straße überquerend, Jugendstilvillen entgegenging, kam es ihm vor, als gäbe es in diesem stillen Viertel mit Vorgärten auch heute noch (und speziell am See) eine Luft oder eine Stimmung, die zu Menschen paßte, welche in anderen Städten längst verschwunden waren« (S. 261). George Gordon Noël Byron (1788-1824) hielt sich 1816 am Genfer See auf.

2 Hanne Lenz hatte in ihrer Jugend auf dem Ammersee segeln gelernt.

3 Nicht erinnerlich.

4 D. h. die versprochenen Fotos (siehe Brief 16) von Lenzens Wohnung.

Brief 28
Poststempel: Stuttgart, 19. 4. 1956

1 Zu Winfried Merlin siehe auch Brief 30.

2 Merlin hatte in der Zeitschrift »Merkur« 1952 den Beitrag »Der Dichter und die Uniform« (März, Nr. 49) und 1953 »Gelebtes Utopia. Brief aus dem Kibuz« (März, Nr. 61) publiziert.

3 D. h. den Arzt Edgar Warburg.

4 Celan hatte am 2. 5. 1954 beim Verlag um ein Exemplar von »Mohn und Gedächtnis« für Martin Buber (1878-1965) gebeten; es wurde wohl, wie das gleichzeitig erbetene Exemplar für Nelly Sachs (1891-1970), direkt durch den Verlag zugesandt.

Brief 29
Poststempel: Rochefort-en-Yvelines, 26. 6. 1956

1 Zur Mühle in Rochefort-en-Yvelines siehe Brief 17.

2 Dies gilt vor allem für Celan als Dichter. Seit Juni 1955 hatte er nur fünf neue Gedichte begonnen (»Schliere«, »Unten«, »Mit Brief und Uhr« und »Heimkehr«, dazu »Auch wir wollen sein«, siehe Brief 24) und an drei weiteren, vorher begonnenen weitergearbeitet, von denen er das erste diesem Brief wohl beilegt (»Unter ein Bild«, siehe Brief 30, »Heute und morgen« und »Zu-

versicht«). Seit Anfang des Jahres 1956 war kein *neues* Gedicht mehr entstanden.

3 Es handelt sich um das deutsch-französische Schriftstellertreffen zum Thema »Der Schriftsteller vor der Realität«, das vom 28. 4. bis zum 2. 5. 1956 im burgundischen Vézelay stattfand.

4 Es handelt sich um eine Grußpostkarte anderer Teilnehmer des Schriftstellertreffens, die Celan unterschrieben hatte.

5 In der Liste der deutschen Teilnehmer stehen u. a. Ilse Aichinger (* 1921), Alfred Andersch (1914-1980), Hans Bender (* 1919), Heinrich Böll (1917-1985), Günter Eich (1907-1972), Walter Höllerer (* 1922), Hans Werner Richter (1908-1993), Paul Schallück (1922-1976), Rolf Schroers, Günther Weisenborn (1902-1969) und Wolfgang Weyrauch (1907-1980).

6 Rosemarie Laubach, die Frau von Jakob Laubach, der die Tagung zusammen mit René Wintzen organisiert hatte.

7 Romain Rolland, geboren 1866, war 1944 in Vézelay gestorben. Im Ersten Weltkrieg überzeugter Pazifist, stand er später der kommunistischen Partei nahe und war im übrigen seit 1933 Mitglied des »Comité International Antifasciste«.

8 Ein u.a. von Heinrich Böll und Paul Schallück gezeichneter Rundbrief an die Teilnehmer datiert vom 26. 5. 1956, ein zweiter hat in Celans Nachlaß keine Spuren hinterlassen.

9 Celan spielt auf V. 8 seines Gedichtes »Strähne« aus »Von Schwelle zu Schwelle« an: »als ich, umsommert von Augen«.

Brief 30

Poststempel: Stuttgart, 30. 6. 1956. Von dem Brief ist ein zweiseitiger, nicht abgeschlossener Entwurf erhalten.

1 Auch Celan kennt den österreichischen Schriftsteller Herbert Eisenreich (1925-1986), Verfechter einer nationalen österreichischen Literatur, persönlich.

2 Hermann Lenz und Paul Celan hatten Eisenreich, nach Carl Spitzwegs (1808-1885) häufig so genanntem Ölbild »Schildwache, Kleider flickend«, vor Jahren so charakterisiert.

3 Herbert Eisenreich stammt aus Linz.

4 Hugo von Hofmannsthal, in Wien geboren, ist vom Vater böhmisch-jüdischer und italienischer, von der Mutter österreichisch-bayrischer Herkunft. Zu Hermann und Hanne Lenz' Verehrung

für Hofmannsthal siehe die Briefe 14, 57, 59 und 110 sowie Lenz' Artikel »Hugo von Hofmannsthal. Zum 75. Geburtstag des Dichters« in der Zeitschrift »Weltstimmen« (1949, S. 1-9). Auch das Fin-de-siècle-Wien von Hermann Lenz' frühen Erzählungen ist in diesem Sinne zu verstehen.

5 Persönlich lernt Celan Martin Buber erst am 14. 9. 1960 bei einem kurzen, für ihn im übrigen sehr enttäuschenden Gespräch in einem Pariser Hotel kennen.

6 Eine Handschrift mit diesem am 29. 7. 1955 entstandenen Gedicht ist im Besitz von Hanne Lenz erhalten. Wenn es auch keine konkreten Anzeichen im Brief selbst dafür gibt, scheint das Dokument, wie entsprechende Faltspuren belegen, Brief 29 beigelegen zu haben. Celan hatte das Gedicht bereits am 11. 5. 1956 mit vier anderen Gedichten an Hans Bender zum Abdruck in den »Akzenten« geschickt, wo es – unter dem endgültigen Titel »Unter ein Bild« – zusammen mit »Mit Brief und Uhr« und »Heimkehr« im Augustheft erscheint.

7 Die Namen mit den Geburtsdaten nach der Unterschrift von Hanne Lenz stammen wieder von Hermann Lenz.

Brief 31

Das Datum auf dem in Paris abgestempelten Briefumschlag mit dem Absender in Rochefort-en-Yvelines ist nicht lesbar.

1 Zur Mühle in Rochefort-en-Yvelines siehe Brief 17.

2 In ihrem Rundbrief an Verlage (z.B. den S. Fischer Verlag), Rundfunkanstalten usw., aber auch in Privatbrief-Form an Redakteure oder Autoren von Rezensionen verbreitete Claire Goll ab August 1953 Vorwürfe, Celan habe die Gedichte von Yvan Goll (1891-1950) plagiiert (siehe GA 40).

3 Celan meint die Aufsätze von Curt Hohoff (* 1913) »Flötentöne hinterm Nichts«, zuerst in: »Neue Deutsche Hefte«, Heft 1, 1954 (S. 69-73), in bearbeiteter Fassung dann in der Aufsatzsammlung Hohoffs, »Geist und Ursprung«, München [1954], S. 232-243, sowie »Die Metaphernsprache des neuen Gedichts«, in: »Jahresring« 1955/56, Stuttgart 1955 (S. 335-342), siehe GA 46 und 47.

4 Siehe den Aufsatz von Richard Exner (* 1929), »Yvan Goll – Zu seiner deutschen Lyrik«, in: »German Life and Letters« 1954/55, S. 252-259. Die Formulierung zeigt, daß Celan den Aufsatz zu

diesem Zeitpunkt tatsächlich nur vom Hörensagen kennt: Celan wird dort nicht als Plagiator bezeichnet, sondern als jemand, »der das Zeichen Golls weithin erkennbar trug« (S. 252, siehe GA 44).

5 Der tatsächliche Text des anonymen Briefs weicht geringfügig ab: »Georg Maurer, Leipzig, auf der Lyrikdiskussion des deutschen Schriftstellerkongresses in Ostberlin, im Januar 1956: ›Ich verweise auf den Meisterplagiator Paul Celan, der in seinen Versen das mittelmäßig wiederholt, was Ivan Goll zur Meisterschaft gebracht hat.‹« Der Brief wurde mit großer Sicherheit von Claire Goll selbst verfaßt und abgeschickt, der angeblich von Maurer stammende Text war ihr von dem Berliner Publizisten Helmut Uhlig (1922-1997) aufgeschrieben worden (siehe GA 41). Zum von Georg Maurer (1907-1971) auf dem Schriftstellerkongreß im Januar 1956 in Ostberlin tatsächlich Gesagten siehe Brief 36.

6 Das Heft Nr. 334 der »Cahiers du Sud« erschien im April 1956 mit vier Gedichten Celans aus »Von Schwelle zu Schwelle« mit einer Einleitung und in der französischen Übersetzung von Jean-Pierre Wilhelm (und Paul Celan).

7 Im tatsächlichen Brief: N. Bluerse; die Identität des Absenders konnte nicht geklärt werden (siehe GA 42).

8 Claire Goll war zwischen 1918 und 1925 mit Rainer Maria Rilke (1875-1926) z. T. eng befreundet (siehe »Ich sehne mich sehr nach Deinen blauen Briefen«. Briefwechsel zwischen Rainer Maria Rilke und Claire Goll, hrsg. von Barbara Glauert-Hesse, Göttingen 2000).

9 Es handelt sich jeweils um Nachlaßausgaben, erschienen 1951 und 1954 in Wiesbaden bzw. Heidelberg; die inkriminierten Gedichte Celans waren fast alle bereits in »Der Sand aus den Urnen« (Wien, A. Sexl, 1948) enthalten.

10 Im Brief an die »Cahiers du Sud« werden die Behauptungen dahingehend ausgeweitet, daß Celans Plagiat im deutschen Literaten-Milieu wohlbekannt sei.

11 Celan schreibt versehentlich »das« (durch den Herausgeber kursiv korrigiert). Es handelt sich um den Band »Yvan Goll« in der Reihe »Poètes d'aujourd'hui« (Paris, Seghers, 1956), in dem Exner in einem – von Claire Goll ins Französische übersetzten – Aufsatz Yvan Golls deutsche Gedichte behandelt (S. 63-79). Der

Schluß mit der von Celan erwähnten Bemerkung (S. 79) stammt vollständig von Claire Goll (siehe GA 48).

12 Der erste Besuch Celans bei den Golls fand am 6. 11. 1949 statt; Celan hatte Yvan Goll kurz vorher zufällig bei Yves Bonnefoy (* 1923) kennengelernt (siehe GA 2). Yvan Goll starb am 27. 2. 1950.

13 Nämlich den späteren Zyklus »Der Sand aus den Urnen« – in dem gegenüber dem früheren Zyklus (noch mit dem Titel »Mohn und Gedächtnis«) fünf Gedichte fehlen, eines hinzukommt und eines an den Anfang des folgenden Zyklus gestellt wird – und das als Zyklus gekennzeichnete Gedicht »Todesfuge«.

14 Yvan Goll hatte zwar schon seit dem Frühjahr 1948 wieder deutsch geschrieben, eine letzte fruchtbare deutschsprachige Schaffensperiode fällt jedoch tatsächlich mit der Zeit seines Kontaktes zu Celan zusammen.

15 Die aus der Ukraine stammende jüdische Bildhauerin Chanah Orloff (1888-1968) lebte als französische Staatsbürgerin in Paris.

16 Paris 1935, der Titel ist tatsächlich »Chansons Malaises«. Siehe Celans Übertragung: »Liebeslieder Eines Malaiischen Mädchens« (Erstdruck: GA 10).

17 Paris 1949; zusammen mit »Élégie d'Ihpétonga« publiziert und z. T. von Celan übersetzt sind auch die »Masques de Cendre«; siehe Celans Übertragung »Ihpetonga-Elegie und Aschenmasken« (Erstdruck: GA 9).

18 Im Gegensatz zu den beiden anderen von Celan übersetzten Gedichtbänden handelt es sich hier um eine von Claire Goll herausgegebene und von ihr z. T. erheblich bearbeitete Nachlaßveröffentlichung, erschienen erst 1951 in Paris; siehe Celans Übertragung »Pariser Georgika« (Erstdruck: GA 11).

19 Zum Brief von Franz Vetter, Pflug Verlag, siehe GA 36.

20 Claire Golls Übersetzung »Malaiische Liebeslieder« (Thal-Sankt Gallen 1952) kann die Kenntnis von Celans Arbeit nicht leugnen. Sie erschien schon knapp drei Monate nach der Ablehnung von Celans Übertragung, im März 1952.

21 Die Abschriften sind im Nachlaß von Claire Goll im Deutschen Literaturarchiv Marbach erhalten.

22 Dieses Exemplar von »Der Sand aus den Urnen« ist im Besitz

von Eric Celan, die Widmungsseite wurde von Celan herausgerissen.

23 Claire Goll deutet zwar in einem Brief an Celan an, die Übersetzung von Yvan Golls »Le chien de *ma* mort« (sic, meine Hervorhebung), »Todeshund«, in Stuttgart gelesen zu haben, tatsächlich hat sie aber bei der am 11. 6. 1951 aufgenommenen und am 4. 8. 1951 ausgestrahlten Sendung über Yvan Goll weder das Gedicht (aus den zusammen mit »Élégie d'Ihpétonga« veröffentlichten »Masques de Cendre«) noch eine deutsche Fassung davon vorgetragen.

24 Claire Goll lebte von Mai 1952 bis Mai 1955 in den USA; das Rundschreiben an Rezensenten, Rundfunk- und Verlagsleute vom August 1953 kam von dort.

25 Der vollständige Briefwechsel zwischen Paul Celan und Claire Goll ist inzwischen veröffentlicht (GA 13-35, 53 und 164).

26 Obwohl schon 1956 angekündigt, erscheint »Dichtungen« erst Ende Februar 1960. Es handelt sich um eine *Auswahl* aus dem Gesamtwerk, die das Spätwerk allerdings fast vollständig gibt. Offensichtlich weiß Celan nicht, daß im Herbst 1956 die zweisprachige Ausgabe »Pariser Georgika« im Luchterhand Verlag erscheinen soll und tatsächlich erscheint, mit der deutschen Übersetzung von Claire Goll, die ebenfalls die Kenntnis von Celans ungedruckter Übersetzung nicht leugnen kann.

27 Von einem Antwortbrief Celans auf Merlins Brief vom 5. 7. 1956 gibt es keine Spuren in Celans Nachlaß.

Brief 32

Telegramm, datiert Paris, 24. 7. 1956, 13 Uhr 10 und Stuttgart, 24. 7. 1956, 14 Uhr 05; Adressatin ist Hanne Lenz.

1 Hanne Lenz feiert am 24. 7. 1956 ihren 41. Geburtstag.

Brief 33

Poststempel: Stuttgart, 25. 7. 1956

1 Celans Brief zu den Verleumdungen durch Claire Goll (Brief 31) wurde in mehreren Durchschlägen, unter Weglassung von Anrede und Schlußgruß, abgetippt; einer davon ist im Besitz von Hanne Lenz verblieben.

2 Alfred Andersch wird durch Celan selbst am 27. 7. 1956 mit einem

langen Brief informiert (siehe GA 55). Andersch gibt die Zeitschrift »Texte und Zeichen« in eben dem Luchterhand Verlag heraus, in dem die Gollsche Gesamtwerkausgabe angekündigt ist.

3 In Celans Nachlaß sind Fotokopien von Brief und Umschlag wie auch die Originale erhalten, sie dürften aber erst 1960/61 angefertigt worden sein.

Brief 34

Poststempel: Rochefort-en-Yvelines, 28. 7. 1956

1 Celan korrigiert hier ein ursprüngliches »den Mund« in »das Maul«, entsprechend der Formulierung in Hermann Lenz' Brief (33).

2 Ein Exemplar des Briefs an Andersch ist im Nachlaß Celan erhalten; Hanne Lenz besitzt keines mehr, da das Lenzsche Exemplar an Hermann Kasack weitergegeben wurde (siehe Brief 36) und wohl dort verblieben ist.

3 Celan hatte schon telegrafisch gratuliert, siehe Brief 32.

Brief 35

Poststempel: Paris, 25. 8. 1956

1 Anspielung auf Hermann Lenz' Erzählung »Das stille Haus«, in dem autobiographische Erlebnisse in ein imaginäres Wien verlegt sind, und auf die ganz reale Urlaubsreise des Ehepaars Lenz nach Österreich (siehe auch Brief 30).

2 Siehe Anm. 34/2.

3 Karl Schwedhelm, wie Alfred Andersch am Süddeutschen Rundfunk tätig, hatte tatsächlich Anfang des Jahres Aufnahmen mit Claire Goll gemacht (bei dieser Gelegenheit hatte diese im übrigen wohl den anonymen Brief an Celan abgeschickt, siehe Anm. 31/5). Am 27. 8. 1956 wird daraus die Sendung »Indianische Kunst«, in der C. Goll über ihre Eindrücke von der Kunst der nordamerikanischen Indianer spricht, zwischen 23 und 23.30 Uhr ausgestrahlt.

4 Die Deutsche Verlags-Anstalt und ihr Leiter Gotthold Müller sind insofern betroffen, als die von Claire Goll als Plagiate bezeichneten Gedichte Celans dort (in »Mohn und Gedächtnis«, eines auch in »Von Schwelle zu Schwelle«) erschienen sind. Celan ist vom 16. bis etwa zum 19. September in Stuttgart.

Brief 36
Kein Umschlag erhalten.

1 Walter Höllerer ist seit 1956 Dozent im Bereich Neuere Deutsche Literaturwissenschaft an der Universität Frankfurt a. M. Die hier von Martini vorgeschlagene Untersuchung wird dieser selbst vier Jahre später durch seinen Schüler Reinhard Döhl (siehe Anm. E/24) erarbeiten lassen.

2 Hans Egon Holthusen (1913-1997) wäre dafür kaum geeignet gewesen. Er hatte damals selbst persönlichen Kontakt zu Claire Goll, und seine – vorausgehenden wie späteren – Publikationen zu Celan zeigen, daß er diesem jüdischen Dichter deutscher Sprache keinerlei wirkliches Verständnis entgegenbringt (siehe GA 45). Celan selbst hätte zudem Probleme gehabt, dem ehemaligen SS-Mitglied Holthusen – davon weiß er gerade durch Hanne Lenz – in dieser Sache Vertrauen entgegenzubringen.

3 Die Veranstaltung in Belgien hatte im September 1951 zum ersten Mal stattgefunden. Hermann Lenz fährt wohl als Sekretär des Präsidenten des Süddeutschen Schriftstellerverbandes Kasack nach Knokke-Le Zoute.

4 Abgedruckt in: Georg Maurer, Der Dichter und seine Zeit, Berlin 1956, S. 32-67, hier S. 65. Das Wort »experimentierenden« fehlt dort.

5 Nur diese Grüße, nicht die vorausgehenden und folgenden Postscripta stammen von Hanne Lenz.

Brief 37
Poststempel: Stuttgart, 12. 9. 1956 und Paris, 13. 9. 1956 (Expreß)

1 Datierung nach Poststempel.

2 Daß Claire Goll anwesend sein würde, hatte Celan erwarten können: Sie hatte ihm von der ersten Tagung eine Karte geschrieben (siehe GA 27).

3 Celan sieht Merlin also wohl nicht, da er erst am Sonntag, dem 16. September, in Stuttgart eintrifft.

Brief 38
Poststempel: Paris, 13. 9. 1956 und Stuttgart, 14. 9. 1956 (Expreß)

1 Datierung nach Poststempel.

Brief 39

1 Das Gedicht mit dem endgültigen Titel »Heimkehr« entstand im Dezember 1955 und gehört zu den ersten des zukünftigen Bandes »Sprachgitter«, die Celan der Öffentlichkeit übergibt: Eine von der Fassung des späteren Gedichtbands noch geringfügig abweichende Fassung erscheint im August-Heft der Zeitschrift »Akzente« 1956 (siehe auch Anm. 29/2 und, zum ebenfalls dort publizierten Gedicht »Unter ein Bild«, Anm. 30/6). Die hier wiedergegebene Fassung, auf einem von Hanne Lenz an »Monsieur et Madame / Paul Celan / 29 bis Rue de Montevideo / Paris XIVe« adressierten, aber nicht frankierten und gestempelten Briefumschlag, geht der Fassung des Erstdrucks wohl voraus. Der Umschlag – er enthielt ursprünglich wahrscheinlich einen Brief oder Gruß, der einem Geschenk, vielleicht zu Weihnachten 1955, beigelegt war – wurde mit Sicherheit persönlich übergeben. Die erste persönliche Begegnung zwischen Celan und dem Ehepaar Lenz nach der Entstehung des Gedichts findet Mitte September 1956 statt, als auch die Druckfassung schon Gesprächsthema sein kann. Die Abtrennung der beiden letzten Verse ist vielleicht ausschließlich durch Platzprobleme zu begründen. Die durch die Form des Umschlags bedingten Einrückungen in der ersten und dritten Strophe bleiben hier unberücksichtigt (siehe Abb. 5, die Schlüsse der beiden letzten Verse sind durch die Umschlagklappe verdeckt).

2 Im Original: »Darunter, *[gestrichen:* un*]* geborgen,«

Brief 40

Poststempel: Stuttgart, 21. 9. 1956

1 Die Hanne Lenz von Celan bei seinem Besuch geschenkten Blumen.

2 Die Vorwürfe von Claire Goll und deren wahrer Hintergrund.

3 Hermann Kasack ist seit 1953 Präsident der Deutschen Akademie für Sprache und Dichtung; auch in Zusammenhang mit dieser Position ist es wichtig, daß gerade er ausreichend informiert wird. Im Fall Andersch spricht dafür seine Position beim Süddeutschen Rundfunk und seine Beziehung zum Luchterhand Verlag, dem Verlag von Claire Goll (siehe Anm. 33/2).

4 D. h. zur Frankfurter Buchmesse.

5 Zum Vorschlag Martinis siehe Anm. 36/1.
6 Darunter sicher der dem Rundbrief ähnelnde Brief von Claire Goll an Karl Schwedhelm vom 10. 8. 1953, den sich Celan bei seinem Stuttgart-Aufenthalt ausgeliehen hatte, dazu möglicherweise der anonyme Brief aus Stuttgart und der an die »Cahiers du Sud« (Anm. 31/5-7).
7 Der Lyriker und Mitarbeiter des S. Fischer Verlags Oskar Loerke (1884-1941) war mit Hermann Kasack befreundet.
8 Hanne Lenz besorgt für Celan deutsche Bücher, über Stuttgarter Buchhandlungen (hier die heute nicht mehr bestehende Buchhandlung Weise) oder über den Kröner Verlag, für den sie damals als freie Mitarbeiterin tätig ist.
9 Wörterbuch der Deutschen Volkskunde, begründet von Oswald A. Erich und Richard Beitl, Stuttgart 1955 – das Buch ist im Alfred Kröner Verlag erschienen. In der Nachlaßbibliothek Celans ist es nicht enthalten.

Brief 41

Poststempel: Stuttgart, 24. 9. 1956. Der Brief war separat mit anderen Materialien zur Goll-Affäre abgelegt.

1 Diese Einschätzung ist die einzige Äußerung eines Juristen, die sich dezidiert *für* juristische Schritte ausspricht. Die Justitiare der Verlage, etwa der des S. Fischer Verlages (1960), raten meist ab. Celan hat nie Klage erhoben, weder wegen Verleumdung noch seinerseits wegen Plagiats in bezug auf seine Goll-Übersetzungen und deren Verwendung durch Claire Goll.
2 Hanne Lenz hatte in der Stuttgarter Buchhandlung Weise für Celan das Buch von Karl Bühler (1879-1963), »Die geistige Entwicklung des Kindes«, bestellt. Das Buch erschien erstmals 1918 in Jena. In Celans Bibliothek erhalten ist nur der 1958 erschienene »Abriß der geistigen Entwicklung des Kleinkindes«, (Heidelberg, Quelle & Meyer, 1958), bei dem es sich um die 8. erweiterte Ausgabe einer Kurzfassung handelt.
3 Nicht erinnerlich.
4 Eine solche Erklärung in der von Andersch herausgegebenen und im Luchterhand Verlag, d.h. dem Verlag Claire Golls, erscheinenden Zeitschrift schlägt Celan Andersch in seinem Brief vom 27. 7. 1956 (siehe Anm. 33/2) selbst vor. Sie wird nicht realisiert.

Brief 42
Poststempel: Stuttgart, 10. 11. 1956. Der Brief war separat mit anderen Materialien zur Goll-Affäre abgelegt.

1 Vielleicht handelt es sich um das von Claude Mauriac zusammengestellte Proust-Buch (siehe Anm. 11/2); weder dieses noch eine andere Proust-Biographie ist jedoch in der nachgelassenen Bibliothek von Hermann Lenz aufzufinden (abgesehen von der in Anm. 75/1 genannten).

2 Es handelt sich wohl um Anderschs Brief an Celan vom 2. 10. 1956.

3 Brief vom 10. 8. 1953 von Claire Goll an Karl Schwedhelm (siehe Anm. 40/6 und 44/3).

4 Der 2. Internationale Kongreß deutschsprachiger Schriftsteller, ausgerichtet vom Süddeutschen Schriftstellerverband, bei dem Hermann Lenz arbeitet, fand vom 13. bis zum 15. Oktober 1956 in Überlingen am Bodensee statt.

5 Der Schriftsteller Hermann Kesten (1900-1996) war über die Niederlande (1933) in die USA ausgewandert (1940). Er kommt nie endgültig nach Deutschland zurück, sondern pendelt zwischen New York und Rom. 1952 hält er in München eine vielbeachtete Rede zur »Situation der Deutschen Literatur 1952«.

6 Ludwig Friedrich Barthel (1898-1962) ist mit »windelweicher Nazi-Barde« sicher zu scharf, in der Tendenz aber richtig charakterisiert. Er zeigt in seinem Gedichtband »Dem inneren Vaterland« (1933) Anfälligkeit für die Gedanken der neuen Machthaber, wird später aber vom »Amt Rosenberg« als »bedingt negativ« eingestuft. Den ihm 1937 aus diesem Grund verweigerten Dichterpreis der Stadt München erhält er dann doch noch 1942.

7 Hugo von Hofmannsthal – Carl J. Burckhardt. Briefwechsel, S. Fischer, Frankfurt 1956; Carl J. Burckhardt (1891-1974) ist selbst Herausgeber. Das Buch ist in Celans nachgelassener Bibliothek nicht enthalten.

Brief 43
Poststempel: Paris, 12. 11. 1956

1 Hier spielt Celan sicher nicht nur auf die persönliche, sondern auch auf die politische Lage an, d. h. den Aufstand in Ungarn und den Angriff Israels auf Ägypten, jeweils im Oktober, sowie den

britisch-französischen Angriff auf Ägypten im November 1956 (Suez-Krise).

2 Celan kennt den französischen Dichter und Teilnehmer am Widerstand gegen die deutschen Besatzer René Char (1907-1988) seit 1954 persönlich und hatte ihm das wohl im Dezember 1954 entstandene Gedicht »Argumentum e silentio« gewidmet.

3 Celan verwendet große eckige Klammern.

Brief 44
Poststempel: Stuttgart, 30. 11. 1956

1 Joachim Moras (1902-1961) ist Mitbegründer und Mitherausgeber der Zeitschrift »Merkur« und des Jahrbuchs »Jahresring«, die beide in der Deutschen Verlags-Anstalt erscheinen. Im »Jahresring«, herausgegeben im Auftrag des Kulturkreises im Bundesverband der Deutschen Industrie, war 1955 (Band 1955/56) ein Aufsatz von Curt Hohoff erschienen, in dem Gedichte von Yvan Goll und Paul Celan mit eindeutiger Absicht, aber ohne die tatsächliche Behauptung eines Plagiats, nebeneinandergestellt wurden (siehe Anm. 31/3). Es handelt sich um das von Claire Goll manipulierte Nachlaßgedicht Yvan Golls, »Sahst du in meiner Lunge den dürren Wald« (in der zitierten Form zuerst in der Zeitschrift »Konturen«, 1953), und das am 5. 11. 1952 entstandene Gedicht »In Gestalt eines Ebers« aus »Von Schwelle zu Schwelle« von Paul Celan (zuerst im »Jahresring«, 1954).

2 Celan nimmt weder im »Merkur« noch in Anderschs Zeitschrift »Texte und Zeichen« je zu Claire Golls Verleumdung Stellung. Claire Goll hat ihrerseits nie gegen Celan oder einen seiner Verteidiger prozessiert.

3 Es geht um das Original des an Schwedhelm gerichteten Briefs von Claire Goll vom 10. 8. 1953; Celan gibt es tatsächlich erst im Juli 1957 zurück; siehe auch 42/3.

4 Vom Herausgeber ist »mich« ergänzt (kursiv). Hermann Lenz scheint hier vor allem eine persönliche Antipathie zum Ausdruck zu bringen. Die Beschreibung von Gotthold Müller, der sich im »Dritten Reich« aktiv gegen die Machthaber engagiert hatte und nach seinem Ausscheiden aus der Deutschen Verlags-Anstalt (1960) einen eigenen, u. a. auf Widerstandsliteratur und Judaica spezialisierten Verlag gründet (Gotthold Müller Verlag, Mün-

chen), scheint ungerecht. Auch die Briefe Müllers weisen ihn zwar als hart verhandelnden Verlagsmann aus, aber auch als jemanden, der sich für ein Werk wie das Celans einsetzen möchte.

5 Die »Stuttgarter Zeitung« berichtet am 26. 11. 1956 auf der ersten Seite unter dem Titel »Knappheit und Kälte in Paris« von Hamsterkäufen im Zusammenhang mit der Suez-Krise und von Problemen mit Heizöl, aber auch Kohle, als Folge der Treibstoffrationierung, und das im kältesten Pariser November-Ende seit Beginn der Temperaturmessungen.

6 Celan will seine Erstausgabe des 1892 in Paris im Selbstverlag erschienenen Gedichtbandes von Stefan George (1868-1933, Druckvermerk: »Für den Verfasser gedruckt bei Vaillant-Carmanne in Lüttich«) verkaufen. Die Bitte um Erkundigungen hatte er offensichtlich mündlich geäußert. Der Plan wird nicht realisiert: Der Band, mit dem Pergamentumschlag, aber vollständig aufgeschnitten, ist in der Nachlaßbibliothek Celans erhalten.

Brief 45

Poststempel: Stuttgart, 25. 2. 1957

1 Celan wird am 3. 6. 1957 auf Einladung von Julie Gastl (1908-1999), der Begründerin und Besitzerin der Buchhandlung Gastl, in Tübingen lesen, das von Stuttgart aus in einer Zugstunde erreichbar ist.

2 Der Brief wird von hier an durch Hanne Lenz fortgesetzt.

3 Siehe Anm. 41/2.

4 Tatsächlich wird Hanne Lenz das Lektorat Psychologie im Klett Verlag betreuen.

5 Siehe Brief 49.

6 Celan liest am Tag nach der Tübinger Lesung auch in der Technischen Hochschule in Stuttgart (4. 6. 1957).

Brief 46

Kein Umschlag erhalten.

1 Die Übersetzung des 1956 erschienenen Buches übernimmt, da Celan ablehnt (siehe Brief 50), Kurt Leonhard (* 1910). Sie erscheint 1958 bei Klett in Stuttgart unter dem Titel »Der Mensch und das Kino. Eine anthropologische Untersuchung«.

2 Nicht mehr erinnerlich.

3 Was für eine Schriftprobe des italienischen Dramatikers Luigi Pirandello (1867-1936) Hermann Lenz, wohl zum Geburtstag und wohl von Celan, bekommen hat, ist nicht erinnerlich. Wie Brief 53 zeigt, ist sie in einem Buch enthalten.

Brief 47

Kein Umschlag erhalten.

1 Siehe das Übersetzungsangebot im vorausgehenden Brief von Hanne Lenz (46). Nach der zweiten, im Januar 1955 abgeschlossenen Simenon-Übersetzung (»Maigret und die schrecklichen Kinder«, Köln/Berlin, Kiepenheuer & Witsch, 1955) nimmt Celan keinen Übersetzungsauftrag für einen Text mehr an, zu dem er nicht selbst ein intensives Verhältnis hat; siehe auch Brief 50.

2 Siehe Anm. 45/6.

Brief 48

Poststempel: Paris, 23. 3. 1957

1 In seinem am 12. 11. 1956 geschriebenen letzten Brief (43) spricht Celan von »übermorgen«.

2 In den Wochen vor diesem Brief sind die Gedichte »Tenebrae« (10. 3. 1957), »Blume« (12. 3. 1957) und »Weiß und Leicht« (12. 3. 1957) für den späteren Band »Sprachgitter« entstanden.

3 Gisèle Celan-Lestrange feiert am 19. 3. 1957 ihren 30. Geburtstag. Das Ehepaar Lenz bedenkt mit der Farbwahl der Blumen die ausgesprochene Vorliebe von Paul Celan für die Farbe Weiß (wie schon bei dem weißen Krüglein, siehe die Briefe 7, 8 und 10).

4 Seit dem Abschluß von »Von Schwelle zu Schwelle« entstanden sind außer den in Anm. 29/2 und 48/2 genannten Gedichten »Stimmen« I-IV und VII (21./22. 7. 1956).

5 Vielleicht hat Paul Celan dies tatsächlich getan. Im Nachlaß von Hermann Lenz sind Typoskripte von älteren Gedichten (aus »Von Schwelle zu Schwelle«) erhalten, die Celan den Freunden nach der Lesung überlassen haben könnte: »Der uns die Stunden zählte«, »In Memoriam Paul Eluard«, »Schibboleth« und »Vor einer Kerze«.

6 Siehe Brief 46 und Anm. 47/1.

7 Franz Schonauer (1920-1989) ist damals Lektor beim Klett Verlag.

8 Siehe Brief 49.

9 Celan wird bei dieser Lesung am 7. 2. 1957 von einem Zuhörer auf seine Beziehung zu Yvan Goll und dann, in einem Lapsus linguae, vom für die Lesung Verantwortlichen als »Herr Goll« angesprochen (berichtet von eben dem Veranstalter Oswald Döpke, in: »Ich weiß nämlich gar nicht, wohin ich gehen soll. Ingeborg Bachmann in Briefen aus den Jahren 1956 und 1957«, »Du«, September 1994, S. 36-39, hier S. 38, siehe GA 50). Der Bericht über die Lesung in den »Bremer Nachrichten« vom 9. 2. 1957 geht nicht auf den Vorfall ein. Der Kritiker (»HJS«) gibt vielmehr, nach der Erwähnung einiger der gelesenen Gedichte (»Assisi«, »Todesfuge«, »Dunkles Aug im September«, »Zähle die Mandeln«), eine Zusammenfassung von Celans Poetik, die diesem nicht in jedem Punkt gerecht wird: Während eine Zuordnung Celans zu Mallarmé mit der Bemerkung, auch er begreife »Dichten als ein ›Machen‹«, sicher auch damals schon Celans Widerspruch hervorgerufen hätte, kündigt das Schlußzitat, »Ohne Wahrheit gibt es keine Dichtung«, bereits Celans reife Poetik an.

Brief 49
Kein Umschlag erhalten.

1 Siehe Brief 52.

2 Das Humboldtschlößchen in der Adelheid-Allee in Berlin-Tegel wurde 1820-1824 durch Karl Friedrich Schinkel (1781-1841) für Wilhelm von Humboldt (1767-1835) zu einer symmetrischen Anlage mit vier Ecktürmen umgestaltet. Das besondere Interesse von Hermann Lenz dafür könnte auch aus seiner Studienzeit bei August Grisebach (1881-1950), einem Schinkel-Spezialisten, datieren (siehe Anm. 92/7).

3 Julie Gastl von der Buchhandlung Gastl.

Brief 50
Poststempel: Paris 26. 4. 1957, adressiert an »Madame Hermann Lenz«, »Madame« ist offensichtlich nachträglich ergänzt.

1 Siehe Brief 46 und Anm. 47/1.

2 Siehe Brief 29.

3 Einen »Herrn Gastl« gab es nicht; Besitzerin der von ihr 1949 selbst gegründeten Buchhandlung in der Nähe der Tübinger Stiftskirche ist Julie Gastl.

4 Die französische Hausnummer »29bis« entspricht in Deutschland etwa »29a«.

5 Die Hausmeisterin der großen Pariser Wohnkomplexe – eine französische ›Institution‹ – hat, unter anderem, die Funktion, die Post für das ganze Haus entgegenzunehmen und zu verteilen.

6 Die Lesungen in Tübingen und Stuttgart finden doch erst am 3. und 4. Juni 1957 statt; die Familie fährt danach, von Stuttgart aus, nach Österreich in die Ferien.

Brief 51

Poststempel: Paris, 27. 4. 1957

1 Siehe Anm. 50/3.

2 Im Nachlaß von Hermann Lenz sind, innerhalb der Korrespondenz von Paul Celan, durch diesen an Franz Schonauer adressierte Briefumschläge, u. a. vom 26. 4. 1957, erhalten. Es handelt sich hier um Umschläge von Briefen Celans an Schonauer, die im Verlag im Papierkorb gelandet wären und von Hanne Lenz vor diesem ›Schicksal‹ bewahrt wurden.

Brief 52

Poststempel: Stuttgart, 28. 4. 1957

1 Offensichtlich hat Celan ein ausgesprochenes Interesse daran, in Tübingen zu lesen; es handelt sich um seine erste Lesung dort (er liest im Hörsaal 9 des Universitätsgebäudes Neue Aula). Der Bericht über die Lesung in der »Tübinger Chronik« (Tübinger Lokalteil der »Südwestpresse«, Ulm) vom 5. 6. 1957 unter der Überschrift »Gedichte, auf die es ankommt« zeigt, daß die Lesung sehr erfolgreich war: Das Publikum von »mehreren hundert Interessierten« ist, so wird der Dichter selbst referiert, das größte, vor dem er je gelesen hat. Celan, berichtet der Kritiker (»jk«), »trug seine Gedichte langsam, aber nicht stockend vor. Seine Stimme, manchmal gefaßtem Schluchzen ähnlich, füllt Worte und Pausen«. Celan wird im Lesungsbericht als Jude eingeführt, der »später in ein Zwangslager geworfen« worden sei; die in Tübingen gelesene »Todesfuge« wird, und das ist für die Celan-Rezeption dieser Zeit nicht selbstverständlich, in diesen Zusammenhang gestellt. Der Artikel schließt: »Es ist schwer, zu überleben.« Als weitere Gedichte auf dem Lesungsprogramm gehen »Der Gast« und

»Das ganze Leben« aus dem bemerkenswert verständnisvollen Bericht hervor. Drei weitere Male wird Celan in Tübingen lesen: bereits wieder am 6. 12. 1957 (siehe Brief 65), außerdem am 25. 8. 1963 und am 10. 7. 1968.

2 Zu Celans Lesung in der Technischen Hochschule Stuttgart siehe Anm. E/15 und Brief 56.

3 Die Familie Celan zieht erst am 19. 11. 1957 in ihre erste eigene Wohnung, eine Vier-Zimmer-Eigentumswohnung in der Rue de Longchamp; sie bleibt damit im gleichen Arrondissement (16^{e}) wie bisher.

4 D.h. etwa seit dem 21. April.

Brief 53

Poststempel: Stuttgart, 10. 5. 1957.

1 Celan kommt am Samstag, dem 1. Juni, morgens in Stuttgart an.

2 Hanne Lenz arbeitet als Lektorin beim Ernst Klett Verlag, Hermann Lenz als Sekretär des Süddeutschen Schriftstellerverbandes.

3 Siehe Anm. 46/3. Es handelt sich hier um einen verspäteten Dank für ein Geburtstagsgeschenk. Die im folgenden genannten Tagebücher von Robert Musil (1880-1942), Gesammelte Werke in Einzelausgaben, hrsg. von Adolf Frisé, Hamburg 1955, hatte Hermann Lenz, wie er selbst in den Band notiert hat, zu Weihnachten 1956 von Celan bekommen.

4 Wann und aus welchem Anlaß Walter Höllerer Celan in Paris besucht hat, ist nicht bekannt.

5 Wolfgang Bächler (* 1925) und Günter Grass (* 1927) leben seit 1956 in Paris, Bächler bis 1962, Grass bis 1960.

Brief 54

Poststempel: Paris, 29. und 30. 5. 1957 und Stuttgart, 30. und 31. 5. 1957 (Expreß); die den Briefumschlag durch den großen Platzverbrauch dominierenden, von Celan sicher bewußt ausgewählten Briefmarken zeigen eine Reihe von fünf »Héros de la Résistance [Helden des Widerstands]«, nämlich Jean Moulin (1899-1943), Honoré d'Estienne (1901-1941), Robert Keller (1899-1945), Pierre Brossolette (1903-1941) und Jean-Baptiste Lebas (1897-1944).

1 Datierung nach Poststempel.

2 Siehe Anm. 52/3.

3 Die Familie Celan trifft in Bad Gastein vor allem Celans Tante Berta Antschel (1894-1981), die seit dem »Anschluß« Österreichs an Nazi-Deutschland in London lebende Schwester seines Vaters, und die ebenfalls aus Wien nach London emigrierte Regine Schäfler, Tochter einer Großtante Celans väterlicherseits, mit ihrem Mann Leo Schäfler. »Kusine« hat hier also die Bedeutung einer entfernten Tante. Bei seinem Besuch Anfang Juni in Stuttgart hinterläßt Celan einen Zettel mit seiner Adresse in Bad Gastein (»Haus Imperial«).

4 Den 31. 5. 1957. Gisèle und Eric Celan treffen entgegen der vorausgehenden Ankündigung schon am 5. Juni nachmittags ein und feiern in Stuttgart Erics zweiten Geburtstag.

Brief 55

1 Das Gedichtmanuskript wird während des Aufenthaltes der Familie Celan in Stuttgart übergeben. Siehe Abb. 6. Es handelt sich hier um eines der frühesten Dokumente zum sechsten Gedicht des Zyklus »Stimmen« in »Sprachgitter« (siehe Paul Celan, Sprachgitter. Vorstufen, Textgenese, Endfassung, = Tübinger Ausgabe, hrsg. von Heino Schmull unter Mitarbeit von Michael Schwarzkopf, Frankfurt a.M., Suhrkamp, 1996, S. 9, sowie Brief 85).

Brief 56

Poststempel: Paris, 15. 7. 1957

1 Zur »Tanten«-Lesart dieses Wortes siehe Anm. 54/3.

2 Celan bezieht sich auf das schlechte Benehmen einer Studentengruppe um den Stuttgarter Professor und »konkreten« Lyriker Max Bense bei seiner Stuttgarter Lesung (siehe Anm. E/16).

3 Die Fotos zeigen das Wohnhaus von Hugo von Hofmannsthal in Rodaun, sein Grab und die Landschaft zwischen Rodaun und Kalksburg.

4 Eric Celan hatte im Haus Lenz am 6. 6. 1957 seinen zweiten Geburtstag gefeiert. Celan denkt hier aber auch schon an den bevorstehenden 42. Geburtstag von Hanne Lenz am 24. Juli.

5 Ergänzung am linken Rand.

6 Hermann Lenz hatte Celan einige Bücher von Arno Schmidt (1914-1979) geschickt, der um diese Zeit in Stuttgart ist zur Er-

öffnung einer Ausstellung von Gisela Andersch (* 1913), der Frau von Alfred Andersch, im Württembergischen Kunstverein. Unter den Büchern von Arno Schmidt sind sicherlich: »Brand's Haide. Zwei Erzählungen«, Hamburg 1951, hinten (S. 259) mit der Datierung »Verbier, / 2. 7. 57.« – der Band enthält kaum Lesespuren; »Leviathan«, Hamburg u. a. 1949, hinten (S. 116) mit der Datierung »Verbier, 4. VII. 57« – die Anstriche und umfangreichen Notizen hinten könnten aus dem Jahr 1965 stammen, in dem Celan weitere Bücher von Arno Schmidt erwirbt (siehe auch den folgenden Titel); »Aus dem Leben eines Fauns. Kurzroman«, Hamburg 1953, hinten (S. 165) mit der Datierung »Verbier, 5. VII. 57.« – die Lesespuren und umfangreichen Notizen stammen, dafür spricht eine datierte Lesenotiz vom 8. 8. 1965, von einer späteren Lektüre; möglicherweise gehören auch »Kosmas«, Krefeld und Baden-Baden, o. J., und »Das steinerne Herz«, Karlsruhe 1956, noch zu den 1957 erhaltenen Bänden – in beiden finden sich jedoch weder Datierungen noch Anstriche. Widmungen fehlen bei allen genannten Titeln.

Brief 57
Poststempel: Stuttgart, 5. 8. 1957

1 »כל נדרי *[Alle Gelübde]*« beginnt das Einleitungsgebet am Abend des Versöhnungstages (Jom Kippur); davon bekommt der ganze Abend seine Bezeichnung. Die Platte enthält synagogale Gesänge.

2 »אדון עולם *[Herr der Welt]*« ist der Anfang eines Hymnus am Beginn des Gebetbuches; in der Synagoge wird er üblicherweise am Versöhnungstag zu Anfang gesungen. Der um 1570 in Mantua geborene Salamone de Rossi *[sic]* hatte 1622 in Venedig (Neudruck Frankfurt a. M. 1925) eine Sammlung von 4- bis 8stimmigen Psalmen und synagogalen Gesängen veröffentlicht, der die genannte Komposition wohl entnommen ist.

3 »Kemach«, von hebräisch »קמה *[Mehl]*«, ist ein zwischen Hanne und Hermann Lenz gebräuchlicher Ausdruck für einen mediokren Menschen. In Hermann Lenz' Erzählung »Das stille Haus« wird er von der Figur Esther erklärt: »es hat im Munde der heutigen Juden etwa den Sinn bekommen von ›nicht ganz durchgebacken‹, und man sagt's von unfertigen Leuten, die alles bloß halb

oder viertels wissen, die's haufenweise gibt und die ein bißchen billig sind...« (S. 164).

4 Die Fotos liegen immer noch in Hugo von Hofmannsthals Buch »Die Gedichte und kleinen Dramen«, Leipzig ^{2}1913.

5 Hanne Lenz war an Allerheiligen 1943 zum ersten Mal in Wien, im Auftrag der Kunsthandlung Adolph Weimüller (siehe Anm. 22/8), die in Wien eine Filiale hatte.

6 Hanne Lenz hatte Gisèle Celan-Lestrange versprochen zu versuchen, einen Münchner Galeristen zu einer Ausstellung ihrer Bilder zu bewegen. Dafür hatte die Künstlerin eine Reihe von Radierungen dagelassen.

7 Auch Celan kennt den in Eßlingen wohnenden Kunstkritiker und Übersetzer Kurt Leonhard; er arbeitet Anfang der 60er Jahre mit ihm bei den Übertragungen für den ersten Band von Henri Michaux' »Dichtungen. Schriften« (Frankfurt, S. Fischer Verlag, 1966) zusammen. Gisèle Celan-Lestrange hat erst im März 1968 eine Einzelausstellung in Stuttgart, aber nicht in der genannten Galerie, sondern im dortigen Institut für Auslandsbeziehungen.

8 Günter Grass hatte 1956 in Stuttgart Plastiken und Graphik ausgestellt.

9 Siehe Brief 24.

10 Es handelt sich um die in Brief 5 erwähnte Radierung, siehe Abb. 4.

11 Auch in Wuppertal stellt Gisèle Celan-Lestrange aus, aber ebenfalls nicht in der hier genannten Galerie, sondern, im Juni 1958, im Studio für neue Kunst des Museums Wuppertal.

12 Celan bekommt am 10.? September 1957 in Lübeck den Preis für 1956 des Kulturkreises im Bundesverband der Deutschen Industrie.

13 Hanne Lenz besitzt die englische Ausgabe von Gershom Scholems »Major Trends in Jewish Mysticism«, Schocken Books, New York ^{3}1954; sie versucht, eine deutsche Übersetzung, an der sich Celan interessiert gezeigt hatte, im Ernst Klett Verlag unterzubringen. Zu diesem Zeitpunkt wird aber das Buch unter dem Titel »Die jüdische Mystik in ihren Hauptströmungen« bereits im Rhein Verlag Zürich und im Metzner Verlag, Frankfurt a. M. vorbereitet; es erscheint dort jeweils 1957. Diese deutsche

Ausgabe richtet Scholem (1897-1982) selbst nach der oben genannten dritten Auflage und eigenen deutschen Entwürfen ein. Die Frankfurter Ausgabe, wie auch die französische Übersetzung »Les grands courants de la mystique juive« von M.-M. Davy, Paris 1950, ist in Celans nachgelassener Bibliothek erhalten.

14 Das P. S. stammt wieder von Hanne Lenz.

15 Erwin Rohde (1845-1898), Psyche. Seelenkult und Unsterblichkeitsglaube der Griechen, Ausgewählt und eingeleitet von Hans Eckstein, Leipzig, Alfred Kröner Verlag, o. J. (Kröners Taschenausgabe 61). Der Band ist in der Nachlaßbibliothek Celans erhalten. Das Buch erschien zum ersten Mal 1894 in Freiburg und Leipzig, die erste »Kröners Taschenausgabe« davon erst 1929.

Brief 58
Poststempel: Paris, 10. 8. 1957

1 Siehe Anm. 57/15.

2 Klaus Demus ist als Kunstwissenschaftler Kustos an der Österreichischen Galerie im Schloß Belvedere.

3 Celan fährt im November 1957 nicht nach Wien.

4 Die Übertragung erscheint unter dem Titel »Das trunkene Schiff« als zweisprachige Ausgabe 1958 im Insel Verlag Wiesbaden (siehe Anm. 78/3), der deutsche Text vorher in der mehrsprachigen, in Rom publizierten Literaturzeitschrift »Botteghe Oscure« (Bd. XXI, 1958, S. 376-378), für deren deutschsprachigen Teil Celan in diesem Jahr zusammen mit Ingeborg Bachmann (1926-1973) verantwortlich ist.

5 Dies hat Celan nicht getan; er schickt erst ein Jahr später einen Sonderdruck aus »Botteghe Oscure« (Anm. 4) mit der Widmung: »Für Hanne und Hermann Lenz, / mit herzlichen Grüßen / Paul Celan / Juli 1958.«

6 Siehe Anm. 52/3.

Brief 59
Poststempel: Stuttgart, 4. 11. 1957. Die erste Seite des Briefes, bis einschließlich »die Schnörkel seines Ichs zu pflegen?«, *ist auch als Entwurf erhalten, der im Ergebnis, d. h. nach Korrektur, der abgesandten Fassung vollständig entspricht.*

1 Es handelt sich um das in Halbpergament gebundene Buch von Robert de Montesquiou, Rote Perlen. Historische Sonette, autorisierte Übersetzung von Franziska Steinitz, Xenien Verlag, Leipzig 1912.

2 Celan liest am 4. 12. 1957 im Süddeutschen Rundfunk Stuttgart und am 6. 12. 1957 in der Alten Aula in Tübingen.

3 Das von Celan gesandte Exemplar des extrem seltenen Buches enthält eine mit roten und goldenen Schnörkeln umrahmte handschriftliche Widmung des Autors an seinen deutschen Verleger: »À Monsieur Emile *[sic]* Paul / cet hommage / de second degré. / Cte R. de M. *[An Herrn Emil Paul / diese Hommage zweiten Grades. / Comte, d.h. Graf, Robert de Montesquiou]*«. Unterhalb des Schnörkelrahmens sind drei goldene Fische gezeichnet, deren Schwänze sich oben kreuzen, und durch deren offene Mäuler unten noch ein roter Schnörkel gezogen ist.

4 In das Exemplar eingelegt war ein auf den »Déc. 911«, d.h. Dezember 1911 (dies eventuell der tatsächliche Erscheinungstermin des Buchs) datierter Originalbrief des Grafen von Montesquiou (1855-1921) an seinen Verleger, in dem er auf die drei Fische ausdrücklich eingeht: »Pourquoi l'enlumineur a-t-il entre-croisé trois poissons, en guise de cul-de-lampe?.. Sans doute pour signifier que notre collaboration se doit multiplier au-delà des trois poissons de l'Évangile. *[Warum hat der Buchmaler als Vignette drei Fische gekreuzt?.. Das soll sicher bedeuten, daß unsere Zusammenarbeit sich noch stärker vermehren soll als die drei Fische im Evangelium.]*«

5 Person aus Prousts Roman »A la recherche du temps perdu«.

6 Siehe den Text der Widmung, Anm. 3.

7 Die Ausgabe »Szenischer Prolog zur Eröffnung des Josefstädter Theaters« (Sechster Druck der Johannes-Presse, Wien 1926, Nr. 239 von 350 numerierten Exemplaren) erwarb Hermann Lenz am 17. 7. 1936, so eine Notiz darin von seiner Hand.

8 Der Zauberkünstler Moritz Rubiner mit dem Künstlernamen Alexander Valtamare aus Hermann Lenz' Erzählung »Das nächtliche Aquarium« im 1949 veröffentlichten Band »Das doppelte Gesicht« wohnt im 1815 gegründeten und vor allem von Prominenz und Adel frequentierten Hotel »Zum König von Ungarn« in der Schulerstraße im ersten Wiener Bezirk. Die Reaktion der Reisebüro-Mitarbeiterin hat also nicht mit einem üblen Leu-

mund, sondern im Gegenteil mit den einem altehrwürdigen Luxushotel angemessenen Preisen zu tun – das Gebäude machte zu dieser Zeit jedoch tatsächlich einen heruntergekommenen Eindruck.

9 Heimito von Doderer (1896-1967) wohnt im neunten Wiener Bezirk in der Währingerstr. 50.

10 Herbert Eisenreich hatte 1954 den Erzählerpreis des Süddeutschen Rundfunks, 1955 den Hörspielpreis von Radio Bremen und 1957 den Prix Italia (ebenfalls ein Hörspielpreis) bekommen.

11 Siehe Anm. 58/4. Der S. Fischer Verlag läßt sich tatsächlich den »Fisch« entschlüpfen: Nach Ansicht des Lektors Christoph Schwerin kommt die Übertragung für den Verlag nicht in Frage; als Rudolf Hirsch (1905-1996), über diese Entscheidung wohl nicht rechtzeitig informiert, die »Neue Rundschau« als Publikationsort anbietet, hat sich der Insel Verlag schon für die Veröffentlichung in Buchform entschieden.

Brief 60
Poststempel: Paris, 12. 11. 1957

1 Doppelt unterstrichen.

2 Siehe die Beschreibung des Buchs von Montesquiou in Brief 59.

3 Am 19. November.

4 Am 6. Dezember.

Brief 61
Poststempel: Stuttgart, 20. 11. 1957

1 Am 23. November feiert Celan seinen 37. Geburtstag.

2 Siehe Anm. 57/13 und 67/3.

3 Hanne Lenz schreibt auf Bütten-Briefpapier mit gewelltem Rand und verwendet einen Briefumschlag in besonders schmalem Format. Das Briefpapier wird hier zum ersten Mal und später bei einer Reihe weiterer Briefe verwendet.

4 Hanne und Hermann Lenz hatten den Celans eine »Mesusa« für ihre neue Wohnung geschickt. Eine Mesusa (von hebräisch »מזוזה *[Türpfosten]*«) ist eine Türpfosteninschrift, die auf einer in einen Metall- oder Glaszylinder eingeschlossenen Pergamentrolle die beiden Schrift-Abschnitte 5. Mos. 6,4-9 und 5. Mos.

11,13-21 enthält. Der erste Text handelt von der unbegrenzten Liebe und Hingebung an Gott, der zweite von der göttlichen Vergeltung und der entsprechenden Verantwortung des Menschen. Derartige Kapseln sollen an allen Eingängen zu jüdischen Häusern und Höfen, auch der einzelnen Wohnungen, jeweils am rechten Türpfosten angebracht sein.

Brief 62

Poststempel: Paris, 26. 11. 1957

1 Die ersten drei Buchstaben sind unterstrichen, weil sie Teil der Telefonnummer sind.

2 Am 4. 12. 1957 liest Celan für den Süddeutschen Rundfunk unveröffentlichte, später in »Sprachgitter« aufgenommene Gedichte.

3 Siehe Brief 58/4. Celan hat die Übertragung wohl nicht in Tübingen gelesen, der dortige Kritiker (siehe Anm. 65/1) hätte das sonst wohl erwähnt.

Brief 63

Umschlag nicht erhalten.

1 D.h. am 3. 12. 1957.

2 Siehe Anm. E/4.

3 *[Bis Dienstag!]*

Brief 64

Telegramm, datiert Paris, 3. 11. 1957, 16 Uhr 20 und Stuttgart, 3. 12. 1957, 17 Uhr 23; Adressat ist »Lenz« (ohne Vorname).

1 *[Paul kommt heute abend 19 Uhr 57 an Herzlich = Gisèle]*

Brief 65

Poststempel: 7. 12. 1957, der (deutsche) Ort, sicherlich Tübingen, ist nicht lesbar.

1 Celan ist am Morgen in Stuttgart zu seiner Lesung nach Tübingen aufgebrochen. Im Lesungsbericht in der »Tübinger Chronik« (»Südwestpresse«, Ulm) vom 9. 12. 1957 wird Celan zunächst als Übersetzer von Jean Cayrols Filmtext »Nacht und Nebel« (1956) vorgestellt. Der Kritiker (»fh«) beschreibt die Gedichte als nicht »unmittelbar weltbezogen« und betont den »metaphorischen Ge-

halt« von Celans »Sprache, das Gesteigerte der Worte und Bilder«, was »etwas von dieser unerhört verwandelnden Kraft« habe, »die keineswegs nur bezaubern will, sondern auf die Mitte unseres Seins« ziele. Celans Stimme – er las unter anderem »Corona« – ist beschrieben als »zart-verschwebend« und »fast monoton«.

2 Der nähere Zusammenhang des Gesprächs ist nicht mehr zu rekonstruieren.

3 Der Satz ist am linken Rand, mit langem Verweispfeil, ergänzt. Das Telegramm von Hermann Lenz ist nicht erhalten.

Brief 66
Poststempel: Paris, ??. 12. 1957

1 Celan ist vom 7. bis zum 9. 12. 1957 bei Ingeborg Bachmann, die damals als Dramaturgin beim Bayerischen Rundfunk arbeitet.

2 Vom 9. bis zum 11. 12. 1957 ist Celan zu Gesprächen mit den Verlagen S. Fischer und Suhrkamp in Frankfurt.

3 Die damals elfjährige Franziska Wieland, eine Nichte von Hermann Lenz, wohnt gegenüber von dessen Haus; sie hatte sich mit Celan Anfang Dezember angefreundet. In »Ein Fremdling« rühmt das Mädchen Franziska den Dichter wegen seiner »tollen Phantasie« (S. 425).

Brief 67
Poststempel: Stuttgart, 17. 12. 1957

1 Am 6. 12. 1957, dem Tag von Celans Lesung für die Tübinger Buchhandlung Osiander in der sogenannten Alten Aula und von dessen Tübinger Brief (65).

2 Hanne Lenz setzt den Brief fort; zu den »paar Tagen« siehe das Datum des Poststempels.

3 Siehe Anm. 57/13. Es handelt sich hier wohl um das Celan zugedachte Geburtstagsgeschenk (Brief 61).

4 Mit dem Band »Reden« beginnt der Stuttgarter Ernst Klett Verlag 1957 mit der von Marie Luise Borchardt herausgegebenen Ausgabe von Rudolf Borchardts »Gesammelten Werken in Einzelbänden«. Der Band in der Nachlaßbibliothek Celans enthält keine Widmung, aber zahlreiche Anstriche in der »Rede über Hofmannsthal« (besonders auf den Seiten 46-57).

5 Die erste Auflage von Käte Hamburgers »Die Logik der Dich-

tung« erschien 1957 im Klett Verlag Stuttgart. In der Nachlaßbibliothek Celans ist das Buch nicht enthalten.

Brief 68
Poststempel: Stuttgart, 10. 1. 1958

1 Der Inhaber der deutschen Buchhandlung in Paris, Martin Flinker, hatte für seinen Almanach 1958 eine Reihe von Persönlichkeiten aus Philosophie und Literatur über ihre gegenwärtigen und für die Zukunft geplanten Arbeiten befragt. Celans Äußerung (»Antwort auf eine Umfrage der Librairie Flinker, Paris«, 1958) »nur als Lyriker«, wie er ausdrücklich betont, stellt tatsächlich seine erste öffentliche poetologische Äußerung dar und beschränkt sich nicht auf »ein paar Zeilen«: Er spricht von der besonderen Stellung der deutschen Lyrik zwischen »Düsterstem im Gedächtnis, Fragwürdigstem um sich her« auf der einen und der ihr immer gegenwärtigen Tradition auf der anderen Seite; er spricht davon, daß Präzision für ihn gerade Vielstelligkeit bedeute, und beschreibt das lyrische Ich hier zum ersten Mal als ein »unter dem besonderen Neigungswinkel seiner Existenz sprechendes Ich« (S. 45). Der Band ist in der Bibliothek von Hermann Lenz nicht mehr aufzufinden.

2 Bertolt Brecht (1898-1956), Hugo von Hofmannsthal und Robert Musil sind im Almanach nicht nebeneinander abgebildet: Musil erscheint innerhalb einer Einführung zu »Der Mann ohne Eigenschaften« durch Martin Flinker selbst (S. 7-30, das Foto S. 9); die Fotos von Brecht und Hofmannsthal sind, ohne daß dies mit den Texten im näheren Umkreis zu tun hätte, zwischen den alphabetisch angeordneten Beiträgen zur Umfrage abgedruckt; Brecht findet sich alphabetisch korrekt zwischen den Beiträgen von Max Bense und Joseph Breitbach (1903-1980, S. 41), Hofmannsthal zwischen denen von Paul Schallück und Arno Schmidt (S. 69).

3 Nicht identifiziert; der Almanach ist in Hermann Lenz' nachgelassener Bibliothek nicht aufzufinden.

4 Hofmannsthal war mit Arthur Schnitzler (1862-1931) und Leopold von Andrian (1875-1952) befreundet.

5 Am 4. 10. 1957 war von der UdSSR der erste »Sputnik«, eine Raumsonde, ins All geschossen worden.

6 Nicht mehr erinnerlich.
7 Celan wird am 26. 1. 1958 den Literaturpreis der Freien Hansestadt Bremen in Empfang nehmen.
8 Dr. Fritz Nothardt gratuliert Celan am 14. 1. 1958 im Namen des »Kulturbundes e. V. Stuttgart« (dessen Sekretär Hermann Lenz lange war) zum Bremer Literaturpreis und erinnert gleichzeitig an eine Begegnung während Celans letztem Besuch in Stuttgart.

Brief 69
Poststempel: Stuttgart, 20. 1. 1958
1 Hanne Lenz schreibt versehentlich »57«.
2 Franz Schonauer hatte Celan brieflich am 15. 1. 1958 an ein Gespräch 1957 in Stuttgart erinnert, wo dieser zumindest eine gewisse Bereitschaft gezeigt habe, Gedichte von Boris Pasternak (1890-1960) nach der gerade bei Einaudi in Turin erschienenen russisch-italienischen Ausgabe »Poesie« (hrsg. und übersetzt von Angelo Maria Ripellino) zu übertragen. Celan spricht Schonauer dann am 27. 1. 1958 persönlich in Hamburg, wohin er nach der Bremer Preisverleihung kommt, entscheidet sich aber nicht endgültig, läßt sich von Schonauer im März und April noch einmal brieflich drängen und schickt den Pasternak-Band im September wohl kommentarlos zurück. Zu weiteren Pasternak-Anfragen und einer undatierten Gedicht-Übertragung siehe das Kapitel »›Die vergeudeten Dichter‹: Majakowskij – Pasternak – Chlebnikow« von Christine Ivanović in »Fremde Nähe«, besonders S. 324-329.
3 Franz Schonauer war im Herbst 1957 vom Verlag Ernst Klett zum Claassen Verlag nach Hamburg gewechselt.
4 Edgar Warburg.
5 Diese Ausgabe, 1956 in Jerusalem gedruckt, ist in Celans nachgelassener Bibliothek erhalten. Celan besaß zusätzlich eine Biblia Hebraica Stuttgardiensis, von 1954.
6 D. h. am Tag der Verleihung des Literaturpreises der Freien Hansestadt Bremen. Die Bremer Rede wird Celan am 30. 1. 1958, d. h. sofort nach seiner Rückkehr nach Paris, an Hanne und Hermann Lenz schicken (siehe Anm. 23/5).

Brief 70
Poststempel: Paris, 25. 2. 1958
1 Hermann Lenz feiert am 26. 2. 1958 seinen 45. Geburtstag.

Brief 71
Poststempel: Stuttgart, 1. 3. 1958
1 D. h. Luftpost-Päckchen und -Brief.
2 Der kleine Stich von Wien hing bis zuletzt im Arbeitszimmer von Hermann Lenz.
3 Es kann sich nur um die 1943 in Jerusalem veröffentlichte Ausgabe »Mein blaues Klavier. Neue Gedichte« handeln, die in der nachgelassenen Bibliothek von Hermann Lenz allerdings nicht mehr aufzufinden ist.

Brief 72
Poststempel: Paris 21. ? 3. 1958
1 Gisèle Celan bedankt sich für ein Geschenk – um welche Schallplatte es sich handelt, ist nicht erinnerlich – zu ihrem Geburtstag am Vortag: *[20. März 1958. / Liebe Freunde, / Danke für Eure so schöne Platte, sie hat mir eine sehr große Freude gemacht, wir haben sie schon mehrmals gespielt und wir mögen sie beide. / Ostern kommt näher, vergeßt nicht, daß Euch unser Haus erwartet, sobald Ihr darauf Lust habt. Entweder die Woche vor Ostern, oder die danach, wie es Euch besser paßt. / Es ist noch ein wenig kalt, aber der Frühling ist ganz nahe dran sich einzurichten, er wartet auf Euch. / Ich hoffe auf sehr bald. Ich danke Euch noch einmal und schicke Euch aus tiefstem Herzen meine herzlichsten Gedanken / Gisèle.]*

Brief 73
Poststempel: Paris, 28. ? 3. 1958
1 Der Brief ist nicht erhalten.
2 Ostern fällt 1958 auf den 6. April.
3 Offensichtlich hatten Lenzens in ihrem Brief um ein Hotel »in der Nähe« gebeten.
4 Das fehlende Wort ist vom Herausgeber ergänzt (kursiv).
5 Von der Hand Paul Celans.

Brief 74

Poststempel: Stuttgart, 17. 4. 1958

1 Datierung nach Poststempel.

2 Phantasiefigur des kleinen Eric Celan.

3 *[König Eric].*

4 Der Satz ist am linken Rand ergänzt. Um welche Platte (und Glatze!) es sich handelt, ist nicht erinnerlich.

Brief 75

Poststempel: Stuttgart, 13. 8. 1958

1 Proust: Documents Iconographiques, hrsg. von George Callaut, Genf 1956; Hermann Lenz hat das Buch, wie er selbst notiert, im August 1958 von Paul Celan bekommen.

2 Bei dem Buch von Max Mayr, Das Wienerische, Wien 1924, handelt es sich um ein Werk zum Wiener Dialekt; Hermann Lenz hat es, wie er selbst notiert, am 2. 5. *1957* von Paul Celan bekommen; er scheint sich dabei, eventuell in Hinblick auf das Jahr seines ersten ›Kontaktes‹ mit diesem Buch, verschrieben zu haben. Celan hatte seinen Wiener Bekannten Werner Riemerschmid (1895-1967) während seines Wien-Aufenthaltes 1957 darum gebeten, das Buch antiquarisch für ihn zu suchen; Riemerschmid berichtet am 24. 6. 1957, also nach dem von Hermann Lenz eingetragenen Datum, vom Erfolg des Suchauftrags und kündigt die Sendung an. Die Jahreszahl »1937« im Brief ist ausdrücklich aus »1938« korrigiert, Hermann Lenz verrechnet sich hier also sicherlich nicht.

3 Der Vater von Hermann Lenz, Hermann Friedrich Lenz (1883-1965), war Kunsterzieher, zunächst am Seminar in Künzelsau, dann am Karls-Gymnasium in Stuttgart.

4 Gemeinde direkt am Seeufer zwischen Friedrichshafen und Lindau.

5 Siehe Anm. 4/5.

6 Wolfgang Koeppen (1906-1996) hatte 1958 bei Goverts in Stuttgart unter dem Titel »Nach Rußland und anderswohin« sieben Reiseberichte veröffentlicht.

7 Franz Schonauer ist inzwischen zum Luchterhand Verlag gewechselt. Es geht wohl um »Der russische Regenbogen«, der trotz dieser Beurteilungen 1959 im Luchterhand Verlag erscheint (siehe Anm. 78/7).

8 Roman von James Joyce (1882-1941).
9 Hermann Lenz kann nicht wissen, daß Celans Übertragung »Die Zwölf« von Alexander Block (1880-1921) zu diesem Zeitpunkt bereits druckreif ist und die Fahnen schon korrigiert sind. Sie erscheint im Herbst im S. Fischer Verlag, Frankfurt (siehe das Kapitel »›Im Lichte der Utopie‹: Alexander Block und Sergej Jessenin« von Christine Ivanović in »Fremde Nähe«, besonders S. 297). Siehe auch Brief 78.
10 In der Erinnerung von Hanne Lenz handelt es sich um Spirituals mit Mahalia Jackson (1911-1972).

Brief 76
Poststempel: Paris, 12. 11. 1958
1 Kurt Trautwein, Professor für Mikrobiologie an der Technischen Hochschule München, war am 28. 10. 1958 gestorben; die Todesanzeige ist in Celans Nachlaß nicht erhalten.
2 Celan hat Kurt Trautwein nie persönlich kennengelernt. Dieser hatte wegen seiner Heirat mit einer Jüdin erhebliche berufliche Nachteile – die Entlassung als Professor – in Kauf genommen.
3 Die Mutter von Hanne Lenz, Marie Edith Cohen, war schon am 25. 2. 1942 gestorben und nur deshalb der Deportation in ein Vernichtungslager entgangen.

Brief 77
Poststempel: Stuttgart, 26. 11. 1958
1 Das Buch-Geschenk zu Celans 38. Geburtstag am 23. 11. 1958 ist nicht mehr erinnerlich.

Brief 78
Poststempel: Stuttgart, 21. 1. 1959
1 Siehe Anm. 75/9. Das Exemplar enthält die Widmung: »Für Hanne und Hermann Lenz, / in Freundschaft / Paul Celan«.
2 Im dritten Heft der Zeitschrift »Die Neue Rundschau« sind im Herbst 1958 acht Gedichte von Ossip Mandelstamm (1892-1938) in der Übertragung von Paul Celan erschienen: »Gestrafft« (später: »Das horchende«), »Der Schritt der Pferde«, »Die Muschel«, »Dein Gesicht«, »Petropolis«, »Die Priester« (später: »Die Priester. Und inmitten er«), »Venedigs Leben« und »Meine Zeit«. Her-

mann Lenz dankt sicher für den Sonderdruck, der keine Widmung enthält.

3 Zu den beiden 1958 erschienenen Drucken von Celans Übersetzung des Gedichts »Le bateau ivre« von Arthur Rimbaud (1854-1891) siehe Anm. 58/4. Das erste Exemplar der Buchausgabe enthält die Widmung »Für Hanne und Hermann Lenz, / mit den herzlichsten Grüßen / Paul Celan / Paris, am 1. Oktober 1958.« Hermann Lenz dankt hier für ein zweites Exemplar – im vorher geschickten waren einige Verse vertauscht – mit der Widmung: »Für Hanne und Hermann Lenz, / diese nun richtig aneinandergereihten Verse / mit herzlichen Grüßen / Paul Celan / 1959.« Siehe auch Brief 58.

4 Johannes von Günthers Übersetzung von »Die Zwölf« ist im Band Alexander Block, »Gesammelte Dichtungen« (München 1947) enthalten; Celan besaß die Ausgabe.

5 Im Wiederabdruck 1963 (siehe Anm. 6) korrigiert Celan in »Knarre« (S. 11).

6 Beim S. Fischer Verlag erscheint im September 1963 tatsächlich ein Taschenbuch-Sammelband mit Celans Übertragungen von Block, Mandelstamm (1891-1938) und Jessenin (1895-1925) unter dem Titel »Drei russische Dichter«.

7 »Der russische Regenbogen« (Luchterhand Verlag, Neuwied 1959) erscheint unter der Gattungsbezeichnung »Roman«; ein Teil des ersten Kapitels war unter dem Titel »Das Glasröhrchen« und mit einem im Buch dann nicht erscheinenden abrundenden Satz in der Zeitschrift »Akzente« im ersten Heft des Jahres, ohne Hinweis auf den Roman, als Kurzgeschichte erschienen.

8 Die von Alfred Andersch herausgegebene und bei Luchterhand erschienene Literaturzeitschrift »Texte und Zeichen« war nach dem Jahrgangsband 1957 eingestellt worden. Celan steht dem Verlag nicht deshalb ausgesprochen skeptisch gegenüber, sondern, weil dort die von Claire Goll herausgegebenen Nachlaß-Werke von Yvan Goll verlegt werden (1956 »Pariser Georgika« und »Mythos vom durchbrochenen Felsen«, 1957 »Neue Blümlein des Heiligen Franziskus«; 1959 ist der Sammelband »Dichtungen«, der dann 1960 erscheint, schon angekündigt).

9 Hermann Lenz hatte bei seinem Paris-Aufenthalt im August 1953 in Saint-Germain gewohnt; siehe dazu »Ein Fremdling« (S. 166).

10 Bekanntes Literaten-Café in Saint-Germain.
11 Der Sohn der Celans sitzt in einem Kinderkarussell im Jardin du Luxembourg.
12 Der einfache Mann verwendet das Wort »chrétien« mit der umgangssprachlich gebräuchlichen Bedeutung »Mensch«.
13 Hermann Lenz schreibt in der Regel deutsche Schreibschrift.
14 Es ist Hanne Lenz, die hier auf der dritten Briefseite unten »richtiggestellt« hat.

Brief 79
Poststempel: Paris, 22. 3. 1959
1 Hier geht wohl ein Telefongespräch voraus über die Rezension zum gerade erschienenen »Sprachgitter« von Oliver Storz, dem Sohn des baden-württembergischen Kultusministers Gerhard Storz (1898-1983), die unter dem Titel »Die schimmernden Gitter der Sprache Paul Celans« am 14. 3. 1959 in der »Stuttgarter Zeitung« erschienen war. Celan ist darüber unter anderem wegen Formulierungen verbittert wie: »Wieder bestätigt sich, was wir seit sieben Jahren wissen: Celan ist beileibe nicht ganz anders als die anderen *[. . .]*, aber er *kann* das, was die meisten der andern nicht können und dennoch tun, er ist der Meister der im Schwange befindlichen Technik, der assoziativen Reihung von Bildern, Traumbildern«, oder auch: »Celans Bilder bedeuten nichts, sie sind sich selbst *[sic, vermutlich fehlt* »genug«*]* und unübersetzbar. *[. . .]* Ist Celan nicht vielleicht in Gefahr geraten, da und dort mit der Unübersetzbarkeit auf Mode zu spekulieren?« Das Neue in »Sprachgitter«, im Vergleich zu den früheren Gedichtbänden Celans, beschreibt Storz als allgemeinen Trend: »Wenn Auflösung zum Rezept wird, dann – ergibt sich genau die Situation der jungen Lyriker von heute: ihre totale Austauschbarkeit.« Bei dem Telefongespräch wird sich Lenz auch für sein Geburtstagsgeschenk bedankt haben: eine 1779 gedruckte und wohl im 19. Jahrhundert in marmoriertes Papier und dunkelroten Lederrücken gebundene »Beschreibung der Metropolitankirche zu St. Stephan in Wien«, »herausgegeben von einem Priester der erzbischöflichen Kur« und verlegt »bei den Edeln von Gehlenschen Erben«; der Name des Herausgebers, »Joseph Ogesser, Kooperator der erzbischöflichen Kur«, erscheint erst am Ende des

Vorworts. Eingelegt ist ein Gruß von der Hand Celans: »Alles Gute, lieber Hermann! / Unsere herzlichsten Glückwünsche! / Gisèle, Eric und Paul Celan / Paris, Februar 59.«

2 Am 19. 3. 1959 hatte Celan in Frankfurt, im S. Fischer Verlag, dessen Autor er mit »Sprachgitter« geworden war, gelesen. Der Bericht in der »Frankfurter Allgemeinen Zeitung« vom 23. 3. 1959 betont Celans ausgesprochen musikalische Leseweise und stellt die gelesenen Gedichte aus »Sprachgitter« (unter anderem »Zuversicht« und »Tenebrae«) vor als »Monologe der Bitterkeit, der Erlösung, sparsam im Wort, Ballungen oftmals ganz persönlicher Gedanken einer inneren Wirklichkeit«, die der Kritiker (»W. S.«) für konkreter hält als die früheren Gedichte.

3 Siegfried Melchinger (1906-1988) ist Feuilletonchef der »Stuttgarter Zeitung«.

4 Der Vorfall bei seiner Bonner Lesung am 17. 11. 1958 – das »Hosianna« nimmt die Strophe »Chöre, damals, die / Psalmen. Ho, ho- / sianna.« aus »Engführung« auf – wird Celan durch Jean Firgès (* 1934) berichtet, dem ersten Doktoranden über seine Gedichte.

5 Der Celan vorgelegte Textentwurf für die 8. Auflage des Nachschlagewerks von Franz Lennartz, »Dichter und Schriftsteller unserer Zeit«, enthält einen Hinweis auf Yvan Goll als »Freund und Berater« (siehe GA 52). Das Buch erscheint 1959 zum ersten Mal mit einem Eintrag zu Celan, in der Druckfassung ohne den Hinweis auf Goll.

6 Franz Lennartz (* 1910) hatte die erste Ausgabe von »Dichter und Schriftsteller unserer Zeit« unter dem Titel »Die Dichter unserer Zeit« 1938 und mit sehr deutlich nationalsozialistischer Ausrichtung, und das heißt selbstverständlich auch »judenfrei«, publiziert. In der Auflage von 1959 sind Böll und Andersch ausdrücklich als engagierte Autoren vorgestellt.

7 Die sehr großen Großbuchstaben sind doppelt unterstrichen. Die beiden Klammern im vorausgehenden Text sind im Brief tatsächlich nicht geschlossen; eine ist (nach »usw.«) zunächst falsch gesetzt und wieder gestrichen; die Erregung, aus der heraus Celan ganz offensichtlich schreibt, findet auch darin ihren Ausdruck. Andersch hat in Berzona (Tessin) einen Zweitwohnsitz. Celan spielt auf Anderschs Buch »Sansibar oder der letzte Grund« (Ol-

ten/Freiburg 1957) an; dort geht es um die Rettung der Statue »Lesender Klosterschüler« und um die der schönen Jüdin Judith Levin nach Schweden vor den Kritikern von ›entarteter Kunst‹ und vor den Verfechtern einer ›arischen Herrenrasse‹.

8 Zusammen mit seiner Rezension druckt Storz einen um die gliedernden Sterne reduzierten Teil von »Engführung« ab sowie das durch den nicht gekennzeichneten Verzicht auf Stropheneinteilung und durch die nicht gekennzeichnete Auslassung der Verse 19 und 20 völlig entstellte Gedicht »Tenebrae«. In einem ähnlichen Fall (»Tenebrae« in der »Frankfurter Allgemeinen Zeitung« vom 18. 7. 1959) fordert Celan über seinen Verleger Rudolf Hirsch den vollständigen Wiederabdruck in einer vergleichbaren (Wochenend-)Ausgabe.

9 Es handelt sich sicher um »Sprachgitter« (Frankfurt a. M., S. Fischer, 1959); das von Celan wohl direkt aus Frankfurt geschickte Exemplar trägt die Widmung: »Für Hanne und Hermann, / mit den herzlichsten Grüßen / Paul / Frankfurt, März 1959«. Der Satz ist am linken Rand ergänzt.

Brief 80
Poststempel: Stuttgart, 26. 3. 1959

1 Siehe Anm. 79/9.

2 Mit den Bänden »Gläserne Bienen« und »Jahre der Okkupation« beginnt der Stuttgarter Ernst Klett Verlag 1957 und 1958 mit der Publikation der Werke von Ernst Jünger (1895-1998). Jünger war, dieses Wissen kann Hanne Lenz, abgesehen von einer Kenntnis seiner Bücher, bei Celan voraussetzen, bis 1944 im Stab des Militärbefehlshabers von Paris.

3 Der Schriftsteller Hans Friedrich Blunck (1888-1961) war 1933-1935 Präsident der Reichsschrifttumskammer, später deren Altpräsident, dazu Mitglied des Reichskultursenats und des Senats der Deutschen Akademie für Sprache und Dichtung.

4 Siehe Anm. 79/4.

5 Es handelt sich wohl um die 1958 begründete Zeitschrift »Israel-Forum«.

6 Siehe Anm. 79/1; gemeint ist der Sohn des Ministers, nicht dieser selbst.

7 Es ist eher unwahrscheinlich, daß sich Hermann Lenz mit diesem

»quak, quak« auf die Komödie »Die Frösche« von Aristophanes beziehen möchte, die ironisch-latinisierende Form scheint von ihm selbst erfunden.

Brief 81
Poststempel: Paris, 29. 3. 1959

1 Ostern fällt 1959 auf den 29. März.
2 Siehe Anm. 79/4.
3 Siehe Anm. 80/3.
4 Der Artikel von Joachim Günther in der »Frankfurter Allgemeinen Zeitung« war schon am 30. 12. 1958 aus Anlaß des 80. Geburtstags von Erwin Guido Kolbenheyer (1878-1962) erschienen. Günther erwähnt zwar, daß der Autor im »Dritten Reich« überaus erfolgreich war und zu diesem Erfolg beigetragen hatte, geht dann aber weniger auf die Romantrilogie »Paracelsus« (1917-1925) und das 1925 publizierte Werk »Die Bauhütte« ein, wo schon zu diesem Zeitpunkt Gedanken formuliert sind, die dem Nationalsozialismus mehr als nahestehen, sondern vor allem auf das seiner Ansicht nach »heute wieder aktuellste, relativ unproblematischste seiner Werke«, den Roman »Amor dei« von 1906/07, und sein »originellstes, unverwelklichstes Buch« »Meister Joachim Pausewang«. Auch den »Paracelsus« meint er als ein »in vielen Einzelstücken sehr großartiges Werk« verteidigen zu dürfen. Nur »Die Bauhütte« fällt unter sein Verdikt, u. a. wegen der Nachträge in den Nachkriegsausgaben, die zeigen, daß »Biologie und eine mystische Soziologie von Volk, Sippe, Sprach- und Kulturgemeinschaft, dazu die alten kriegerisch-dynamischen Kategorien eines modifizierten Darwinismus« weiterhin das Denken des Autors beherrschen. Trotzdem glaubt Günther, so der Schluß des über drei Spalten reichenden Artikels, daß »dem Dichter mit einigen Werken aus seiner genialen und begnadeten Lebensphase« Zukunft »beschieden sein wird«.
5 Angeregt ist Celan vielleicht durch die in der »Frankfurter Allgemeinen Zeitung« am 9. 3. 1959 erschienene Meldung »Agnes Miegel achtzig Jahre alt«, in der auf den Abschluß der Gesamtwerk-Ausgabe (1959) und das Buch »Truso. Geschichten aus der alten Heimat« (1958), jeweils im Diederichs Verlag, hingewiesen wird. Die in Königsberg geborene Agnes Miegel (1879-1964)

hatte sich immer wieder öffentlich zum NS-Staat bekannt, wurde von diesem mit Ehrungen überhäuft und publizierte nach dem Zweiten Weltkrieg ungebrochen weiter, gefördert vor allem von den Vertriebenenorganisationen. Der Artikel verschweigt diesen Umstand allerdings nicht.

6 Die im schwedischen Exil lebende Jüdin Nelly Sachs publiziert im Frühjahr 1959 mit »Flucht und Verwandlung« zum ersten Mal in der Deutschen Verlags-Anstalt, die Celan gerade verlassen hat. 1959/60 veröffentlicht derselbe Verlag eine Ausgabe letzter Hand der Werke von Börries von Münchhausen (1874-1945) in zwei Bänden. Münchhausen hatte ein »Treuegelöbnis« für Hitler unterzeichnet und sich zum Senator der Deutschen Akademie für Sprache und Dichtung ernennen lassen. Angesichts der sich nähernden alliierten Truppen nahm er sich kurz vor Kriegsende das Leben.

7 Am 20. 3. 1959 berichtet die »Frankfurter Allgemeine Zeitung« über bereits Ende September 1959 durch die USA gemachte Tests für einen »Neutronenschirm« zur Abwehr von feindlichen Atomraketen, bei denen Atomsprengköpfe im Weltraum gezündet worden waren.

Brief 82

Poststempel: Paris, 8. 4. 1959

1 Gisèle Celan-Lestrange dankt für ein Geschenk zu ihrem 32. Geburtstag am 19. 3. 1959: *[Liebe Frau Lenz, / Ihr Halstuch ist so hübsch! Es hat mir solche Freude gemacht, daß Sie an mich so zu meinem Geburtstag denken. / Entschuldigen Sie, daß ich Ihnen nicht eher geschrieben habe. Ich danke Ihnen spät, aber von ganzem Herzen. / Wir hoffen, daß es Ihnen jetzt besser geht, wir wüßten gerne, daß es Ihnen ganz und gar gut geht. / Wir sind alle drei durch Paris sehr erschöpft, physisch und vor allem moralisch. Jetzt wo Pauls Buch erschienen ist, werden wir, sobald er »seinen« Mandelstamm fertig hat, für einen, ich glaube langen Augenblick Richtung Österreich fahren. Wir wissen noch nicht recht wohin, aber wenn wir durch Wien kommen, denken wir ganz besonders an Sie. / Wann sehen wir uns wieder? in Paris? in Deutschland? Ich hoffe bald. / Eric spielt immer noch und oft mit dem kleinen Bauernhof, den Sie ihm geschenkt haben. Und wir schauen Flurina, Das Paradies und Der Zirkus oft zusammen an. Auch mit ihm sprechen wir*

oft von Ihnen. / Liebe Frau Lenz, lieber Herr Lenz, von ganzem Herzen noch einmal Dank für das so hübsche Geschenk, das mir solche Freude gemacht hat, für Sie beide meine herzlichsten Gedanken / Gisèle.]

2 »Grillenlied, aus Uhren tickend« (»Что поют часы-кузнечик«), die letzte Übertragung für die Mandelstamm-Auswahl »Gedichte«, die im Herbst des Jahres erscheint, ist gerade – am 5. 4. 1959 – abgeschlossen. Es geht jetzt um die Erstellung des druckfertigen Manuskripts.

3 Von den drei Büchern kann nur das Bilderbuch »Flurina« des rätischen Autors Alois Carigiet (1902-1985) identifiziert werden, auch bei dem Bilderbuch über den Zirkus handelt es sich, so erinnert sich Hanne Lenz, um ein Schweizer Bilderbuch. Alle drei Bücher hatte Eric von Hanne und Hermann Lenz bekommen.

Brief 83

Poststempel: Stuttgart, 13. 4. 1959

1 Paul Celan und seine Familie nehmen die Einladung tatsächlich an, siehe Anm. 84/1.

Brief 84

Telegramm, datiert Paris, 22. 5. 1959, 14 Uhr 08 und Stuttgart, 22. 5. 1959, 14 Uhr 52; Adressat ist Hermann Lenz.

1 Die Familie Celan übernachtet vom 23. auf den 24. 5. 1959 im Hause Lenz und fährt dann über Salzburg nach Wald bei Krimml.

Brief 85

1 Das Gedicht steht auf einem Firmenkärtchen aus einem Stuttgarter Blumengeschäft. Celan hatte mit Hanne Lenz zusammen einen Gloxinienstock ausgesucht und ihr diesen, da sie nicht sofort nach Hause ging, durch Boten bringen lassen. Dafür notiert er an Ort und Stelle auf dem kleinen Kuvert mit dem Fleurop-Zeichen die Adresse (»Frau Dr. Hanne Lenz / Birkenwaldstraße 203«) und auf dem inneliegenden Kärtchen das Gedicht.

2 Der in »Sprachgitter« gedruckte Text des sechsten Teils von »Stimmen« weicht von dieser Fassung geringfügig ab (dort beide Male »Tränen«). Siehe auch die frühe, wohl 1957 übergebene Fassung »Jaakobsspruch« (Brief 55).

Brief 86
Poststempel: Salzburg, 26. 5. 1959

1 Datierung nach Poststempel; die an die »Familie Hermann Lenz« adressierte Ansichtskarte zeigt »Salzburg, die Mozartstadt«.
2 Weder Gisèle Celan-Lestrange noch der fast vierjährige Eric Celan unterschreiben eigenhändig.

Brief 87
Poststempel: Zell am See, 5. 6. 1959

1 Die Ansichtskarte zeigt den Ort Wald im Pinzgau.
2 Gemeint ist wohl »Der russische Regenbogen«, siehe Anm. 91/3. Der Band – ohne Widmung und ohne Lesespuren – ist in Celans Nachlaßbibliothek erhalten. Die anderen Geschenke sind nicht erinnerlich.
3 Nani Demus ist hochschwanger, ihr und Klaus Demus' Sohn Jakob wird wenige Tage nach diesem Brief, am 9. 6. 1959, geboren.
4 Gisèle Celan-Lestrange unterschreibt nicht eigenhändig.

Brief 88
Poststempel: Sils/Segl Maria, 8. 7. 1959

1 Die Ansichtskarte zeigt eine Luftaufnahme der Oberengadiner Seen. In Sils Maria will Celan Theodor W. Adorno (1903-1969) treffen; von dieser nicht zustande gekommenen, »versäumten Begegnung« (so Celan selbst in seiner Büchnerrede »Der Meridian«) angeregt ist Celans Erzählung »Gespräch im Gebirg«. Dort wie in der vorliegenden Karte spielen die Namen von Alpenblumen eine besondere Rolle. Celan wird Hanne und Hermann Lenz am 13. 9. 1960 (Poststempel) einen Sonderdruck der Erzählung (»Die Neue Rundschau«, Heft 2, 1960) mit der Widmung »Für Hanne und Hermann / Paul –« zuschicken.
2 Celan kann die Übersetzung »Die junge Parze« von Paul Valérys (1871-1945) langem Gedicht »La Jeune Parque«, an der er seit Januar 1959 arbeitet, am 15. 7. 1959 abschließen.
3 Anspielung auf V. 3 f. von »Sommerbericht« aus »Sprachgitter«: »Eine Leerzeile, quer / durch die Glockenheide gelegt.«

Brief 89

Poststempel: Lantsch/Lenz, 23. 7. 1959

1 Hanne Lenz feiert am 24. Juli ihren 44. Geburtstag. Celan, der tatsächlich nicht unterschreibt, verwendet eine einfache Postkarte.

2 Gemeint ist die Heimreise aus dem Österreich/Schweiz-Urlaub nach Paris.

Brief 90

Poststempel: Lantsch/Lenz, 23. 7. 1959 und Zürich, 24. 7. 1959

1 Die Ansichtskarte zeigt ein Foto der Marienkirche in Lenz (Lantsch) im Kanton Graubünden. Celan setzt, daher die Kleinschreibung, damit die vorausgehende Karte fort.

Brief 91

Poststempel: Stuttgart, 10. 10. 1959

1 Hanna Bekker vom Rath ist Leiterin einer damals sehr bekannten Galerie in Frankfurt (Frankfurter Kunstkabinett, Börneplatz 13), in der regelmäßig auch Lesungen stattfinden. Das genaue Datum der Lesung kann nicht mehr festgestellt werden. Celan hatte ebendort am 28. 3. 1954 gelesen.

2 Heinz Schöffler (1921-1973), verheiratet mit Micheline Heinrich, ist bis August 1960 Lektor beim Luchterhand Verlag in Darmstadt.

3 »Der russische Regenbogen« war schon im Frühjahr im Luchterhand Verlag erschienen. Nach der 1952 in der Deutschen Verlags-Anstalt Stuttgart publizierten Erzählung »Die Abenteurerin« ist der Roman Hermann Lenz' erste Buchveröffentlichung. Seine kritische Einstellung zu diesem Buch versucht Celan gegenüber dem Autor erst im November in einem Brief zu formulieren (Brief 97).

4 Siehe Anm. 53/5.

5 Nicht erinnerlich.

6 Hanne denkt hier daran, daß Hermann Lenz in der Zeit des »Dritten Reiches« zu Hanne Lenz gehalten hat, obwohl sie Jüdin ist und obwohl er sie wegen der Nürnberger Rassen-Gesetze zunächst nicht heiraten konnte.

7 Hanne Lenz schreibt versehentlich »ihm« (durch den Herausgeber kursiv korrigiert).

8 Vetter von Hanne Lenz.

Brief 92
Poststempel: Stuttgart, 20. 10. 1959

1 Siehe die Postkarten 86-90.

2 Es handelt sich um einen Sonderdruck (ohne Widmung) der im ersten Heft 1958 der »Neuen Rundschau« erschienenen Übertragungen »Im Wacholderdickicht« (später: »Herbst«), »Bei den gelben Nesseln«, »Abendbraue«, »Goldnes Gehölz« und »In meiner Heimat«. Er wurde wohl am 29. 9. 1959 (Poststempel) abgesandt, vielleicht zusammen mit der Teilübersetzung der »Jungen Parze« in der »Neuen Rundschau« (siehe Brief 102).

3 In Zürich war Hanne Lenz zwischengelandet – es ist der erste Flug in ihrem Leben.

4 Siehe Anm. 71/2.

5 Siehe Anm. 91/1.

6 Das Buch ist zu diesem Zeitpunkt bereits mehrfach und in der Tat sehr unterschiedlich in der Presse besprochen worden. Schon nach dem Erscheinungstermin im Frühjahr reagieren etwa Reinhold Grimm (»Erlanger Tagblatt«, 18. 6. 1959), der Schwächen in den Dialogen, in der Unwahrscheinlichkeit der Vorfälle und in der mangelnden Motivierung erkennt, Peter Härtling (»Deutsche Zeitung und Wirtschaftszeitung«, 20./21. 6. 1959) mit fast uneingeschränktem Lob und Anerkennung für die geradezu ideale Einheit von Stil und Handlung, oder Franz Norbert Mennemeier (»Rheinische Post«, 11. 7. 1959), der den »poetischen Reiz« der ersten siebzig Seiten gegenüber der danach seiner Ansicht nach abfallenden Darstellung hervorhebt. Harry Proß stellt das Buch im »Vorwärts« (7. 8. 1959) neben Anderschs »Sansibar oder der letzte Grund« und sieht es als Zeichen dafür, »daß wir eine würdige Literatur haben und lebendigen Geist in der neuen Schriftstellergeneration«. Im direkten zeitlichen Umfeld des Briefes kritisiert Werner Wilk im Berliner »Tagesspiegel« (27. 9. 1959) die »avantgardistische Erzähltechnik« von Lenz und bedauert das Fehlen all dessen, »was einen Roman ausmachen würde, die Geschichte, die Handlung, die Menschen«. Walter Helmut Fritz bescheinigt Lenz in einer Sammelrezension (»Erfahrungen der Flucht«, »Christ und Welt«, 8. 10. 1959) der Gefahr überlegen entgangen zu sein, das Thema »in kraß ›realistischer‹ Manier, reportagehaft«, darzustellen; es sei ihm gelungen, es »in einen Be-

reich zu heben, in dem es beispielhaft wird, Symbolkraft gewinnt, zu leuchten anfängt«. Wolfgang Schwerbrock (»Frankfurter Allgemeine Zeitung«, 3. 10. 1959) bewundert Hermann Lenz' »Sicherheit, mit der er die Sprache als Werkzeug und Material zu handhaben versteht«, merkt aber abschließend an: »Der Leser sieht die Heldin auf einer Gratwanderung. Ihre Verlorenheit hat auch ohne den zeitbezogenen Hintergrund Wahrheit. Doch wie weit? Als Wunsch bleibt bestehen, was hier als Wirklichkeit gesetzt wird: daß der Mensch rein ist, ein Wesen höherer Art. Aber auch Russinnen sind die jeweilige Verkörperung ihrer Gesellschaft. Hermann Lenz' Versuch einer noch so diskreten, taktvollen Realisierung schöner Fraternisierungsideen, wie sie sich im Titel des Buches ausdrücken, wirkt doch sehr wirklichkeitsfremd und zeitentrückt. Russinnen sind generell nicht so, und sie wollen so auch nicht sein. Sie sind wahrscheinlich für die moralische Hygiene, aber auch für die politische.«

7 Hermann Lenz hatte zunächst zwei Semester Theologie, dann Kunstgeschichte, Archäologie und Deutsch studiert und in Heidelberg eine Dissertation über Goethe-Illustrationen angefangen. Weil sein Doktorvater August Grisebach wegen seiner Ehe mit einer Jüdin 1937 entlassen wurde, begann Lenz in München bei Hans Jantzen eine Arbeit über das Ludwigsburger Schloß, die schon sehr weit fortgeschritten war, als er einrücken mußte. Zu seiner Münchner Studienzeit siehe Hermann Lenz' autobiographischen Roman »Neue Zeit«.

8 Die Tagung auf Schloß Elmau bei Mittenwald findet im Oktober statt. Celan nimmt nicht an ihr teil; nach Niendorf (1952, siehe Anm. E/10) ist er auf keiner weiteren Tagung der Gruppe 47 gewesen und betrachtet sich auch nicht als deren Mitglied.

Brief 93
Poststempel: Jerusalem, 30. 10. 1959

1 Hanne Lenz schreibt auf Briefpapier ihres Vetters, bei dem sie wohnt. Sein Name und seine Adresse ist rechts auch mit hebräischen Buchstaben aufgedruckt.

2 Hanne Lenz beginnt am Montag, dem 9. 11. 1959, wieder zu arbeiten.

3 In Orly ist damals der internationale Flughafen von Paris; die Zu-

bringerbusse von dort kommen an der Gare des Invalides im Zentrum von Paris an.

Brief 94
Poststempel: Paris, 2. 11. 1959 und Jerusalem, 5. 11. 1959

1 Celan schreibt fälschlich »Oktober«. Der Brief erreicht Hanne Lenz nicht mehr, solange sie in Israel ist; er wird in seinem, von Celan in lateinischer und hebräischer Schreibschrift beschriebenen Umschlag von Hanne Lenz' Verwandten wohl in einem von deren Briefen nach Deutschland nachgeschickt (siehe Brief 96).
2 Celans Tante Berta Antschel wohnt in London.
3 Celan spricht von der »Sprachgitter«-Rezension von Günter Blöcker (* 1913) im Berliner »Tagesspiegel« vom 11. 10. 1959. Celan ist in seinen Grundfesten erschüttert, weil Blöcker durch die Schoah wesentlich geprägte Gedichte wie die »Todesfuge« und »Engführung« als »kontrapunktische Exerzitien auf dem Notenpapier« bezeichnet und Celans »Herkunft« als Grund dafür sieht, daß er »der deutschen Sprache gegenüber eine größere Freiheit als die meisten seiner dichtenden Kollegen« habe, was oftmals dazu verführe, »im Leeren zu agieren«. Seine Freunde haben nach Celans Ansicht die durch derartige Formulierungen erfahrene Verletzung nicht verstanden – daher die Anführungszeichen. Siehe dazu auch das Gedicht »Wolfsbohne«.
4 Celan tritt mit Ezriel *[sic]* (oder Alfi) Schrager, dem Bruder seiner Mutter Friederike Antschel (1895-1942?) erst im Mai 1960 wieder in Verbindung, wohl durch Vermittlung des israelischen Dichters David Rokeah (1916-1985). »Geistiges« meint hier u. a. eine frühe Hinführung zum Sozialismus.
5 Am linken Rand auf der Vorderseite des Blattes.
6 Siehe Anm. 91/3.

Brief 95
Poststempel: Stuttgart, 10. 11. 1959. Siehe Abb. 7.

1 Die an »Herrn und Frau Paul Celan« adressierte Ansichtskarte mit dem Grab des Rabbi Simon bar Johai in Meron (Galiläa) ist sofort nach der Ankunft in Stuttgart am 9. 11. 1959 geschrieben. Rabbi Simon bar Jochai gilt als der Verfasser des Buches Sohar aus der Kabbalah, sein Grab ist zu einer Wallfahrtsstätte geworden.

Hanne Lenz war am Morgen in Paris abgeflogen und hatte wohl zum Abschied ein Exemplar von Celans gerade erschienener Mandelstamm-Auswahl »Gedichte« (Frankfurt a. M., S. Fischer, 1959) bekommen. Auf der linken Seite des Exemplars steht mit »›Was ich hier sage, sage nicht, / sondern es ist ausgegraben aus der / Erde, wie das versteinerte Weizenkorn.‹ / (Ossip Mandelstamm, 1923)« eine – im übrigen im ersten Vers fehlerhaft wiedergegebene, am Ende des ersten Verses fehlt vor dem Komma »ich« – Übersetzung der Verse 87f. aus Mandelstamms Gedicht »Нашедший подкову«, in Celans Übersetzung »Der Hufeisen-Finder«; die im Buch selbst gedruckte Fassung weicht geringfügig ab: »Was ich *jetzt* sage, sage nicht ich, / sondern es ist ausgegraben aus der Erde wie das versteinerte Weizenkorn.« (meine Hervorhebung). Auf der rechten Seite folgt die persönliche Widmung: »Für Hanne und Hermann, / in Freundschaft / Paul / Paris, am 9. November 1959.« Der schicksalsträchtige neunte November ist sicher nicht zufällig in der Datierung so prononciert wie selten in Celans Widmungen an Hanne und Hermann Lenz gesetzt.

2 Siehe Anm. 66/3.

3 Hanne Lenz hatte Eric eine Schildkröte, hebräisch צב, aus Israel mitgebracht. Sie verbessert sich in den folgenden Briefen und gibt mit »Zaw« dann die tatsächliche Aussprache wieder.

Brief 96

Poststempel: Stuttgart 21. 11. 1959

1 Weder Martin Bubers »Hundert chassidische Geschichten« (Schocken-Bücherei Nr. 4) noch dessen ebenfalls im jüdischen Schocken Verlag Berlin erschienenes Werk über »Die Chassidischen Bücher« befindet sich in Celans nachgelassener Bibliothek. Auch das hier erwähnte zweite Bändchen ist – unter den zahlreichen Schocken-Bändchen in Celans Nachlaß-Bibliothek – nicht durch eine Widmung oder ein Erwerbsdatum zu identifizieren.

2 Hanne Lenz hatte Martin Buber in Jerusalem auf Wunsch von Marie Luise Borchardt besucht, um ihn um die Rückgabe der an Buber gerichteten Briefe Rudolf Borchardts (1877-1945) zu bitten. Buber lehnte ab; einige der Briefe sind inzwischen publiziert in den von Gerhard Schuster bearbeiteten Bänden Rudolf Bor-

chardt, »Briefe 1907-1913« und »Briefe 1924-1930« (beide München/Wien 1995).

3 Siehe Brief 94.
4 Siehe Brief 97.
5 Siehe Anm. 95/3.
6 Celan feiert am 23. 11. 1959 seinen 39. Geburtstag.

Brief 97

Der Umschlag ist erhalten, die Marken sind aber abgelöst, daher ist kein Poststempel mehr sichtbar.

1 »Der russische Regenbogen«; siehe auch Brief 91.
2 Hauptperson ist die junge Russin Tamara Lasowskaja, die auf ihrer Flucht durch Ostpreußen und wieder als Illegale in Deutschland zufällig Kontakt zum deutschen Widerstand bzw. Informationen über dessen Niederschlagung erhält. Die Bendlerstraße wird mehrfach als Wohnort des kurz vor Kriegsende hingerichteten Admirals Canaris (1887-1945) genannt. Celans Kritik hat vielleicht auch damit zu tun, daß Tamara Lasowskaja bereits vor dem »Russischen Regenbogen« zu Hermann Lenz' »Gestalten« (siehe den von Celan im folgenden unterstrichenen Begriff) gehört: Sie erscheint in der innerhalb des Bandes »Das doppelte Gesicht« 1949 veröffentlichten fantastischen Erzählung »Die unsichtbare Loge« als eine von mehreren Gestalten, die dem Bereich der Toten angehören; ihr Leben als Fremdarbeiterin in einer süddeutschen Stadt wird dort betont zurückhaltend dargestellt.
3 Der Artikel ist zunächst unterstrichen, diese Unterstreichung dann dreifach ausgestrichen. Im Lager für Displaced Persons, in das Tamara Lasowskaja nach Kriegsende kommt, wird eine Zeitung in hebräischen Buchstaben gedruckt. Es ist also nicht unbedingt eine »hebräische Zeitung« – hier liest oder formuliert Celan ungenau –, sondern vermutlich eine jiddische (jiddisch-sprachige DP-Lager gab es in Deutschland tatsächlich).

Brief 98

Kein Umschlag erhalten.

1 Hanne Lenz schreibt »9. 11. 59«. Eine Datierung im November, also am Tag ihrer Rückkehr aus Israel und Paris, ist jedoch aus sachlichen Gründen unwahrscheinlich. Die im Brief genannte

Sendung findet erst am 1. 12. 1959 statt, und das anfängliche »nun« deutet auf Bemühungen um das Manuskript *nach* der Sendung hin, über die vielleicht telefonisch (siehe die Formulierung »mein Versprechen halten«, Brief 100) gesprochen worden war. Auch Hanne Lenz' Brief vom 21. 11. 1959 (Brief 96) und die Tatsache, daß Celan erst am 20. 12. 1959 (Brief 99) auf Brief und Manuskript antwortet, sprechen für eine spätere Datierung.

2 Es handelt sich um »eine Skizze des Dichters Ossip Mandelstamm« (so der Untertitel) von Heddy Pross, in der Gedichtübertragungen von Celan zitiert waren (»Gestrafft«, »Der Schritt der Pferde«, »Die Muschel« und »Petropolis, diaphan«). Das Manuskript, von dem ein Matritzen-Abzug in Celans Nachlaß vorliegt, kam am 1. 12. 1959 von 22.45 bis 23 Uhr in der Abteilung Literatur und Kulturelles Leben des Süddeutschen Rundfunks zur Sendung; der Titel »Hier herrscht Proserpina« ist einer der Übertragungen Celans entnommenen (»Petropolis, diaphan«). Der Text enthält im übrigen nur den Namen des Übersetzers, aber keinerlei Hinweis auf dessen gerade erschienene Mandelstamm-Auswahl »Gedichte«. Die Slawistin Heddy Pross (* 1917) ist damals mit dem Politologen Harry Pross (* 1923) verheiratet, mit dem Hanne und Hermann Lenz gut bekannt sind.

3 *[Petersburger Winter]*: Das 1952 im New Yorker Exil-Verlag **Издательство имени Чехова** erschienene Buch von Georgij Vladimirovič Ivanov (1894-1958) ist in Celans nachgelassener Bibliothek erhalten; er hatte es schon im Januar 1959 erworben. Zu Ivanov siehe Brief 99.

Brief 99
Poststempel: Paris, 21. 12. 1959

1 Siehe Anm. 98/2. Celan korrigiert »Pross« in »Proß«, will also ausdrücklich diese Schreibung.

2 Siehe Anm. 98/3.

3 Ivanov wird im Manuskript nicht mit Hinweis auf sein Buch zitiert, sondern mit der Einleitung: »Und der Lyriker Georgij Iwanow erzählt« (S. 2).

Brief 100
Poststempel: Stuttgart 25. 12. 1959

1 Auf die Rückseite des Briefumschlags notiert Celan mit Bleistift den Entwurf für sein Protest-Telegramm an den Bremer Senat ([] für Streichungen, ⟨⟩ für Hinzufügungen): »Erlauben Sie mir meinem / ebenso schmerzlichen wie / [selbstverständlichen] unbedingten / [Einv]Verständnis [mit]⟨für⟩ de[m]⟨n⟩ Schritt von / Prof von Wiese Dr. KAESTNER Dr. Hirsch UND *[*]*/ [ROLF SCHROERS AUSDRUCK ZU GEBEN] // UND MEINER / ANERKENNUNG DER / SCHR. LEISTUNG VON / GÜNTER[E] GRASS / UND ZUGLEICH / [sowie] / *[mit Verweisstrich von *]* MEINEM / FREUNDSCHAFTLCHEN *[sic]* / [EMPFINDEN FÜR ROLF / SCHROERS UND MEINER / SOLIDARITÄT MIT GÜNTER GRASS] // AUSDRUCK ZU GEBEN PAUL CELAN // IHR BETROFFENER / P. C.«. Das tatsächlich am 30. 12. 1959 an den Bremer Senat abgesandte Telegramm lautet: »Erlauben Sie mir meinem ebenso schmerzlichen wie unbedingten Verständnis für den Schritt von Dr. Hirsch Prof. von Wiese und Dr. Kästner Ausdruck zu geben sowie meinem freundschaftlichen Empfinden für Rolf Schroers und meiner Anerkennung für das Buch von Günter Grass = Paul Celan« (siehe: Wolfgang Emmerich, Hrsg., Der Bremer Literaturpreis 1954-1987. Eine Dokumentation, Bremerhaven 1988, S. 88, zum gesamten Vorgang dort S. 16 f. und 82-95). Der Bremer Senat hatte am 22. 12. 1959 die Entscheidung der Jury vom 5. 12. 1959 zugunsten von Günter Grass (für »Die Blechtrommel«) durch ein Veto verhindert. Die Jury-Mitglieder Benno von Wiese (1903-1987), Erhart Kästner (1904-1974) und Rudolf Hirsch (1905-1996) treten daraufhin zurück. Rolf Schroers ist als Preisträger für 1959 ebenfalls Mitglied der Jury; er steht dem an das Gremium herangetragenen Vorschlag, dem alternativ diskutierten Roman »Mutmassungen über Jakob« von Uwe Johnson den Preis zu geben, zumindest zunächst aufgeschlossen gegenüber.

2 »Der russische Regenbogen«, siehe Brief 97.

3 Celan ist seit Beginn des Studienjahres 1959/60 Deutsch-Lektor an der École Normale Supérieure in der Rue d'Ulm, d. h. im Pariser Quartier Latin.

4 Mit dieser Zeitangabe setzt Hanne Lenz den Brief fort.

5 Es handelt sich um »Der Born Judas. Legenden, Märchen und Erzählungen«, gesammelt von Micha Josef Bin Gorion, neu herausgegeben und mit einem Nachwort versehen von Emanuel Bin Gorion, Insel Verlag Wiesbaden 1959.

6 Das Exemplar des »Philo-Lexikons. Handbuch des jüdischen Wissens«, hrsg. von Emanuel ben Gorion, Alfred Loewenberg, Otto Neuburger und Hans Oppenheimer, Berlin 1935 (16.-21. Tausend), ohne Anstriche oder Erwerbsdatum, ist in Celans nachgelassener Bibliothek erhalten.

7 Siehe Anm. 98/2.

8 Ab hier am linken Rand.

Brief 101

Poststempel: Stuttgart, 7. 2. 1960

1 Theodor Herzls zuerst 1904 erschienener utopischer Roman »Altneuland« in der von Otto Warburg eingeleiteten Ausgabe, Jüdischer Verlag, Berlin 1918. Otto Warburg (1859-1938), mit einer Schwester von Hanne Lenz' Mutter verheiratet, war 1911-1920 Präsident der Zionistischen Organisation. Der Professor für Botanik in Berlin setzte sich seit der Jahrhundertwende aktiv für die jüdische Besiedlung in Palästina ein. Otto Warburg starb zwar in Berlin und wurde dort eingeäschert und beigesetzt, seine Urne konnte aber durch die Familie seines Sohnes Edgar Warburg (des Vetters von Hanne Lenz) außer Landes und dann nach Palästina gebracht werden. Das Buch war von Celan wohl am 2. oder 22. 1. 1960 (Poststempel) abgesandt worden.

2 Marie Edith Cohen (1870-1942).

3 Theodor Herzl (1860-1904) war mit dem Großvater von Hanne Lenz, Gustav Gabriel Cohen (1830-1906) befreundet, der schon 1891 eine zionistische Schrift, »Die Judenfrage und die Zukunft«, veröffentlicht hatte.

4 Herzls 1896 erschienener Essay stellt die theoretische Grundlage für »Altneuland« dar: Er erörtert im einzelnen die finanziellen und politischen Vorgaben für den Aufbau einer toleranten und sozial gerechten Gemeinschaft auf dem Boden Palästinas.

5 Hanne Lenz bezieht sich auf das Wiederaufflammen des Antisemitismus nach der Vertagung eines Gesetzes zum Tatbestand der Volksverhetzung durch den Deutschen Bundestag im Dezember

1959: In der Weihnachtsnacht wird die Kölner Synagoge mit Hakenkreuzen beschmiert, in der Folge gibt es in ganz Deutschland und über dessen Grenzen hinaus Schmierereien mit Nazi-Parolen, Friedhofschändungen bis hin zu Morddrohungen gegenüber Einzelpersonen und Firmen.

6 Ein Großneffe von Edgar Warburg.

7 Siehe Anm. 95/3; die Schildkröte hat das Pariser Klima nicht überlebt.

Brief 102

Kein Umschlag erhalten.

1 Celans Übersetzung »Die junge Parze« von Paul Valéry, eine Erstübersetzung, ist gerade im Insel Verlag Wiesbaden erschienen; in das an Hanne und Hermann Lenz gesandte Exemplar ist die Widmung eingelegt: »Für Hanne und Hermann Lenz, / mit den herzlichsten Grüßen / Paul Celan / März 1960.« Der Sonderdruck mit den ersten 173 Versen der Übersetzung in der »Neuen Rundschau«, erschienen im Herbst im dritten Heft 1959, wurde vielleicht in einem Umschlag mit Poststempel vom 29. 9. 1959, eventuell zusammen mit Mandelstamm-Übertragungen (siehe Brief 92), geschickt. Der Druck trägt die Widmung: »Für Hanne und Hermann, mit herzlichem Dank und allen guten Wünschen, / Paul«.

2 Es ist unklar, welche – negative? – Rezension der Valéry-Übertragung offensichtlich Thema des Telefongesprächs war. Denn am 19. 3. 1960 war gerade die sehr einfühlsame Besprechung von Werner Weber (* 1919) in der »Neuen Zürcher Zeitung« erschienen, für die sich Celan am 26. 3. 1960 auch herzlich bedankt (siehe: Ute Harbusch, »Ein Ereignis. Valérys ›Jeune Parque‹ in deutscher Übersetzung«, in: »Fremde Nähe«, S. 397 ff.). Die unsensible und verletzende Kritik von Karl August Horst (1913-1973) in der »Frankfurter Allgemeinen Zeitung« erscheint erst am 9. April (»In Ketten tanzen«).

Brief 103

Poststempel: Méribel-les-Allues (Savoie), 13. 4. 1960

1 Die Ansichtskarte zeigt eine Luftaufnahme des Skigebiets in den Savoien, in dem die Familie Celan Urlaub macht.

2 Ostern ist 1960 am 17. April.
3 Celan schreibt (außer dem Ort in der Datierung und der Unterschrift) in deutscher Schreibschrift. Mit seiner Mutter Friederike Antschel bringt er nicht nur den technischen Schreibvorgang, sondern auch die Vermittlung der deutschen Literatur in Verbindung. Siehe Abb. 8.
4 In diesem Augenblick denkt Celan wohl vor allem an die verletzende Kritik seiner Valéry-Übertragung durch Karl August Horst (Anm. 102/2). Horst versteht Celans Anliegen, den Symbolisten in die brüchige Sprache der Moderne zu übertragen, nicht, sondern ist nur auf Fehlernachweise aus und bemerkt dann, die Übertragung sei »verblüffend gelungen«.
5 Siehe Celans Gedicht »Seidelbast« aus den frühen 40er Jahren.
6 Ergänzung am linken Rand.

Brief 104
Poststempel: Paris, 4. 5. 1960
1 Celan hat an diesem 3. 5. 1960 in der Pariser Librairie Flinker zum ersten Mal das fünfte Heft der Münchner Zeitschrift »Baubudenpoet« mit Claire Golls Artikel »Unbekanntes über Paul Celan« in der Hand (siehe GA 59). Es handelt sich hier um die erste öffentliche Verleumdung durch Claire Goll selbst, und dies in einem Ton, der durchaus an die neonazistischen Umtriebe des Jahresanfanges (aus dem die Leserzuschrift chronologisch tatsächlich stammt) denken läßt: Claire Goll spricht im Zusammenhang mit der Ermordung von Celans Eltern von »Legende«. Celan informiert so wie Hermann und Hanne Lenz auch verschiedene andere Freunde und Vertraute sofort, darunter seinen Verleger Rudolf Hirsch vom S. Fischer Verlag.
2 Celan will sich im S. Fischer Verlag über seine rechtlichen Möglichkeiten informieren und mögliche Gegenmaßnahmen besprechen; er fährt dazu vom 12. bis zum 14. 5. 1960 nach Frankfurt.
3 Ergänzung am linken Rand.
4 Der Philosoph Hermann Cohen (1842-1918) ist nicht, wie Celan vielleicht vermutet, mit Hanne Lenz verwandt. Von ihrem Interesse für Martin Buber und den jüdischen Philosophen und Übersetzer Franz Rosenzweig (1886-1929) kann Celan ausgehen.

Brief 105
Poststempel: Stuttgart, 5. 5. 1960

1 Zu Heft 5 siehe Anm. 104/1. Heft 3 enthält die bösartig kommentierte Zusammenstellung von lobenden Kritiken für Celans »Sprachgitter« (W. Jens, H. Bienek), auf die Claire Goll mit ihrem Text, ursprünglich eine Leserzuschrift, reagiert (Felix Mondstrahl, »Statt einer Rezension: Zitate von Rezensionen«, in: »Baubudenpoet« 3, November/Dezember 1959, S. 62 f.).

2 Fritz Eggert ist damals ein bekannter Antiquar in Stuttgart.

3 Hanne Lenz hatte den Stuttgarter Anwalt Dr. Julius Goeser bereits 1956 zu den juristischen Möglichkeiten, Claire Goll zu begegnen, befragt (siehe Brief 41).

4 Curt Hohoff hatte Claire Golls Plagiatvorwürfe in einer vagen Formulierung u. a. mit einer Gegenüberstellung von zwei Gedichten Celans und Yvan Golls im »Jahresring« 1955, des Jahrbuchs des Kulturkreises im Bundesverband der Deutschen Industrie, aufgegriffen (siehe Anm. 31/3). Bereits ein Jahr vorher hatte er in einem Sammelband auf Yvan Goll als Vorbild für Celan hingewiesen und im Zusammenhang mit Celan, aber nicht nur mit ihm, seine Einstellung gegenüber Juden deutlich gemacht (siehe die Artikel »Flötentöne hinterm Nichts« und »Poeta magnus – Wilhelm Lehmann« in »Geist und Ursprung«, München [1954], S. 52-60 und 232-243 sowie GA 55).

5 Auf der Rückseite des Blattes setzt Hermann Lenz den Brief fort; schon dieses Wort stammt von seiner Hand.

6 Claire Goll, in Deutschland geboren, hat seit 1945 die Staatsbürgerschaft der USA und ist, obgleich sie in Paris lebt, nicht zugleich Französin. Celan ist seit 1955 französischer Staatsbürger.

7 Eine solche »Gegenaktion« einer Zeitschrift ist das Ergebnis von Celans Verhandlungen in Frankfurt: Die von Marie Luise Kaschnitz (1901-1974), Ingeborg Bachmann und Klaus Demus gezeichnete »Entgegnung« erscheint im dritten Heft der »Neuen Rundschau« etwa am 20. 11. 1960 (siehe GA 65). Tatsächlich hat sie nicht die Wirkung, die sich Celan und seine Freunde von ihr erhoffen.

Brief 106
Kein Umschlag erhalten.

1 Am gleichen Tag schickt Celan separat den Sonderdruck mit sei-

ner Übertragung der Sonette 90 und 137 von William Shakespeare (1564-1616) im ersten Heft 1960 der »Neuen Rundschau« mit der Widmung: »Für Hanne und Hermann, / mit herzlichen Grüßen / Paul / 11. 6. 60.«

2 Am 6. Juni hatte Eric Celan seinen fünften Geburtstag gefeiert. Um welches Geschenk es sich handelt, kann nicht mehr rekonstruiert werden.

3 Hanne und Hermann Lenz wohnen in der Birkenwaldstraße.

4 Der vom Verein jüdischer Hochschüler in Prag herausgegebene Band »Vom Judentum. Ein Sammelbuch«, Kurt Wolff Verlag, Leipzig 1913, ist eine bibliophile Rarität.

5 Zu Celans Frankfurt-Aufenthalt im Mai 1960 siehe Anm. 104/2.

6 Der Verleger Kurt Wolff (1887-1963) erhielt am Sonntag, dem 15. 5. 1960, in Frankfurt die erst zum zweiten Mal verliehene Ehrenplakette des Deutschen Buchhandels. Einen Besuch in der genannten Buchhandlung am Vortag notiert Celan ebenso in seinen Notizkalender wie ein Telefongespräch mit dem Ehepaar Lenz.

Brief 107

Poststempel: Regensburg, 18. 6. 1960

1 Die Ansichtskarte zeigt den Baumburger Turm am Regensburger Watmarkt, einen Geschlechterturm aus dem 13. Jahrhundert.

2 Regensburg war im Mittelalter ein wichtiges jüdisches Zentrum. Unter den bedeutenden Rabbinern der Gemeinde war Juda ben Samuel, genannt Hechassid (d. h. der Fromme, um 1200), der Begründer der jüdischen Mystik in Deutschland; ihm wird das »Sefer chassidim« zugeschrieben.

3 Siehe Anm. 106/4.

Brief 108

Poststempel: Le Conquet (Finistère), ??. 7. 1960

1 Celan macht mit seiner Familie vom 10. bis zum 24. 7. 1960 Urlaub in der Nähe von Le Conquet; die Ansichtskarte zeigt einen Berg von Reusen im Hafen von Le Conquet.

2 Am 24. Juli 1960 feiert Hanne Lenz ihren 45. Geburtstag.

3 Der hebräische Gruß »Schalom we-Berachah« (Celan verwendet wie immer die Schreibschrift) bedeutet »Friede und Segen!«

Brief 109

Poststempel: Stuttgart, 31. 7. 1960 und Paris, ??. 8. 1960

1 Siehe die Ansichtskarte vom 21. 7. 1960 (108). Hanne Lenz spielt auf den vorletzten Vers von Celans Gedicht »Inselhin«, dem Schlußgedicht von »Von Schwelle zu Schwelle«, an: »Umgittert auch dies von der Reuse!«

2 Celan hatte Hanne Lenz zum Geburtstag eine antiquarische Ausgabe von Leo Baecks (1873-1956) »Wege im Judentum. Aufsätze und Reden« (Berlin, Schocken Verlag, 1933) geschenkt. Ein eingelegter Zettel enthält einen weiteren Glückwunsch.

Brief 110

Poststempel: Gmunden, 12. 9. 1960. Siehe Abb. 9.

1 Der Ortsname stammt nicht von der Hand Hermann Lenz', sondern ist aus der Bildlegende für die Ansichtskarte einbezogen: »GMUNDEN / die Perle des Salzkammerguts, / Blick auf Esplanade, Schloß Ort / u. Höllengebirge«.

Brief 111

Poststempel: Montana-Vermala, 28. 12. 1960

1 Datierung nach Poststempel. Die Ansichtskarte zeigt das Ski-Gebiet Crans-Montana, in dem die Familie Celan ihre Winterferien verbringt.

2 Weder Eric noch Gisèle unterschreiben eigenhändig.

3 Nach der Unterschrift folgt der – wieder gestrichene – Ansatz zu einem »der«.

4 Celan verläßt seine Familie (die bis zum 4. 1. 1961 bleibt) bereits am 29. 12. 1960 und kehrt nach Paris zurück.

Brief 112

Poststempel: Paris, 25. 1. 1961

1 Datierung nach Poststempel. Die von der Hand Hermann Kasacks adressierte Ansichtskarte zeigt die nördliche Fensterrosette der Kathedrale von Chartres. Vor Celan berichtet Hermann Kasack, mit der Präzisierung »Paris«, von einem Besuch in Chartres und von gemeinsamen Stunden mit Celan, der ihm »viel Schönes« gezeigt habe. Kasack war zu einem Vortrag in Paris und nützte die Gelegenheit, sich von Celan die Dokumente zeigen zu

lassen, die dessen Position gegenüber Claire Goll belegen, um für den von der Akademie in Auftrag gegebenen Artikel (Autor ist die wissenschaftliche Hilfskraft von Fritz Martini, Reinhard Döhl, siehe Anm. E/24) eine sachliche Basis zu haben. Hermann Kasacks Frau Maria Kasack setzt nach Celan noch einen Gruß hinzu.

2 Das Viertel um den alten Pariser Großmarkt im zweiten Arrondissement – damals stehen die Markt-»Hallen« noch – war und ist bekannt für seine guten Restaurants.

Brief 113

Poststempel: Stuttgart, 6. 11. 1961

1 Die Erneuerung des Kontaktes nach der langen Pause geht von Celan aus, sein Telefongespräch mit Hanne Lenz am 4. 11. 1961, nach dem er sogar einen – dann nicht realisierten – Besuch in Stuttgart in der darauffolgenden Woche plant, ist in seinem Notizkalender festgehalten.

2 Hermann Lenz hatte die Wanderung im Bayerischen Wald im September-Oktober allein unternommen.

3 Hermann Lenz macht seit Sommer 1958 Auftragsarbeiten für den Süddeutschen Rundfunk und verschiedene Zeitungen und Zeitschriften (»Deutsche Zeitung«, »Deutsche Rundschau«), vor allem als Rezensent.

4 Ausgangspunkt der Störung ist ein Anruf von Hanne Lenz bei Celan am 14. 2. 1961. Sie hatte es Celan übelgenommen, in Tübingen gewesen zu sein, ohne sie in Stuttgart besucht zu haben (die Schnellzugverbindung Paris–Tübingen geht über Stuttgart). Celans Tübingen-Aufenthalt von nur wenigen Stunden – er kommt am 28. 1. 1961 mit dem Nachtzug und fährt am gleichen Abend, ebenfalls mit dem Nachtzug, nach Paris zurück – ist ausschließlich einem Gespräch mit Walter Jens gewidmet, um diesem genügend Information über die Goll-Affäre für einen Artikel zu Celans Verteidigung bieten zu können (»Die Zeit«, 9. 6. 1961, siehe GA 85). Hanne Lenz kann von Stuttgart aus Celans Ängste sicher nicht nachvollziehen und fühlt sich ihrerseits von Celan mit ihren Sorgen nicht ernstgenommen.

5 Hier erinnert sich Hanne Lenz an ihren Israel-Aufenthalt im Herbst 1959, bei dem sie Schakale zum ersten Mal gehört hatte,

auch wenn sie mit »Schakale« hier sicher zugleich ungerechte Kritiker meint. Zum Wort »Refugium« siehe Anm. 9/2.

6 Der Brief ist nicht erhalten.

Brief 114

Poststempel: Paris, 7. 12. 1961

1 Das Geburtstagsgeschenk veranlaßt Celan offenbar, seinen Freunden zwei seiner Bücher zuzusenden, die bereits im Frühjahr des Jahres, kurz nach dem ihn kränkenden Anruf aus Stuttgart (siehe Anm. 113/4), erschienen waren. Der Erstdruck seiner Büchnerrede »Der Meridian« (Frankfurt a. M., S. Fischer, 1961) trägt die Widmung: »Für Hanne und Hermann, / auf das östlichste, / Paul / Paris, am 24. November 1961.« Die Ausgabe seiner Übertragungen von Sergej Jessenin, »Gedichte« (Frankfurt a. M., S. Fischer Verlag, 1961), trägt die Widmung: »Für Hanne und Hermann, / mit meinem herzlichsten Dank / und allen guten Wünschen / Paul / Paris, am 24. November 1961.« Ein Dank für diese beiden Bände liegt nicht in schriftlicher Form vor, er erfolgt vielleicht, wie Celans Dank für das Geburtstagsgeschenk, telefonisch. Der vorliegende Brief erscheint mit seinem »nochmals« in jedem Fall als zweite Reaktion auf das Geschenk, das im übrigen nicht mehr identifiziert werden kann. Auf dem Briefumschlag befinden sich hinten von Hermann Lenz' Hand Stichworte zu einem Telefongespräch mit Celan um 19 Uhr, sicher nach dem 9. 12. 1961 (an dem er auf den vorliegenden Brief reagiert, siehe Brief 115): »Anruf Paul Celan *[eckig umrandet:* 19 Uhr*]* / Fischers nicht in Frankfurt da / Statt Er fährt entweder Freitag nacht / oder Samstag früh / wäre Sonntag u. Montag / in Stuttgart / Er fährt über Zürich – Er fährt / wahrscheinlich nicht nach Frankfurt / Er hat keine große Lust: muß wegen / dem Geschäftlichen nach Frankfurt / Sonntag / *[nachträglich eingefügt:* und*]* / Montag / oder er kommt Samstag früh / Telegrafiert noch«. Mit »Fischers« sind Brigitte (1905-1991) und Gottfried Bermann Fischer (1897-1995) vom S. Fischer Verlag gemeint.

Brief 115

Umschlag nicht erhalten.

Brief 116
Telegramm, datiert Paris, 12. 12. 1961, 16 Uhr 52 und Stuttgart, 12. 12. 1961, 17 Uhr 57, Adressat ist Hermann Lenz.

1 Der Besuch wird von Celan wegen eines Zahnarzttermins telegraphisch abgesagt – so notiert Gisèle Celan-Lestrange an diesem Tag in ihren Notizkalender; das Telegramm wird von Hanne Lenz am Tag selbst telephonisch beantwortet.

Brief 117
Poststempel: Montana-Vermala, 18. 12. 1961

1 Die Ansichtskarte zeigt den Turm von Muzot in Sierre, wo, wie auch die Bildlegende präzisiert, der Dichter Rainer Maria Rilke gelebt hat.

Brief 118
Kein Umschlag erhalten.

1 Celan befindet sich in einer ernsten psychischen Krise.

2 Ein Weihnachtsgruß des Ehepaars Lenz an die Celans ist nicht erhalten, er war wohl einem Geschenk, nach Hanne Lenz' Erinnerung möglicherweise dem Band »Zur Kabbala und ihrer Symbolik« von Gershom Scholem (Frankfurt a.M. 1960, in der Bibliothek Celans mit Lesenotizen aus dem Jahr 1967, aber ohne Erwerbsdatum erhalten) beigelegt.

3 Die Nachricht von Celans Wahl zum außerordentlichen Mitglied der Berliner Akademie der Künste ist einem Bericht über die Akademie-Wahlen in der »Frankfurter Allgemeinen Zeitung« vom 21. 12. 1961 zu entnehmen. Celan war bereits am 22. 11. 1961 von seiner Wahl informiert worden. Er nimmt diese Wahl zunächst an.

4 Maria Kasack.

5 Kasack hatte sich wegen der kritischen Haltung Celans zum Artikel von Reinhard Döhl im Jahrbuch 1960 der Akademie, der als Verteidigungsschrift der Akademie für ihren Büchnerpreisträger geplant und allgemein so verstanden wurde, von Celan distanziert.

6 Hermann Kasack ist als Präsident der Deutschen Akademie für Sprache und Dichtung tief gekränkt, weil Celan im Frühjahr 1961 die Wahl in diese wegen Döhls Arbeit abgelehnt hatte, die Wahl in die Berliner Akademie jetzt aber annehmen möchte.

7 Über Publikationen von Friedrich Sieburg (1893-1964) im besetzten Frankreich (er war Mitglied des kulturpolitischen Koordinierungsstabs der Okkupationsregierung) hatte Celan Kasack im Sommer 1956 selbst, auf dessen Wunsch hin, informiert. Sieburg bekennt sich 1933 öffentlich zum Nationalsozialismus; in einer vor der »Groupe Collaboration« im März 1941 gehaltenen Rede empfiehlt er Frankreich eine Faschisierung nach deutschem Muster.
8 Celan lehnt schließlich die Wahl doch ab, weil Curt Hohoff und Hans Egon Holthusen, die Claire Golls Verleumdungen schon in den fünfziger Jahren weitergetragen hatten, Mitglieder sind (siehe den Brief an Hans Scharoun (1893-1972) vom 11. 1. 1962, GA 192).
9 Siehe Brief 101/3.

Brief 119
Kein Umschlag erhalten.
1 Weihnachtsgeschenk war der Sammelband mit Gedichten von Nelly Sachs, »Fahrt ins Staublose« (Frankfurt a. M., Suhrkamp, 1961).
2 Die Familie Celan verbringt gerade Skiferien in Montana im Wallis.

Brief 120
Poststempel: Montana-Vermala, 26. 12. 1961
1 Hermann und Hanne Lenz danken Eric am 30. 12. 1961 (Poststempel) mit einer französisch geschriebenen, in den Urlaubsort adressierten Karte.
2 Gemeint ist die »École Normale Supérieure«, die, entgegen diesem Namen, keine einfache Schule, sondern eine Elitehochschule ist. Zur Abreise Celans siehe Anm. 111/4.
3 Den Stuttgarter Germanisten Fritz Martini bezieht Celan hier wohl nicht nur wegen dessen Engagement in der NS-Germanistik, sondern auch deshalb in diese durch die Goll-Affäre bestimmten Überlegungen ein, weil Döhl den Akademie-Bericht (siehe Anm. E/24) in seinem Auftrag erarbeitet hatte.
4 Zu Curt Hohoffs Beteiligung an der Goll-Affäre siehe Anm. 31/3. Clemens Heselhaus (1912-2000) hatte in seinem 1961 er-

schienenen Band »Deutsche Lyrik der Moderne von Nietzsche bis Yvan Goll. Die Rückkehr zur Bildlichkeit der Sprache« (Düsseldorf 1961) mit deutlichen Worten den Plagiatvorwurf von Claire Goll aufgegriffen (siehe GA 230).

5 Das 1961 erschienene Jahrbuch 1960 enthält eben den Bericht von Reinhard Döhl und Celans eigene Büchnerrede »Der Meridian«.

6 Ausdruck aus einem Brief von Claire Goll, zitiert in Döhls Akademie-Bericht (dort S. 103 als Anm. 4). In der Kombination mit dem bitteren Begriff »Altmetaphernhändler« erscheint das Zitat auch in anderen Briefen der Zeit.

7 »Paul Celan« in hebräischen Buchstaben, Celan verwendet die Schreibschrift.

Brief 121

Poststempel: Stuttgart, 5. 3. 1962

1 Siehe Brief 118. In Celans Notizkalender ist das letzte Telefongespräch mit Hanne Lenz am 25. 1. 1962 eingetragen.

2 Hanne und Hermann Lenz haben kein eigenes Telefon, sondern benützen das der Eltern von Hermann Lenz, die im gleichen Haus wohnen. Nach diesem Brief versucht Hanne Lenz 1962 oder 1963 – erfolglos – mit einer bei einem Besuch in Worms geschriebenen Ansichtskarte (mit dem alten Judenfriedhof) den Kontakt wiederaufzunehmen. Die Postkarte ist nicht erhalten.

NACHTRAG

Der Brief wurde erst kurz vor Druckbeginn gefunden, er ist zwischen die Briefe 112 und 113 einzuordnen. Es handelt sich hier um den in Brief 113 erwähnten und im editorischen Nachwort als fehlend bezeichneten Brief aus dem Februar 1961 (siehe Anm. 113/6 und S. 162).

1 Siehe Brief 57.

2 Hanne und Hermann Lenz hatten Celan zum letzten Mal in Darmstadt anläßlich seiner Büchnerpreis-Verleihung im Oktober 1960 gesehen. Hanne Lenz besorgte immer wieder deutsche Bücher für Celan (siehe Anm. 40/8). Der Abschnitt einer Postanweisung liegt dem Brief bei.

WERKE VON HERMANN LENZ

(Bibliographische Angaben beim ersten Erscheinen in den Anmerkungen; angegeben sind Seitenzahlen)

WERKE UND ÜBERSETZUNGEN VON PAUL CELAN

(Unechte Titel erscheinen in ⟨ ⟩; angegeben sind Seitenzahlen)

PERSONENREGISTER

(Angegeben sind Seitenzahlen)

VERZEICHNIS DER ABBILDUNGEN